事業者必携

入門図解

採用から退職まで
給与計算・賞与・退職手続きの法律と税金
実務マニュアル

社会保険労務士　　公認会計士・税理士
林　智之　武田　守 [監修]

三修社

はじめに

　労働の対価として受け取る給与や賞与、退職金は労働者にとって生活の糧であり、最大の関心事です。

　給与計算は、算出方法がわかりにくく複雑です。給与計算を誤ると、実際にはより多額の支払いが必要になるだけでなく、何よりも労働者の不信を招くおそれがあります。当たり前のことですが、企業の給与計算担当者は、賃金の算出方法のしくみを正確に理解し、1円であってもミスをしないようにしなければなりません。

　計算違いなどのミスがなかったとしても、使用者と労働者の間では、給与・賞与・退職金などの支払いをめぐってトラブルに発展するケースもあります。たとえば、適正な手続きを経ずに法定労働時間（週40時間、1日8時間）の原則を破ると刑事罰が科されます。また、労働者を酷使しているにもかかわらず、適切な残業代を支払わないなどといった企業もあり、労働審判や訴訟になったり、労働基準監督署に通報されるケースもあります。企業側も、日頃から「違法な行為を放置していないか」などについて、気を配っておく必要があります。

　本書では、賃金の計算方法や届出などの記載例を豊富に掲載し、基本事項を一からわかりやすく解説しています。給与計算の具体的な計算方法はもちろん、賞与支払、年度更新、算定基礎届、月額変更届、給与から控除される税金、年末調整、源泉徴収事務などの重要な事務について基本事項を解説しました。この他、採用、退職の際に必要になると各種届出（社会保険、労働保険、税金）や離職票の書き方、役員報酬の増額・減額の仕方についても記載例を盛り込み、解説しています。本書を通じて、皆様のお役に立つことができましたら幸いです。

監修者　公認会計士・税理士　武田　守
社会保険労務士　　　林　智之

Contents

はじめに

第5章　年度更新・年末調整など　社会保険と税金の事務手続き

第6章　知っておきたい　社員の採用・退職と社会保険・税金

第1章

最初に知っておきたい！
賃金・給料・手当の基本

賃金・給料・報酬はどう違うのか

賃金は労働の「対償」として使用者から支払われるもの

さまざまな法律に定められている

労働者が働く上で、最大の関心をもっているのは、給与・賞与・退職金といった「賃金」のことではないでしょうか。賃金を含めた労働者の働き方のルールを定めているのが労働契約法、労働基準法などの労働法（労働者の働き方に関する法律、命令、通達、判例の総称）です。

使用者と労働者の立場が対等であるとはいえず、弱い立場になりやすい労働者を保護するため、労働法は各種の規定を設けています。

原則として、当事者間の合意があれば、自由に契約を締結することができます（契約自由の原則）。しかし、労働基準法の定める基準に満たない労働契約は、たとえ労働者が合意していても無効になり、無効となった部分は労働基準法が定める基準に従います。

たとえば、労働者と使用者との間で「残業した場合も、割増賃金ではなく通常の賃金を支払う」という合意をしていた場合、使用者は割増賃金の支払いは不要とも思えます。しかし、労働基準法には「残業（原則として1日8時間、1週40時間の法定労働時間を超える労働）には割増賃金を支払わなければならない」との規定があるため、この合意は無効となり、労働者は使用者に割増賃金を請求できます。

賃金と給料との違い

賃金については、一般的に「給与」とほぼ同じ意味として用いられるのに対し、「給料」とは区別して用いられます。給料とは、基本給のことを指し、残業代や各種の手当、賞与などは、給料に含めないのが一般的です。しかし、賃金には、労働の直接の対価である基本給や

残業代だけでなく、家族手当や住宅手当のように労働の対価よりも生計の補助として支払うものや、通勤手当のように労働の提供をより行いやすくさせるために支払うものも含まれるとされています。

さらに、休業手当や年次有給休暇中の賃金のように、実際に労働しなくても労働基準法が使用者に支払いを義務付けているものも賃金に含まれます。賞与や退職金は、当然には賃金に含まれませんが、労働協約・就業規則・労働契約で支給条件が決められていれば、使用者に支払いが義務付けられるので、賃金に含まれるとされています。

これに対し、ストック・オプションは賃金に含まれません。ストック・オプションとは、会社が役員や労働者に自社株を購入する権利を与えておき、一定の業績が上がった際、役員や労働者がその権利を行

■ 社会保険で報酬とされているものの範囲 ……………………

報酬の定義	事業に使用される者が労働の対償として受ける賃金、給料、俸給、手当または賞与およびこれに準ずるものをいい、臨時的なものや3か月を超える期間ごとに受けるものを除いたもの		
		報酬となるもの	報酬とならないもの
具体例	金銭での給付	・基本給、家族手当、勤務地手当、通勤手当、時間外手当、宿直・日直手当、住宅手当、精勤・皆勤手当、物価手当、役職手当、職階手当、休業手当、生産手当、食事手当、技術手当など ・年4回以上支給の賞与	・結婚祝金、慶弔金、病気見舞金、慰労金、解雇予告手当、退職金 ・事業主以外から受ける年金、傷病手当金、休業補償、出産手当金、内職収入、家賃・地代収入、預金利子、株主配当金など ・大入り袋、社内行事の賞与、出張旅費、功労金など ・年3回までの範囲で支給される賞与、決算手当、期末手当
	現物での給付	・食事の手当（都道府県別の現物給与の標準価格による） ・住宅の供与（都道府県別の現物給与の標準価格による） ・通勤定期券、回数券	・制服・作業着 ・見舞金、記念的賞品など ・生産施設の一部である住居など

使して株式を取得し、これを売却して株価上昇分の差益を得ることができる制度です。なお、賃金は労働への対償としての性質を持っているため、会社が労働者に出張や顧客回りのための交通費を支給しても、これは会社の経費であって賃金ではありません。

給与の範囲は法律によって異なる

労働基準法では、労働契約や就業規則などによってあらかじめ支給条件が明確にされている退職金や結婚祝金・慶弔金などは、給与に含めます（労働基準法では給与は「賃金」にあたります）。

これに対し、社会保険（健康保険や厚生年金保険）では、労働契約や就業規則などによってあらかじめ支給条件が明確にされている退職金や結婚祝金・慶弔金などであっても、給与（社会保険では給与のことを「報酬」といっています）に含めないとされています。

賃金のデジタル払い

後述するように、賃金には通貨払いの原則が適用されますが、労働者の同意を条件として、本人名義の銀行口座または証券総合口座への賃金の支払いが例外として認められています。さらに、令和5年4月1日以降は、過半数組合（過半数組合がない場合は過半数代表者）との間で労使協定を締結し、労働者への説明とその同意を得ることを条件として、本人名義の厚生労働大臣が指定した資金移動業者口座への賃金の支払いも、例外として認められるようになりました。

厚生労働大臣が指定する資金移動業者は、主に「○○ペイ」などの名称で、キャッシュレス決済（バーコード決済など）を提供している業者を想定しており、指定を受けるためには多くの要件をクリアすることが要求されています。要件の一つとして、資金移動業者口座については、1円単位で現金化ができる口座であることを要し、現金化ができないポイントや仮想通貨などによる賃金の支払いは認められてい

ないことが挙げられます。

　また、使用者は、労働者に資金移動業者口座への賃金支払いを選択肢として提示する場合、現金での賃金支払いに加えて、銀行口座または証券総合口座への賃金支払いを選択肢としてあわせて提示しなければなりません。つまり、現金または資金移動業者口座のみを賃金支払いの選択肢として提示することは許されません。

賃金支払いの5原則とは何か

　労働基準法では、労働者保護の観点から、労働者が提供した労務について確実に賃金を受領できるようにするため、賃金支払いについて、

■ 賃金支払いの5原則の内容 ·····························

原則	内容	例外
❶通貨払い	現金（日本円）で支払うことを要し、小切手や現物で支払うことはできない	**労働協約が必要** ● 通勤定期券の現物支給、住宅貸与の現物支給 ● 外国通貨による支払い **労働者の同意が必要** ● 銀行口座への振込み、証券総合口座への払込み、資金移動業者口座への資金移動による支払い（いずれも本人名義の口座に限る） ● 退職金については、銀行振出小切手、郵便為替による支払い
❷直接払い	仕事の仲介人や代理人に支払ってはならない	● 使者である労働者の家族への支払い ● 派遣先の使用者を通じての支払い
❸全額払い	労働者への貸付金その他のものを控除してはならない	● 所得税、住民税、社会保険料の控除 **書面による労使協定が必要** ● 組合費、購買代金の控除など
❹毎月1回以上払い	毎月1回以上支払うことが必要	**臨時に支払われる賃金** ● 結婚手当、退職金、賞与など
❺一定期日払い	一定の期日に支払うことが必要	● 1か月を超えて支払われる精勤手当、勤続手当など

①通貨払いの原則、②直接払いの原則、③全額払いの原則、④毎月1回以上払いの原則、⑤一定期日払いの原則、という5つの原則を定めており、賃金支払いの5原則と呼ばれています（前ページ図参照）。

▌最低賃金とは

　賃金の額は使用者と労働者との合意の下で決定されますが、景気の低迷や会社の経営状況の悪化などの事情で、一般的な賃金よりも低い金額を提示する使用者がいないとも限りません。

　そこで、賃金の最低額を保障することによって、労働者の生活の安定を図るために、最低賃金法が制定されています。最低賃金法の対象となるのは、労働基準法が定める労働者であり、パートタイマーやアルバイトも含まれます。派遣社員（派遣労働者）も当然に含まれますが、派遣社員については、派遣先の所在地（実際に就業している場所）における最低賃金額を満たしているのかどうかが判断されます。

　最低賃金額には、都道府県ごとに定められた地域別最低賃金と、特定の産業について定められた特定最低賃金があり、双方が同時に適用される労働者には、高い方の最低賃金額以上の賃金を支払わなければなりません。そして、個別の労働契約で、最低賃金法が定める最低賃金額を下回る賃金を設定しても、その部分は無効であり、最低賃金額によって労働契約を締結したものとみなされます。もし最低賃金額を下回る賃金しか支払っていない期間があれば、事業者は、さかのぼってその差額を労働者に支払わなければならなくなります。

　ただし、試用期間中の者や、軽易な業務に従事している者、一般の労働者と比べて著しく労働能力の低い労働者などについては、都道府県労働局長の許可を得ることによって、最低賃金額を下回る賃金を設定することが認められています。

Q 労働条件を定めるさまざまな規程と関係について教えてください。

A 労働条件は、労働契約や就業規則、労働協約、労働基準法などによって決まります。就業規則、労働協約、労働基準法は、労働契約で合意していない部分を補充する他、合意した内容が労働者に不利な場合はこれを変更します。就業規則、労働協約、労働基準法、労働契約の内容が食い違っている場合には、一般的に「労働基準法≧労働協約≧就業規則≧労働契約」の関係で効力が判断されます。

労働条件は、使用者と労働者との間の契約（労働契約）によって決まります。労働契約の内容の大部分は就業規則や労働協約によって決定されるのが普通ですが、特別な合意をしていれば、労働者に不利な内容でない限り、この合意が優先するのが原則です。

労働基準法は、労働法規の根幹に位置する法律で、個々の労働者を保護するため、賃金、休憩、休暇など労働条件の最低基準を定めています。最低基準に達しない労働契約を定めても、その部分は無効になり、無効になった部分は最低基準が労働契約の内容になります。

就業規則は、労働者の待遇、採用、退職、解雇など人事の取扱いや服務規定、福利厚生その他の内容を定めたものです。就業規則で定める内容を下回る労働契約は無効になり、無効になった部分は就業規則の内容が労働契約の内容になります（労働契約法12条）。また、就業規則が法令や労働協約に違反する場合、その反する部分については、労働者との間の労働契約には適用されません（労働契約法13条）。

労働協約は、労働組合が労働条件を向上させるため、労働組合法に基づいて締結される、労働組合と使用者との間の書面による協定のことです。労働協約の内容は、組合員の賃金、労働時間、休日、休暇などの労働条件や、労働組合と使用者との関係などであり、団体交渉を経て、労使間で合意に達した事項を文書化し、労使双方の代表者が署

名または記名押印して効力が生じます。後述の労使協定と異なり、労働協約は労働組合がない場合には締結できません。

　そして、労働協約に反する労働契約や就業規則は無効となり、無効となった部分は労働協約の内容が労働契約の内容になります。労働協約が及ぶのは、原則として協約当事者である労働組合の組合員に限られます。ただし、労働者の4分の3以上が適用される労働協約については、事業場全体の労働者に対して適用されます。

　労使協定とは、事業場の過半数の労働者で組織される労働組合（そのような労働組合がない場合は労働者の過半数を代表する者）と、使用者との間で、書面によって締結される協定です。三六協定（38ページ）、変形労働時間制に関する協定、年次有給休暇の計画的付与に関する協定など、さまざまな労使協定がありますが、その多くが労働基準法を根拠とします。また、労使協定には、労働基準監督署への届出が義務付けられているものとそうでないものがあります。

■ 労使協定に代えて労使委員会で決議できる労働基準法上の事項

①1か月単位の変形労働時間制　　② フレックスタイム制
③1年単位の変形労働時間制　　④1週間単位の非定型的変形労働時間制
⑤ 休憩時間の与え方に関する協定　⑥ 時間外・休日労働（三六協定）
⑦ 割増賃金の支払いに代えて付与する代替休暇
⑧ 事業場外労働のみなし労働時間制
⑨ 専門業務型裁量労働制のみなし労働時間
⑩ 時間単位の年次有給休暇の付与　⑪ 年次有給休暇の計画的付与
⑫ 年次有給休暇に対する標準報酬日額による支払い

※「貯蓄金管理」「賃金の一部控除」は、必ず労使協定が必要で、労使委員会の決議による代替ができない。
※⑥については、「届出」が効力の発生要件とされている。

2 基本給と諸手当の種類について知っておこう

賃金はいくつかの手当によって構成される

■ 基本給とはどんなものなのか

定期的に支払われる賃金（給与）のベースとなる賃金を基本給といいます。

基本給の決め方には、各労働者の年齢や勤続年数に基づいて決定される属人給、職務内容に基づいて決定される職務給、職務遂行能力に応じて決定される職能給という方法があります。従来の年功序列型の賃金制度の下では、横一列の賃金設計を基本とするため、支給額を決める上では年齢や勤続年数が重要な要素であり、職務や職務遂行能力を加味したとしても、その差がつかないような設計をとっていました。

ただ、最近は年齢や勤続年数よりも実績や成果で支給額を決める企業が増えてきている状況にあります。能力主義から職務給、職能給を重視するのか、労働者の生活保障的な観点からある程度属人給の要素を残すのか、会社の実情に合わせて設計していくことが必要です。

■ 役付手当について

役付手当は、役職に応じて支払われる手当です。役職手当という場合もあります。一般的に管理監督者に該当すれば時間外手当が支払われなくなるため、時間外手当を支払いたくないために役職に就けることがあります。しかし名目上管理監督者と思わせる肩書であっても、実態が伴っておらず、時間外労働等の時間管理が自己のコントロール下にないような場合は、管理監督者と認められないことがあります。その場合は役付手当を支払っていても時間外労働手当の支払いが必要になります。役職に就いたら時間外労働手当がなくなり手取り給与が

減ったということもありますので、役職の責任にふさわしい金額設定になっているか確認が必要です。

精皆勤手当について

精皆勤手当は、出勤奨励をはかるためのもので、以前は支給している企業も多くありました。しかし、最近では、賞与に含まれている要素と考えられていたり、モチベーション向上には必ずしも役立たないとされ、導入している企業は減少しています。

家族手当について

家族手当は、日本の企業の間では広く普及している手当のひとつです。家族手当を支給する場合においては、①男女問わず一定の条件で支給すること、②家族手当の支給の有無が賞与の支給額に影響しないようにすることなどの点に注意しましょう。

たとえば、「扶養家族を有する世帯主たる従業員には家族手当を支給する」と定めた場合に、「男性従業員だけ世帯主と認める」との規定を置くことは、女性を理由とする賃金差別となるので許されません。

次に、家族手当の支給対象となる家族の範囲をあらかじめ定めておきます。一般的には、配偶者と子ということになるでしょう。配偶者については、扶養家族である場合に限ると規定するのがよいでしょう。

子については、第何子まで支給するのか、その額、支給を止める年齢などを定めておきます。配偶者が扶養家族かどうかの確認に手間がかかるということであれば、子だけを支給対象として計算を簡略化することもできます。

住宅手当について

住宅手当は、割増賃金の算定の基礎から除外されている賃金です。ただし、ここでいう除外賃金となる住宅手当とは、住宅に要する費用

に応じて算定される手当をいい、住宅の賃料額やローン月額の一定割合を支給するもの、賃料額・ローン月額が段階的に増えるに従って増加する額を支給するものが対象になります。

たとえば、「賃料の半額を支給する」「賃料10万円以下の者には月額2万円、10万円以上の者については月額3万円支払う」というように定めるものがそうです。

なお、住宅手当や家族手当という名称で支給していても、住宅に要する費用や扶養家族の人数にかかわらず「一定額」を支給するものは、割増賃金算定の基礎となる賃金から除外できません。たとえば、「持ち家居住者には月額1万円、賃貸住宅居住者には月額2万円」「扶養家族の人数にかかわらず一律1万円」というように定めている場合です。その他、最近では、会社の近くに住むことを奨励するため、2駅ルール（会社の最寄駅から2駅以内に在住している場合に一定の住宅手当を支給する）などといった工夫をしている企業もあります。

資格手当について

特定の資格を有する者に与えるのが資格手当です。会社として特に重視している部門に関わる資格について設けるのがよいでしょう。資格手当を設けることで、従業員のスキルアップも奨励することができます。

営業手当について

営業手当は、みなし時間外労働の手当（みなし時間外手当）として利用されることが多々ありますが、時間外労働については割増賃金の支払いが要求されるため、割増賃金との関係で問題になります。

営業手当がみなし時間外手当として認められるためには、営業手当が労働基準法に従って計算した割増賃金を下回っていないことや、何時間分の時間外労働の手当であるのかについて双方で確認の上、就業規則、労働契約書等で明示し、みなし時間外手当である旨を明示し、

それが他の手当と区別できることなどが最低限必要になってきます。

通勤手当について

　通勤手当とは、労働者が通勤する際に必要とする費用を、会社が支給するものです。ただし、法的に会社が支給しなければならないものではありません。通勤手当の支給額を定める方法としては、通勤定期券相当額の実費支給が一般的です。実費支給の上限額を設けているケースも多くあります。また、通勤手当を計算する通勤経路は、「会社が認める最も経済的な経路による」というように規定し、「通勤経路に変更があった場合はただちに会社に報告すること」というように規定しておくとよいでしょう。

　なお、通勤手当は、平均賃金を算定する際の「賃金の総額」には含まれます。しかし、通勤経路などを問わず「一定額」を支給する場合を除き、割増賃金算定の基礎となる賃金からは除外されます。

■ 給与体系の例

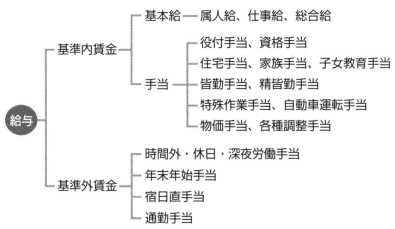

※　基準内賃金・基準外賃金に明確な定義はありません。
　　上記の例は、固定的で毎月決まって支給されるものを基準内賃金としています。

通勤手当からも給料と同様に所得税を源泉徴収すればよいのか

　役員や社員に通常の給料に加算して支給する通勤手当は、原則として非課税です。したがって、会社としても所得税を源泉徴収する必要はありません。ただし、通勤費がどれほど高額でもまったく税金がかからないというわけではなく、非課税限度額が設定されています。

　電車やバスなどの交通機関を利用して通勤している場合、非課税となる金額は「1か月あたりの合理的な運賃等の額」です。合理的な運賃等の額とは、経済的で最も合理的な経路で通勤した場合の通勤定期券などの金額です。ただし、その金額が15万円を超える場合には、1か月当たり15万円が非課税限度額となります。一方、マイカーや自転車などを使って通勤している場合、片道の通勤距離に応じて下表のように定められています。非課税限度額を超える部分の金額は、通勤手当や通勤定期券などを支給した月の給与の額に上乗せして所得税の源泉徴収を行います。

■ 通勤手当の1か月当たりの非課税限度額 ……………………

区分			非課税限度額
1	交通機関を利用している場合		
	a	支給する通勤手当	1か月当たりの合理的な運賃等の額（最高限度15万円。2016年以降）
	b	支給する通勤用定期券・乗車券	
2	マイカーや自転車などを利用している場合		
	（片道の通勤距離）		
	2km未満		全額課税
	2km以上10km未満		4,200円
	10km以上15km未満		7,100円
	15km以上25km未満		12,900円
	25km以上35km未満		18,700円
	35km以上45km未満		24,400円
	45km以上55km未満		28,000円
	55km以上		31,600円

手当の算出には平均賃金を使う

休業手当や解雇予告手当などの算定の基準になる

平均賃金とは何か

　賃金は、労働者が働いたことへの対価として使用者から支払われるものです。一方、有給休暇を取得した場合や、労災事故などによって休業した場合など、何らかの事情で労働しなかった期間中にも賃金が支払われることがあります。この場合、期間中の賃金の額は、会社側が一方的に決めるのではなく、労働基準法の規定に基づいて1日の賃金額を算出し、これに期間中の日数を乗じた額とすることになっています。その基準となる1日の賃金額を平均賃金と呼びます。

　労働基準法12条によると、平均賃金の算定方法は、原則として「これを算定すべき事由の発生した日以前3か月間にその労働者に対し支払われた賃金の総額を、その期間の総日数で除した金額」とされています。これは、できるだけ直近の賃金額から平均賃金を算定することによって、労働者の収入の変動幅を少なくするためです。

　たとえば、機械の故障や業績不振など、使用者側の事情で労働者を休業させる場合、使用者は休業期間中、労働者にその平均賃金の100分の60以上を休業手当として支給します（同法26条）。年次有給休暇中の労働者に支給する賃金についても、就業規則等の定めに従い、平均賃金または所定労働時間労働した場合に支払われる通常の賃金により算定することになります（同法39条）。

　平均賃金の基準になる「3か月間」は、暦日（暦の上での日数）のことです。たとえば、月給制で雇用されている労働者の場合、基本給が支払われますので、おおむね1年間は同額の賃金になるはずです。しかし、実際には、時間外勤務などによる割増や、遅刻や早退による

控除などがありますので、月々の支給額は変動するのが一般的です。このため、原則として「算定すべき事由の発生した日」を起点として平均賃金を算定するようになっているわけです。

　ただし、業務上の傷病による休業期間や育児・介護休業期間などがある場合は、その日数が「3か月」から控除され、その期間内に支払われた賃金額が「賃金の総額」から控除されます（計算基礎から除外する期間・賃金、26ページ図）。

　また、算定の対象となる「賃金の総額」には、基本給の他、通勤手当や時間外手当などの手当も含まれますが、臨時に支払われた賃金や3か月を超える期間ごとに支払われた賃金は「賃金の総額」から控除されます（賃金総額から除外される賃金、26ページ図）。

どのような場合に使うのか

　平均賃金は、次のような事由が発生した場合に、労働者に対して支払う手当などの金額を算定するために使用されます。

①　解雇を予告するとき

　解雇とは、使用者が行う一方的な意思表示によって、労働者との雇用契約を解消することです。労働者を解雇する際に、30日以上前に予告をしない場合、使用者は30日分以上の平均賃金を解雇予告手当金として支払うとされています（労働基準法20条）。

②　休業手当を支給するとき

　機械の故障や業績不振など、使用者側の事情で労働者を休業させる場合、使用者は休業期間中、労働者にその平均賃金の100分の60以上の手当を支給するとされています（同法26条）。

③　年次有給休暇を取得するとき

　労働者が年次有給休暇を取得した場合、使用者は労働者に賃金を支払わなければなりません。その金額は、原則として、就業規則等の定めに従い、平均賃金を用いるか、所定労働時間労働した場合に支払わ

れる通常の賃金（賃金を時間単位で定めている場合は「時間給×その日の所定労働時間数」、日単位で定めている場合は日給）を用いて算定されます（同法39条）。なお、過半数組合（過半数組合がない場合は過半数代表者）との書面による協定により、健康保険法の標準報酬日額を支払うことを定めたときは、それを支払わなければなりません。

④　災害補償をするとき

　業務上の負傷や疾病が原因で労働者が休業したり、労働者に後遺障害が残ったりする事態が生じた場合には、使用者が災害補償を行います。この災害補償の際に支払われる金額も、平均賃金によって算出します（労働基準法76、77、79 ～ 82条）。

　この他、懲戒処分として減給を行う場合に、その額は1回の懲戒処分につき平均賃金の1日分の半額を超えてはならず、一賃金支払期（毎月払いの場合は1か月）を合計して賃金総額の10分の1を超えてはならないという制限が設けられています。

▌算定方法の原則ルール

　平均賃金は「算定すべき事由の発生した日」（算定事由発生日）以前3か月間に支給された賃金を元に算定するのが原則で、「3か月間」は暦日のことです。たとえば、算定事由発生日が10月1日の場合、3か月間は「7月1日～9月30日」の92日間となります。

　ただし、賃金締切日（賃金の締め日）がある場合は、算定事由発生日の直前の賃金締切日から遡って3か月間に支払われた賃金を元に計算するとの特則があります。実際には、この方法で平均賃金を算定するケースが多いでしょう。たとえば、算定事由発生日の10月1日の直前の賃金締切日が9月15日なので、6月25日、7月25日、8月25日に支払われた賃金の合計額が「賃金の総額」となります。

　なお、平均賃金の算定に際し、育児・介護休業期間など「計算基礎から除外する期間・賃金」や、臨時に支払われた賃金など「賃金総額

から除外される賃金」がある点は、前述のとおりです（次ページ図）。

例外的な場合の算定方法

　平均賃金の算定は、前の項目で述べたルールに従うのが原則ですが、次の場合は例外的に別に定めた方法で算定するとされています。

① 　雇入れ後３か月に満たない者

② 　日々雇い入れられる者（日雇労働者）

③ 　「計算基礎から除外する期間・賃金」（次ページ図、試用期間を除く）が算定事由の発生した日以前３か月以上にわたる場合

④ 　雇入れの日に算定事由の発生した場合

　なお、対象労働者が正社員以外の雇用形態で、週のうち数回勤務する時間給による短時間労働者である場合などは、平均賃金の算定に際して「最低保障額」に注意しなければなりません。最低保障額とは、原則通りに平均賃金を算定すると、その金額が低すぎるため、これを基礎に休業手当などを支給することで、労働者の生活への影響が大きくなる場合に、一定の金額を平均賃金として扱うものです。具体的には、「算定期間中の賃金総額÷その労働者の実労働日数×60％」を平均賃金として用います（次ページ図）。

■ 平均賃金の算出方法の原則 ……………………………………

算定期間
３か月

算定事由発生日

３か月間の支払賃金の総額 ÷３か月間の総日数 ＝ 平均賃金

（例）４月21日から７月20日までの３か月間に合計90万円が支払われていた場合

90万（円）÷91（日）＝9890.1円 ➡ 平均賃金 9890円

■ 平均賃金の具体的な計算例 ·················

> 算定事由の発生した日以前３か月間にその労働者に支払われた賃金総額
> ───
> 上記の３か月間の総日数

【「以前３か月間」の意味】

算定事由の発生した日（＊）は含まず、その前日から遡って３か月
（賃金締切日がある場合は、直前の賃金締切日から遡って３か月）

（＊）「算定事由の発生した日」とは、
  　解雇予告手当の場合「解雇通告した日」
  　休業手当の場合「その休業日の初日」
  　年次有給休暇中の賃金の場合「有給休暇の初日」
  　災害補償の場合「事故発生の日又は疾病の発生が確定した日」
  　減給の制裁の場合「制裁意思が労働者に到達した日」

【計算基礎から除外する期間・賃金】

・業務上のケガや病気（業務災害）による休業期間
・産前産後の休業期間
・使用者の責に帰すべき事由による休業期間
・育児・介護休業法による育児・介護休業期間
・試用期間

【賃金総額から除外される賃金】

・臨時に支払われた賃金（結婚祝金、私傷病手当など）
・３か月を超える期間ごとに支払われた賃金（賞与など）
・法令・労働協約に基づかない現物給与

【平均賃金の最低保障額】

日給制、時間給制などの場合、勤務日が少ないと上記の計算式では異常に低くなってしまう場合があるため、最低保障額が定められている。上記計算式の算出額と、次の計算式の算出額を比較し、多い方を平均賃金とする。

・賃金が日給、時間給、出来高給その他の請負制であった場合

$$\frac{３か月間の賃金総額}{その期間中に労働した日数} \times \frac{60}{100} \cdots Ⓐ$$

・雇入れ後３か月に満たない者の場合

  雇入れ後に支払われた賃金総額÷雇入れ後の期間の総日数

第 2 章

さまざまな働き方に対応！
労働時間をめぐる法律知識

1 労働時間の管理を徹底しよう

日頃から労働時間の管理を習慣化する

労働時間の管理がなぜ必要なのか

　時間外労働手当の計算を会社に都合よく計算できるのであれば、厳格な労働時間の管理は必要ありません。しかし、そのような計算をしていたところに、労働基準監督署の調査が入った場合、会社は多くのペナルティを受けることになります。たとえば、過去にさかのぼって未払いの時間外労働手当を支給せざるを得なくなります。賃金請求権の消滅時効は3年（令和2年4月以降）ですから、最大で過去3年分の未払いの時間外労働手当を支払わざるを得なくなります。そうなると、会社経営を左右する金額の支出が必要となりかねません。

　そのようにならないためには、日頃から法律に基づいて労働時間を適正に把握・管理しなければなりません。この点は、平成29年1月に厚生労働省から出された「労働時間の適正な把握のために使用者が講ずべき措置 に関するガイドライン」という通達が基準となり、下記のように定められています。

① 　労働者の労働日ごとの始業・終業時刻を確認・記録すること
② 　確認・記録の方法は、使用者が自ら現認するか、タイムカード、ICカード、パソコンの使用時間の記録などによること
③ 　自己申告により確認・記録せざるを得ない場合は、適正に自己申告を行わせ、必要に応じて実態調査をすること

　労働基準監督署の調査が頻繁に入るわけではありませんが、調査対象になった段階で慌てて改善しようとしても、すでに不払いとなっている時間外労働手当は是正勧告の対象になります。リスクを将来にまわさないため、日頃から正しい労働時間管理が必要です。

法定内残業と時間外労働

　割増賃金を支払わなければならない「時間外労働」は、法定労働時間（原則として１週40時間、１日８時間）を超える労働時間です。したがって、労働基準法は、就業規則で定められた終業時刻後の労働のすべてに、割増賃金の支払を要求しているわけではありません。

　たとえば、ある会社の就業規則で９時始業、17時終業で、昼休み１時間と決められているのであれば、労働時間は７時間です。この場合には、18時まで「残業」しても、１日８時間の枠は超えていませんから時間外労働になりません。この残業を法定内残業といいます。法定内残業は時間外労働ではありませんから、使用者（会社）は、割増賃金ではなく通常の賃金を支払えばよいわけです。なお、この場合に使用者が割増賃金を支払うことについては問題ありません。

どんなケースが危ないのか

　次のようなケースは「是正勧告」の対象となることがあります。

① 労働時間の記録がないため、「時間外労働がない」としているケース

　この場合は「本当に時間外労働がない」という証拠が必要です。

② 労働日ごとに労働時間を30分単位で管理しているケース

　労働時間は、１か月の合計では30分単位で端数調整を行うことができますが、労働日ごとでは１分単位で管理することが必要です。

③ 時間外労働時間の上限を設定し、それ以上の時間外労働を認めていないケース

　三六協定で時間外労働時間の上限を設定していたとしても、現実にそれを超過して労働者が時間外労働をした場合には、すべての時間外労働時間に対し、時間外労働手当を支給しなければなりません。

④ 時間外労働を自己申告制とし、過少申告させているケース

　「サービス残業」の典型ともいえるケースです。正しく申告するよ

うに指導しなければなりません。

時間外労働なしといえるには根拠が必要

　時間外労働手当は、労働者が時間外労働をした場合に支払わなければならないものです。労働者の立場からすると、時間外労働をした証拠があるときにのみ時間外労働手当を請求できることになります。

　これに対し、使用者（会社）の立場からすると、労働基準監督署の調査が入ったときに、「時間外労働がないので手当を支払っていない」とするのであれば、時間外労働が本当にないことを証明する客観的な根拠が必要です。つまり、厚生労働省の通達に準拠した形で行われた労働時間管理の下で、時間外労働がないことを示す記録（たとえば、タイムカードへの打刻が定時であること）が必要です。

　また、私用で会社に居残る時間を時間外労働時間と明確に分けるために、別途「時間外労働時間の申告」を労働者にさせている場合、タイムカードに打刻された時刻から集計される会社に居残っている時間と、労働者から申告された時間外労働時間との間に大きな開きがあるときは、労働者に過少申告をさせていると疑義をもたれることもあります。時間外労働時間に集計すべきではない私用の時間などは、別途記録を残すことも必要です。

労働時間の管理ができていない場合には是正をする

　実際は時間外労働を行わせているのに、時間外労働手当を支払っていない場合は、当然に労働基準法に反する違法状態となります。

　ただ、労働基準監督署の調査が頻繁には行われないため、労働時間の管理を曖昧にして時間外労働手当を支払っていない例も少なくありません。前述の通り、時間外労働手当を支払わないということにも、時間外労働がなかったことを証明する客観的な根拠が必要です。

　労働基準監督署の調査を受けた際に、労働時間の管理ができていな

かった場合は、それにより直ちに「残業隠し」を疑われ、実際は時間外労働を行わせていないとしても、労働基準監督署から「適正に労働時間の管理をしていない」として是正を受ける可能性があります。その場合は、さらに３か月程度に渡り、労働基準監督署に労働時間の管理についての報告を要求されることもあります。

　そして、このようなケースでは、時間外労働を隠している疑いをもたれますので、細部に渡り調査されることになります。したがって、十分な労働時間の管理ができていない会社は、厚生労働省の通達に準拠する形での労働時間の管理を徹底していかなければなりません。

　労働者の労働時間を把握・管理することは、仕事の効率化や賃金の計算などを行う上で非常に重要です。これを怠ると、業務遂行や経費の面で会社に損失を与えますから、直属の上司は管理責任を問われることにもなりかねません。たとえば、上司の許可を得ずに残業している部下を注意しないだけでも、残業を黙認した、ひいては残業を指示したことになってしまいますので、十分注意してください。

■ 割増賃金を支払う義務が生じる場合 ･･････････････････････

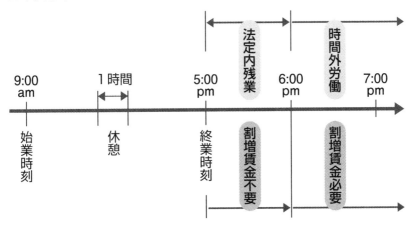

2 割増賃金について知っておこう

残業などには所定の割増賃金の支給が義務付けられている

割増賃金とは

　使用者は、労働基準法37条により、労働者の時間外・深夜・休日労働に対して、割増賃金の支払義務を負います。

　割増率については、まず、法定労働時間（原則として1日8時間、1週40時間）を超えて労働者を働かせた時間外労働の割増率は25％以上です。ただし、1か月60時間を超える部分についての時間外労働の割増率は50％以上です。令和5年4月1日以降は、この50％の割増率が中小企業にも適用されていることに注意を要します。

　次に、深夜労働（原則として午後10時から午前5時まで）についても、同様に25％以上の割増率です。時間外労働と深夜労働が重なった場合、2つの割増率を合計することになりますので、50％以上の割増率です（時間外労働が1か月60時間を超えている場合の割増率は75％以上）。

　また、法定休日に労働者を働かせた場合は、休日労働として35％以上の割増率になります。休日労働と深夜労働が重なった場合、割増率は60％以上になります。

代替休暇とは

　1か月60時間を超える時間外労働をさせた場合、超える部分については50％以上の割増率を乗じた割増賃金の支払いが必要です。厚生労働省の過労死等防止対策白書（令和4年版）によれば、月末1週間の就業時間が週60時間以上の労働者の割合は約5％で、30歳代・40歳代の男性労働者に限定すると約10％です。

上記の割合は減少傾向にありますが、長時間労働の抑制と労働者の健康維持のため、時間外労働への代償として、割増賃金の支払いではなく休暇を付与する方法（代替休暇）があります。具体的には、労使協定の締結により、1か月の時間外労働が60時間を超えた場合、通常の割増率（25％）を上回る部分の割増賃金の支払いに代えて、有給休暇を与えることが認められています。代替休暇は労働者への休息の機会の付与が目的ですから、付与の単位は1日または半日とされています。また、代替休暇に振り替えられるのは、通常の割増率を上回る部分の割増賃金を時間換算したものです。通常の割増率の部分は、これまで通り25％以上の割増率による割増賃金の支払いが必要です。

労使協定で定める事項

代替休暇を与えるためには、事業場の労働者の過半数で組織する労働組合（過半数組合）、または過半数組合がない場合は事業場の労働者の過半数を代表する者（過半数代表者）と間で、労使協定を締結しなければなりません。

労使協定で定めなければならない事項として、①代替休暇として与えることができる時間数の算定方法、②代替休暇の単位、③代替休暇

■ 賃金の割増率 ……………………………………………………

時間帯	割増率
時間外労働	25％以上
時間外労働（月60時間を超えた場合の超えた部分）	50％以上 ※
休日労働	35％以上
時間外労働が深夜に及んだとき	50％以上
休日労働が深夜に及んだとき	60％以上

※労働時間が1か月60時間を超えた場合に支払われる残業代の割増率については、令和5年4月1日より中小企業にも適用されている。

を与えることができる期間、④代替休暇の取得日の決定方法、⑤割増
賃金の支払日、があります。

　①の時間数の算定方法ですが、1か月の時間外労働時間数から60を
差し引いて、換算率を乗じます。この換算率は、法定通りの割増率の
場合は、60時間を超えた部分の時間外労働の割増率50％から通常の時
間外労働の割増率25％を差し引いた25％となります。法定を上回る割
増率を定めている場合は、60時間を超えた時間外労働の割増率から通
常の時間外労働の割増率を引いた数字になります。たとえば、通常の
時間外労働の割増率が30％、1か月60時間を超える時間外労働の割増
率が65％の場合は、65から30を差し引いた35％が換算率になります。

　③の代替休暇を与えることができる期間は、長時間労働をした労働
者の休息の機会を与えるための休暇ですから、時間外労働をした月と
近接した期間内でなければ意味がありません。そのため、労働基準法
施行規則で、時間外労働をした月から2か月以内、つまり翌月または
翌々月と定められています。労使協定ではこの範囲内で定めます。

■ 割増賃金の支払いと代替休暇の付与 ……………………………………

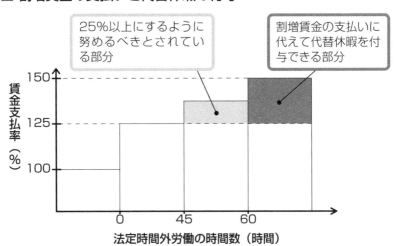

書式1　代替休暇に関する協定書

代替休暇に関する協定書

　日本パソコン株式会社（以下「会社」という）と日本パソコン株式会社従業員代表川野三郎（以下「従業員代表」という）は、就業規則第○条の代替休暇について、以下のとおり協定する。

記

1　会社は、別に従業員代表と締結した特別条項付三六協定における、従業員の労働時間として賃金計算期間の初日を起算日とする1か月につき60時間を超える時間外労働時間部分を、代替休暇として取得させることができる。

2　代替休暇として与えることができる時間数の算定は、次のとおりとする。
　（1か月の時間外労働時間数 − 60）×0.25

3　代替休暇は、半日（4時間）または1日（8時間）単位で与えられる。この場合の半日とは、午前半日休暇（午前8時00分より午後0時00分）または午後半日休暇（午後1時00分より午後5時00分）のそれぞれ4時間のことをいう。

4　代替休暇は、60時間を超える時間外労働時間を行った月の賃金締切日の翌日から起算して、2か月以内に取得させることができる。

5　代替休暇を取得しようとする者は、60時間を超える時間外労働時間を行った月の賃金締切日の翌日から起算して10日以内に人事部労務課に申請するものとする。

6　期日までに前項の申請がない場合は、代替休暇を取得せずに、割増賃金の支払いを受けることを選択したものとみなす。

7　期日までに前項の申請がなかった者が、第4項の期間内の日を指定して代替休暇の取得を申し出た場合は、会社の承認により、代替休暇を与えることがある。この場合、取得があった月に係る賃金支払日に過払分の賃金を清算するものとする。

8　本協定は、令和○年4月1日より効力を発し、有効期間は1年間とする。
　会社と従業員は協力し、長時間の時間外労働を抑止するものとし、本協定に疑義が生じた場合は、誠意をもって協議し解決を図るものとする。

以上

　令和○年3月25日

日本パソコン株式会社
代表取締役　山田　太郎　㊞
従業員代表　川野　三郎　㊞

Q 残業代を支払わないと、会社はどんな請求を受けるのでしょうか。

A 労働基準法によると、会社が時間外労働（原則として1日8時間もしくは1週40時間を超える労働）をさせた場合は、25％以上の割増率（1か月の時間外労働が60時間を超えたときは、その超えた部分は50％以上の割増率）で計算した割増賃金を支払わなければなりません。なお、50％の割増率については、令和5年4月以降は中小企業にも適用されています。また、会社が休日労働（原則として1週1日の法定休日における労働）をさせた場合は、35％以上の割増率による割増賃金を支払わなければなりません。

労働者が労働基準監督への申告などを通じて、未払いの残業代（時間外労働や休日労働の割増賃金）をさかのぼって支払うように請求してきた場合、その金額は莫大なものになりかねません。そのようなリスクを考えると、経営者は「残業代は必ず支払わなければならない」と理解しておくべきでしょう。サービス残業をさせた時点では請求しなかったとしても、労働者が退職時に請求してくる可能性があります。残業代不払いと言われないように、就業規則やタイムカードの管理体制などを整備しておくことが必要です。

●退職時に会社に対して法的請求をしてくる

在職中は残業代不払いに異議を申し出なかった労働者が、退職後に会社に対して支払請求をしてくることが考えられます。残業代などの未払賃金の支払請求権を行使できる期間（時効期間）は、令和2年施行の労働基準法改正により、同年4月1日以降に支払期日が到来する賃金請求権については賃金支払日から5年間（当面の間は3年間）に延長されています（従来は賃金支払日から2年間でした）。

したがって、労働者に残業代を支払っていないときは、多額の支払いを請求される可能性が生じます。会社が訴訟を提起された後に対応

しようとしても、元労働者からタイムカード、出退勤の記録、給与明細などの証拠が裁判所に提出されると、未払賃金の支払いを命じられることになるでしょう。

● **請求される金額は残業代だけではない**

労働者や元労働者から未払賃金の支払請求訴訟が提起された場合、未払期間をさかのぼって合計した金額分の請求を受けます。前述したように、未払期間は最大３年間までさかのぼることができます。

また、未払賃金は遅延損害金が上乗せされることに注意する必要があります。遅延損害金の利息は、令和２年施行の民法改正により、同年４月１日以降に支払期日が到来する賃金請求権については、年利３％で計算した金額となります（従来は年利６％で計算した金額でした）。ただし、退職者が未払賃金を請求する場合、退職後の未払期間については、年利14.6％で計算した金額となります（賃金の支払の確保等に関する法律６条１項）。

さらに、未払残業代の部分は、令和２年４月１日以降に支払期日が到来する賃金請求権については、最大３年分の未払い額と同じ金額の付加金の支払いを裁判所から命じられる場合があります（労働基準法114条）。

● **慰謝料を請求されることもある**

未払残業代について労働者や元労働者が訴訟を起こしてきた場合、遅延損害金や付加金を含めた未払分の金額の支払請求に加え、慰謝料の支払請求をしてくることも考えられます。残業が長時間労働と切り離せない関係にあり、未払残業代を支払請求できる状況にある労働者などは、長時間労働が原因で「心疾患を患った」「うつ病になった」といった労災に相当する状況に至っている可能性があるからです。

また、残業代を支払わない職場は、法令遵守への意識が低く、上司によるパワハラ、セクハラなどが横行している可能性もあり、それに関する慰謝料の支払請求を受けることも考えられます。

三六協定について知っておこう

残業をさせるには三六協定に加えて就業規則などの定めが必要である

三六協定を結べば残業をさせても刑事罰を科されない

時間外労働および休日労働（本項目ではまとめて「残業」と表現します）は、原則として労使間で労使協定を締結し、その範囲内で残業を行う場合に認められます。この労使協定は労働基準法36条に由来することから三六協定といいます。同じ会社であっても、残業の必要性は事業場ごとに異なりますから、三六協定は事業場ごとに締結しなければなりません。事業場の労働者の過半数で組織する労働組合（過半数組合）、または過半数組合がないときは労働者の過半数を代表する者（過半数代表者）と間で、書面により三六協定を締結し、これを労働基準監督署に届ける必要があります。

過半数代表者との間で三六協定を締結する場合は、その選出方法にも注意が必要です。選出に関して証拠や記録がない場合、代表者の正当性が否定され、三六協定自体の有効性が問われます。そこで、選挙で選出する場合は、投票の記録や過半数の労働者の委任状を残しておくと、後にトラブルが発生することを防ぐことができます。なお、管理監督者は過半数代表者になることができません。管理監督者を過半数代表者として選任して三六協定を締結しても無効となる、つまり事業場に三六協定が存在しないとみなされることに注意が必要です。

三六協定は届出をしてはじめて有効になります。届出の際は原本とコピーを提出し、コピーの方に受付印をもらい会社で保管します。労働基準監督署の調査が入った際に提示を求められることがあります。

もっとも、三六協定は個々の労働者に残業を義務付けるものではなく、「残業をさせても使用者は刑事罰が科されなくなる」（免罰的効

果）というだけの消極的な意味しかありません。使用者が残業を命じるためには、三六協定を結んだ上で、労働協約、就業規則または労働契約の中で、業務上の必要性がある場合に三六協定の範囲内で時間外労働を命令できることを明確に定めておくことが必要です。

使用者は、時間外労働について25％以上の割増率（月60時間を超える分は50％以上の割増率）、休日労働について35％以上の割増率の割増賃金を支払わなければなりません（32ページ）。三六協定を締結せずに残業させた場合は違法な残業となりますが、違法な残業についても割増賃金の支払いは必要ですので注意しなければなりません。

なお、三六協定で定めた労働時間の上限を超えて労働者を働かせた者には、6か月以下の懲役または30万円以下の罰金が科されます（事業主にも30万円以下の罰金が科されます）。

■ 就業規則の内容に合理性が必要

最高裁判所の判例は、三六協定を締結したことに加えて、以下の要件を満たす場合に、就業規則の内容が合理的なものである限り、それが労働契約の内容となるため、労働者は残業（時間外労働および休日労働）の義務を負うとしています。

・三六協定の届出をしていること
・就業規則が当該三六協定の範囲内で労働者に時間外労働をさせる旨について定めていること

以上の要件を満たす場合、就業規則に従って残業を命じる業務命令（残業命令）が出されたときは、正当な理由がない限り、労働者は残業を拒否することができません。残業命令に従わない労働者は業務命令違反として懲戒の対象になることもあります。

前述のとおり、三六協定の締結だけでは労働者に残業義務は発生しません。三六協定は会社が労働者に残業をさせても罰則が科されないという免罰的効果しかありません。就業規則などに残業命令が出せる

趣旨の規定がなければ、正当な理由もなく残業を拒否されても懲戒の対象にはできませんので注意が必要です。

　なお、会社として残業を削減したい場合や、残業代未払いのトラブルを防ぎたい場合には、残業命令書・申請書などの書面を利用して労働時間を管理するのがよいでしょう。また、残業が定例的に発生すると、残業代が含まれた給与に慣れてしまいます。その金額を前提にライフサイクルができあがると、残業がなくなると困るので、仕事が少なくても残業する労働者が出てくることがあります。そのような事態を防ぐためにも、会社からの残業命令または事前申請・許可がなければ残業をさせないという毅然とした態度も必要です。あわせて労働者が残業せざるを得ないような分量の業務を配分しないことも重要です。

▋三六協定の締結方法

　三六協定で締結しておくべき事項は、①時間外・休日労働をさせる（残業命令を出す）ことができる労働者の範囲（業務の種類、労働者の数）、②対象期間（起算日から１年間）、③時間外・休日労働をさせることができる場合（具体的な事由）、④「１日」「１か月」「１年間」の各期間について、労働時間を延長させることができる時間（限度時間）または労働させることができる休日の日数などです。

　④の限度時間については、かつては厚生労働省の告示で示されていましたが、平成30年成立の労働基準法改正で、労働基準法に明記されました。１日の時間外労働の限度時間は定められていませんが、１か月45時間、１年360時間（１年単位の変形労働時間制を採用している場合は１か月42時間、１年320時間）を超える時間外労働をさせることは、後述する特別条項付き協定がない限り、労働基準法違反になります。かつての厚生労働省の告示の下では「１週間」「２か月」などの限度時間を定めることもありましたが、現在の労働基準法の下では「１日」「１か月」「１年」の限度時間を定める必要があります。

また、三六協定には②の対象期間とは別に有効期間の定めが必要ですが、その長さは労使の自主的な判断に任せています。ただし、対象期間が1年間であり、協定内容の定期的な見直しが必要であることから、1年ごとに三六協定を締結し、有効期間が始まる前までに届出をするのが望ましいとされています。

　労使協定の中には、労使間で「締結」をすれば労働基準監督署へ「届出」をしなくても免罰的効果が生じるものもありますが、三六協定については「締結」だけでなく「届出」をしてはじめて免罰的効果が発生するため、必ず届け出ることが必要です。

特別条項付き協定とは

　労働者の時間外・休日労働については、労働基準法の規制に従った上で、三六協定により時間外労働や休日労働をさせることができる上限（限度時間）が決められます。しかし、実際の事業活動の中では、時間外・休日労働の限度時間を超過することもあります。そのような「特別な事情」に備えて特別条項付きの時間外・休日労働に関する協定（特別条項付き協定）を締結しておけば、限度時間を超えて時間外・休日労働をさせることができます。平成30年成立の労働基準法改正により、特別条項付き協定による時間外・休日労働の上限などが労働基準法で明記されました。

■ 時間外労働をさせるために必要な手続き ･･････････････････

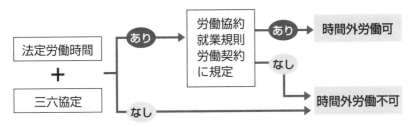

特別条項付き協定が可能となる「特別な事情」とは、「事業場における通常予見することのできない業務量の大幅な増加等に伴い臨時的に限度時間を超えて労働させる必要がある場合」（労働基準法36条5項）になります。

そして、長時間労働を抑制するため、①1か月間における時間外・休日労働は100時間未満、②1年間における時間外労働は720時間以内、③2〜6か月間における1か月平均の時間外・休日労働はそれぞれ80時間以内、④1か月間における時間外労働が45時間を超える月は1年間に6か月以内でなければなりません。これらの長時間労働規制を満たさないときは、刑事罰の対象となります（6か月以下の懲役または30万円以下の罰金）。

三六協定違反に対する罰則とリスク

三六協定に違反した場合、主に①刑事上のリスク、②民事上のリスク、③社会上のリスクを負うことになります。

① 刑事上の罰則

労働管理者（取締役、人事部長、工場長など）に懲役または罰金が科せられ、事業主にも罰金が科せられることになります。悪質な場合は労働管理者が逮捕されて取り調べを受ける場合もあります。

② 民事上のリスク

三六協定に違反する長時間労働をさせたことにより労働者が過労死した場合、会社には何千万円といった単位での損害賠償を命じる判決が出される可能性もあります。

③ 社会上のリスク

会社が刑事上・民事上の制裁を受けたことがマスコミによって公表されると、会社の信用に重大なダメージを負います。そうなると、これまで通りの事業を継続するのは難しくなるでしょう。近年、違法な長時間労働や残業代未払いが報道され、社会的関心が高まっているこ

とを考えると、取り返しのつかない事態を防ぐため、事業主や労働管理者は三六協定違反にとりわけ慎重に対応すべきといえます。

上限規制の適用が猶予・除外となる事業・業務がある

　平成30年成立の労働基準法改正で、平成31年（2019年）4月から本項で述べた長時間労働規制が導入（適用）されました（中小企業は令和2年4月から導入）。また、以下の事業・業務については、令和6年4月から長時間労働規制が導入されます。したがって、同年3月までに長時間労働規制の導入に向けた準備が必要です。

・建設事業（災害の復旧・復興の事業を除く）

・自動車運転の業務

・医師

■ 特別条項付き協定 ・・

 原則　三六協定に基づく時間外労働の限度時間は
月45時間・年360時間

1年につき6か月を上限として限度時間を超えた
時間外・休日労働の時間を設定できる

特別条項付き協定

【特別な事情（一時的・突発的な臨時の事情）】
が必要

　① 予算・決算業務
　② ボーナス商戦に伴う業務の繁忙
　③ 納期がひっ迫している場合
　④ 大規模なクレームへの対応が必要な場合

【長時間労働の抑止】

※1か月につき100時間
未満で時間外・休日労働
をさせることができる時
間を設定

※1年につき720時間以
内で時間外労働をさせる
ことができる時間を設定

様式第9号（第16条第1項関係）

時間外労働／休日労働に関する協定届

労働保険番号	法人番号	協定の有効期間
		令和○年4月1日から 1年間

事業の種類	事業の名称	事業の所在地（電話番号）
ソフトウェア開発業	日本パソコン株式会社	（〒○○○－○○○○）東京都港区芝中央1－2－3（電話番号：03－3987－6543）

時間外労働

	時間外労働をさせる必要のある具体的事由	業務の種類	労働者数（満18歳以上の者）	所定労働時間（1日）（任意）	1日 法定労働時間を超える時間数／所定労働時間を超える時間数（任意）	1箇月（①については45時間まで、②については360時間まで） 法定労働時間を超える時間数／所定労働時間を超える時間数（任意）	起算日（年月日）令和○年4月1日／1年（①については360時間まで、②については320時間まで） 法定労働時間を超える時間数／所定労働時間を超える時間数（任意）
① 下記②に該当しない労働者	臨時の受注、納期変更	設計	10人	1日8時間	10時間	45時間	360時間
	月末の決算事務	経理	5人	同上	6時間	45時間	360時間
② 1年単位の変形労働時間制により労働する労働者	臨時の受注、納期変更	企画	10人	同上	6時間	42時間	320時間

休日労働

休日労働をさせる必要のある具体的事由	業務の種類	労働者数（満18歳以上の者）	所定休日（任意）	労働させることができる法定休日の日数	労働させることができる法定休日における始業及び終業の時刻
臨時の受注、納期変更	設計	10人	毎週土曜・日曜	1か月に1日	8:30～17:30

上記で定める時間数にかかわらず、時間外労働及び休日労働を合算した時間数は、1箇月について100時間未満でなければならず、かつ2箇月から6箇月までを平均して80時間を超過しないこと。☑（チェックボックスに要チェック）

協定の成立年月日 令和○年 3 月 12 日

協定の当事者である労働組合（事業場の労働者の過半数で組織する労働組合）の名称又は労働者の過半数を代表する者の　職名　設計課主任（一般職）　氏名　川野 三郎

協定の当事者（労働者の過半数を代表する者の場合）の選出方法（ 投票による選挙 ）

☑上記協定の当事者である労働組合が事業場の全ての労働者の過半数で組織する労働組合である又は上記協定の当事者である労働者の過半数を代表する者が事業場の全ての労働者の過半数を代表する者であること。（チェックボックスに要チェック）

☑上記労働者の過半数を代表する者が、労働基準法第41条第2号に規定する監督又は管理の地位にある者でなく、かつ、同法に規定する協定等をする者を選出することを明らかにして実施される投票、挙手等の方法による手続により選出された者であって使用者の意向に基づき選出されたものでないこと。（チェックボックスに要チェック）

令和○年 3 月 15 日

使用者　職名　代表取締役社長　氏名　山田 太郎

三田 労働基準監督署長殿

4

固定残業手当について知っておこう

人件費の予算管理を効率化できる

固定残業手当とは何か

　使用者は、労働者に時間外労働をさせた場合、割増賃金を支払わなければなりません。もっとも、時間外労働に対する割増賃金（残業手当）を固定給に含め、時間外労働の有無に関係なく、毎月定額（固定残業手当）を支給している会社も少なくありません。固定残業手当を適法に行うには、①基本給と固定残業手当を明確に区分する、②固定残業手当に含まれる時間外労働の時間数（固定残業時間）を明確にする、③固定残業時間を超過して時間外労働をさせた場合の他、休日労働や深夜労働をさせた場合には、別途割増賃金を支給する、という3つの要件を満たす必要があります。

　その上で、固定残業手当を導入するには、会社の就業規則を変更しなければなりません。就業規則の一部である賃金に関する規程（賃金規程など）の変更でもかまいません。そして、変更した就業規則を労働者に周知することも必要です。なお、固定残業手当の導入が賃金の引下げを伴うような場合には、原則として個々の労働者の同意を得ておかなければなりません。

　特に基本給と割増賃金部分の区分は、支給されるはずの割増賃金が適法に支払われているかどうかを、労働者が確認する手段として重要です。固定残業手当を支払うことが認められるとしても、固定残業手当が実際の時間外労働の時間数で計算した金額を明確に下回ると判断された場合には、その差額の支払いを労働者から請求されるトラブルが生じますので注意が必要です。

なぜ固定残業手当を導入するのか

　固定残業手当の導入によるメリットとして、まず、同じ業務を残業なしでこなす労働者と残業月10時間でこなす労働者との間では、通常の残業手当だと不公平に感じられますが、固定残業手当では公平感があります。また、固定残業手当の導入によって給与計算の手間が大幅に削減されます。さらに、固定残業時間以内であれば追加の人件費が発生するケースが少なくなり、毎月の人件費がある程度固定化される（人件費の大まかな把握が可能となる）ので、予算管理がしやすくなります。従業員の立場からすると、残業してもしなくても同じ給与なので、効率的に業務を遂行する方向性になり、結果として残業の減少につながります。

業種によっては固定残業手当がなじまない

　固定残業手当がすべての業種に適しているとは限りません。たとえば、小売店や飲食店は、営業時間が毎日ほぼ同じで、開店前や閉店後の業務の時間も大きな変動はないため、毎日ある程度一定の労働時間となります。このような業種では、固定残業手当を導入しやすいといえます。営業職の場合も、日中のクライアント訪問、帰社後の残業による提案書の作成などのように、一定の時間外労働が見込まれるのであれば固定残業手当の導入を検討することができます。

　一方、生産ラインが確立されている製造業や一般的な事務職の場合は、業務量の増減を各労働者の裁量では行うことが難しいと考えられます。そのため、固定残業手当を導入するより、実際に時間外労働をした時間に対しその都度計算した残業手当を支給する方が、労働者のモチベーションにつながるとともに、人件費の軽減につながります。

固定残業時間はどのくらいが目安なのか

　労働基準法では、時間外労働や休日労働を行わせるには、労使間で

三六協定を締結し、それを労働基準監督署に届け出ることを義務付けています。この三六協定で設定できる時間外労働の限度時間が、原則として1か月45時間、1年360時間です。つまり月45時間が固定残業時間を設定する上での上限となります。ただし、実際の残業時間が年360時間を超えないように注意が必要です。もちろん、実際にそれほど時間外労働をしていない場合はもっと少なくなります。

　固定残業手当は「これさえ支払えば、時間外労働に対する割増賃金の支払いが不要になる」という便利なものではありません。固定残業時間を超過した場合は、別途超過分の時間外労働に対する割増賃金を支払う必要があります。反対に、固定残業時間を超えていないからといって、余り分を「おつり」として回収することはできません。ムダな手当を支払わないという意味でも、固定残業手当は今までの平均的な時間外労働時間をベースに検討するのが得策です。

　ただし、固定残業時間を超過した場合は、その分について別途時間外労働に対する割増賃金を支払う必要がありますが、実務上この給与計算が煩雑で対応しきれない会社もあります。その場合は、想定される残業時間より、若干多めに固定残業時間を設定し、実際の時間外労働を固定残業時間以内に収まるようにした方がよいでしょう。

■ 固定残業手当込みの賃金の支払い …………………………………

基本給	固定残業手当

← 各月に支給する固定残業手当込みの賃金 →

> ただし、固定残業時間（固定残業手当に含まれる時間外労働の時間数）を超えて時間外労働をさせた場合には別途割増賃金の支払いが必要

5

事業場外みなし労働時間制について知っておこう

労働時間の算定が難しい場合に活用できる

外勤労働者の労働時間について

　営業担当者などの外勤に従事する労働者の労働時間は、どのように算定するのでしょうか。外勤に従事する場合も実際に働いた時間を計算するのが、労働基準法の考え方の基本です。

　もっとも、外勤に従事する労働者について、労働基準法は、「労働時間の全部又は一部について事業場外（事業場施設の外）で業務に従事した場合において、労働時間を算定しがたいときは、所定労働時間労働したものとみなす」と規定しています。つまり、外勤に従事する労働者につき、労働時間の算定が難しいときは、就業規則などで定める所定労働時間（始業時刻から終業時刻までの間）を労働したとみなします。これを事業場外労働のみなし労働時間制といいます。

　この制度に関しては、「当該業務を遂行するためには通常所定労働時間を超えて労働することが必要となる場合においては、当該業務に関しては、当該業務の遂行に通常必要とされる時間（通常必要時間）労働したものとみなす」との規定もあります。つまり、通常は所定労働時間に終了できない仕事に従事したときは、その仕事の通常必要時間を労働したとみなします。そして、この規定が適用される仕事に従事した労働者は、「事業場外のみなし労働時間制が適用されない業務（事業場内の業務など）の労働時間（ゼロの場合もある）＋その業務の通常必要時間」が１日の労働時間として扱われます。

適用されないケースが多い

　外勤に従事する労働者でも「労働時間を算定しがたい」とはいえず、

事業場外のみなし労働時間制が適用されない場合があります。

　たとえば、上司と同行して外出する際、その中に労働時間を管理する立場の上司がいる場合、その上司は、部下の始業時刻・終業時刻を把握し、記録する必要があります。つまり、会社が「労働時間を算定しがたい」とはいえない状況です。労働時間の管理は、会社が設置したタイムカードに打刻することだけではありません。

　会社によっては、外勤に従事する労働者に会社所有の携帯電話を貸与する場合もあります。この場合、上司が労働者に随時連絡をとり、具体的指示をすることが可能ですから、基本的には労働時間を管理できる状況にあると解釈されます。携帯電話を貸与されていなくても、出社して上司から訪問先や帰社時刻などに関する当日の具体的指示を受け、それに従い業務に従事した後に帰社する場合も、同様に労働時間を管理できる状況にあると解釈されます。

　これらの場合、事業場外のみなし労働時間制は適用されず、実際に働いた時間を計算して労働時間とします。事業場外のみなし労働時間制の適用に関する行政通達は昭和63年に出されたもので、その後に通信技術が大幅に進化しています。事業場外のみなし労働時間制の適用の余地は狭まっています。

■ 事業場外労働と残業代の支給の有無

　事業場外労働のみなし労働時間制は、事業場外労働がある場合において「所定労働時間」または「通常必要時間（この制度が適用されない業務の労働時間があれば、それを加算する）」を労働したとみなす制度です。特に通常必要時間については、できるだけ労使協定を締結して、その業務を行うのに通常どの程度の労働時間が必要であるかをあらかじめ決めて、その時間を労働時間とするとよいでしょう。

　また、事業場外労働のみなし労働時間制によっても、残業代（時間外労働手当）を支払わなくてよいわけではありません。たとえば、あ

る業務に関する通常必要時間が10時間の場合、労働者がその業務に従事すれば1日の労働時間が8時間超とみなされますから、その日は2時間分の残業代の支給が必要です。

　労使協定で通常必要時間を定める場合、それが8時間以内であれば労使協定の締結だけでよいのですが、8時間を超える場合は労使協定を労働基準監督署に届け出なければなりません。また、通常必要時間を労使協定で定めるか否かを問わず、通常必要時間を含めた1日の労働時間が8時間を超える場合には、別途、三六協定の締結と届出が必要であることに注意しなければなりません。

　なお、営業担当者の事業所外労働の労働時間は管理できないので、営業手当を支給し、残業代も営業手当に含むとする会社もあるようです。しかし、通常必要時間を含めて8時間を超える場合は、月に何回事業所外労働があるかを把握し、「営業手当は○時間分の残業代を含む」などと規定しなければ、別途残業代の支払いが必要です。

■ 午後から外回りに出た場合の労働時間の算定 ……………………

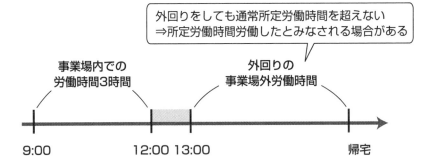

6 裁量労働制について知っておこう

労使協定により定めた時間を労働したものとみなす制度

裁量労働制とは

　業務の中には必ずしも労働の成果が労働時間と関連しない職種もあります。労使協定によって、実際の労働時間と関係なく、労使協定で定めた時間を労働したとみなす制度が設けられています。このような労働を裁量労働といい、裁量労働により労働時間を測る方法を裁量労働制といいます。裁量労働制には、労働基準法で定める専門業務に就く労働者について導入可能な専門業務型裁量労働制と、企業の本社などで企画、立案、調査や分析を行う労働者が対象の企画業務型裁量労働制の2種類があります。

専門業務型裁量労働制とは

　「専門業務」とは、新商品や新技術の研究開発など、情報処理システムの分析・設計、取材・編集、デザイン考案、プロデューサー、システムコンサルタントなどの業務です。

　導入する際には、労使協定でさまざまな事項を定めなければなりません。まず、対象となる業務を定めます。専門業務であるため裁量労働が認められているので、その業務の範囲は厚生労働省令で定められています。社内ルールで「専門」と考えても、厚生労働省令で定める業務に該当しなければ、裁量労働は認められません。

　次にみなし労働時間を定めます。たとえば、専門的な業務に従事する労働者について、所定労働時間を「7時間」と規定しておくと、実際には所定労働時間よりも短く働いた場合（5時間など）であっても、所定労働時間の労働に従事した（7時間働いた）ものと扱うというこ

とです。

　また、業務の遂行、手段、時間の配分について会社が具体的な指示をしないこと、対象労働者の健康を確保するための措置を講ずること、労働者からの苦情の処理に関する措置を会社が講じることを定める必要があります。

企画業務型裁量労働制とは

　「企画業務」とは、①経営企画を担当する部署における業務のうち、経営状態・経営環境などについて調査や分析を行い、経営に関する計画を策定する業務や、②人事・労務を担当する部署における業務のうち現行の人事制度の問題点やそのあり方などについて調査や分析を行い、新たな人事制度を策定する業務、などを指します。労働時間については、専門業務型裁量労働制と同様で、「みなし労働時間」を採用することを認めています。

■ 専門業務型裁量労働制を導入する際に労使協定で定める事項…

1	対象業務の範囲
2	対象労働者の範囲
3	1日のみなし労働時間数
4	業務の遂行方法、時間配分などについて、従事する労働者に具体的な指示をしないこと
5	労使協定の有効期間（3年以内が望ましい）
6	対象業務に従事する労働者の労働時間の状況に応じた健康・福祉確保措置
7	苦情処理に関する措置
8	⑥と⑦の措置に関する労働者ごとの記録を有効期間中と当該有効期間後3年間保存すること

企画業務型の裁量労働制の場合、労働者と使用者の代表で構成する労使委員会を設置して、委員の多数（5分の4以上）の同意を得て、対象業務や対象労働者の範囲を定める必要があります。労使委員会の決議は、労働基準監督署に届け出なければなりません。届出によって、対象労働者が、労使委員会の決議で定めた時間に労働したとみなすことができる制度です。

■ 企画業務型裁量労働制の要件 ……………………………………

1 対象事業場	②の対象業務が存在する事業場（本社・本店等に限る）
2 対象業務	企業等の運営に関する事項についての企画、立案、調査及び分析の業務であって、業務の遂行方法等に関し使用者が具体的な指示をしないこととするもの 【例】経営状態・経営環境等について調査・分析を行い、経営に関する計画を策定する業務
3 対象労働者	②の対象業務を適切に遂行するための知識・経験等を有し、対象業務に常態として従事する労働者（本人の同意が必要）
4 決議要件	委員の5分の4以上の多数による合意
5 労使委員会	委員の半数は過半数組合（ない場合は過半数代表者）に任期を定めて指名されていることが必要
6 定期報告事項	対象労働者の労働時間の状況に応じた健康・福祉を確保する措置について報告
7 決議の有効期間	3年以内とすることが望ましい

変形労働時間制について知っておこう

法定労働時間内となる労働時間が増えるのがメリット

変形労働時間制とは何か

会社の業種の中には、「土日だけ忙しい」「月末だけ忙しい」「夏だけ忙しい」などのように、時期や季節によって繁閑の差が激しい業種もあります。このような業種の場合、忙しいときは労働時間を長くして、逆に暇なときは労働時間を短くしたり、休日にしたりする方が合理的といえます。そこで考えられたのが変形労働時間制です。

変形労働時間制とは、一定の期間を通じて、平均して「1週40時間」(法定労働時間)の範囲内であれば、特定の日や特定の週に「1日8時間、1週40時間」を超えて労働させることができる制度です。

なお、1か月単位の変形労働時間制を導入する事業場については、特例措置対象事業場に該当すれば、平均して「1週44時間」の範囲内とすることができます。

たとえば、変形労働時間制を採用する単位を4週間(1か月)と定めた場合で、月末に繁忙期を迎える工場(特例措置対象事業場ではない)について、月末の1週間の所定労働時間が48時間であったとします。このとき、第1週が40時間、第2週が40時間、第3週が32時間の労働時間であれば、4週間の総労働時間は160時間であり、平均すると1週の法定労働時間を超えません(週40時間×4週間=160時間に等しいため)。このように、あらかじめ設定した一定の期間(ここでは4週間)を平均して「1週40時間」を超えないことが、変形労働時間制の要件の1つとなります。

労働基準法が認める変形労働時間制には、①1か月単位の変形労働時間制、②1年単位の変形労働時間制、③1週間単位の非定型的変形

労働時間制の3類型があります。

なお、満18歳未満の者を変形労働時間制によって労働させることはできないのが原則です。また、変形労働時間制を採用している事業所であっても、妊娠中の女性や出産後1年を経過していない女性が請求した場合は、法定労働時間を超過して働かせることはできません。

その他、労働者が育児や介護を担当する者である場合や、職業訓練・教育を受ける場合などには、変形労働時間制を採用する際、個々の事情に応じた時間の確保について配慮する必要があります。

▌変形労働時間制のメリット・デメリット

変形労働時間制のメリットは、前述のように、業種に合わせた合理的な労働時間を設定できることが挙げられます。また、労働時間が法定労働時間に収まる範囲が広がるので、企業側が残業代を削減できることも大きなメリットだといえます。

一方、変形労働時間制のデメリットは、労働者ごとに労働時間が異なるため、会社としての一体性を保つことが困難になり、労働者のモチベーションや規律の低下を招く可能性があります。また、企業の担当者が複雑な労働時間の管理等の手続きをしなければなりません。

■ 変形労働時間と時間外労働 ……………………………………

【原 則】法定労働時間 ⇒1日8時間・1週40時間
∴4週間（1か月）では … 40時間×4週間 ＝ 160時間

【変形労働時間制】(例)単位を4週間（1か月）として月末に忙しい商店の場合

【第1週】	【第2週】	【第3週】	【第4週】
⇒40時間	⇒40時間	⇒32時間	⇒48時間

4週間（1か月）を通じて
〈40時間＋40時間＋32時間＋48時間＝160時間〉

∴時間外労働にあたる労働時間は発生しないと扱われる！

8 フレックスタイム制について知っておこう

就業規則などに制度を定めて、労使協定を結ぶ

始業と終業の時刻を選択できる

　労働者が自分で出退勤の時刻を決めることが適しているような事業について有効な制度がフレックスタイム制です。フレックスタイム制は、3か月以内の一定の期間（清算期間といいます）内の総労働時間を定めておいて、労働者がその範囲内で各日の始業と終業の時刻を選択することができる制度です。

　平成30年（2018年）の労働基準法改正で、フレックスタイム制の清算期間の上限が1か月から3か月に延長されました。1か月から3か月に延長されることによって、労働者にとって、より柔軟な勤務体系を可能にする制度になることが期待されています。

　フレックスタイム制が、いくら比較的自由に労働時間のやりくりを行うことができるといっても、1か月以内という短期間を単位として決められた労働時間分の労働に満たないと賃金がカットされることもあるため、労働者の裁量の範囲は制限されていました。しかし、清算期間が3か月に延長されると、ある特定の月において、労働者の事情により、十分に労働に従事できない場合であっても、他の月にその分の労働時間を振り分けることで、より幅広い裁量の下で、労働者が仕事をこなしていくことが可能になるという効果が期待されています。

コアタイムを設定する場合

　フレックスタイム制を導入する場合、事業場の労働者全員が必ず労働すべき時間帯を設けるのが一般的です。この時間帯をコアタイムといいます（次ページ図）。

もっとも、コアタイムを設定しない形でフレックスタイム制を採用することも可能です。また、コアタイムの上限時間もありませんが、コアタイムを定める場合には、必ず労使協定で定める必要があります。

　一方、コアタイムの前後の一定の範囲で、労働者が自由に始業時刻と終業時刻を選択できる時間帯をフレキシブルタイムといいます。フレキシブルタイムの中では、労働者は自由に始業・終業を決定できますが、労働者の健康面からも深夜に労働をさせることは好ましくないため、終業時刻を22時程度に設定している企業が多いのが実情です。

■割増賃金の支払義務が生じる場合

　フレックスタイム制を採用した場合、割増賃金の支払義務が生じるかどうかは、清算期間が1か月以内であるか、それとも1か月超であるかで取扱いが異なります。

① 清算期間が1か月以内の場合

　清算期間を平均して1週間あたりの労働時間が週40時間（特例措置対象事業場は週44時間）の法定労働時間の枠を超えなければ、1週間または1日の法定労働時間を超えて労働させても割増賃金を支払う必要はありません。しかし、法定労働時間の枠を超過して働いている労働者には、超過分について割増賃金を支払う必要があります。

■ フレックスタイム制度の例 ……………………………………………

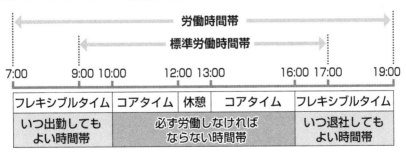

② **清算期間が1か月超の場合**

　次の2つの要件を満たす範囲内であれば、1週間または1日の法定労働時間を超えて労働させても割増賃金を支払う必要はありません。

ⓐ　清算期間を平均して1週間あたりの労働時間が法定労働時間の枠を超えないこと。

ⓑ　清算期間を1か月ごとに区分した各期間（最後に1か月に満たない期間が生じた場合はその期間）を平均して1週間あたりの労働時間が50時間以下であること。

　これに対し、ⓐⓑの枠のどちらか一方でも超過して働いている労働者には、その超過分について割増賃金を支払う必要があります。

　たとえば、清算期間を1か月半とするフレックスタイム制を導入した場合には、ⓐ1か月半を平均した週労働時間が40時間以内、ⓑ「1か月」「半月」の各期間を平均した週労働時間がともに50時間以内、という双方の要件を満たすときに限り、割増賃金を支払う必要がなくなります。

　特定の期間に労働時間が偏ることのないように、清算期間が1か月を超えるときは、ⓑの枠を追加して設けているといえます。

▌総労働時間と賃金支払いの関係

　フレックスタイム制を採用するときは、清算期間における「総労働時間」（労使協定で定めた総枠）を定めます。

　そして、清算期間における実際の労働時間が総労働時間を上回っていた場合、過剰した部分の賃金は、その期間の賃金支払日に支払わなければなりません。支払いを翌月に繰り越すことは賃金の全額払いの原則に反する違法行為になります。

　逆に、清算期間における実際の労働時間が総労働時間を下回っていた場合、その期間の賃金を支払った上で、不足している労働時間を次の期間に繰り越す（不足分を加えた翌月の総労働時間が法定労働時間の枠の範囲内であることが必要）こともできますし、その期間内で不足

している労働時間分に相当する賃金をカットして支払うこともできます。

■ 導入する場合の注意点

　フレックスタイム制を導入する場合には、事業場の過半数組合（ない場合は過半数代表者）との間の労使協定で、①フレックスタイム制が適用される労働者の範囲、②清算期間（３か月以内）、③清算期間内の総労働時間、④標準となる１日の労働時間、⑤コアタイムを定める場合はその時間帯、⑥フレキシブルタイムを定める場合はその時間帯、について定めておくことが必要です。労使協定（フレックスタイム制度についての協定）では、清算期間が１か月として定められた例を掲載しています。③の総労働時間については、清算期間を平均して１週の法定労働時間（原則40時間、特例措置対象事業場は44時間）を超えないように設定することが必要です。たとえば、労使協定（フレックスタイム制度についての協定）では、１日の標準労働時間を８時間と定めた上で、これに就業日数を乗じた時間を総労働時間とすることが明記されています。

　また、締結された労使協定の届出については、清算期間が１か月以内の場合は不要です。しかし、平成30年の労働基準法改正で導入された清算期間が１か月超の場合は、労働基準監督署への届出が必要です。

■ 総労働時間と賃金との関係 ………………………………………

【フレックスタイム制】
　　⇒ 労使協定により清算期間内の　総労働時間の枠組み　の設定が必要

労働者　実労働時間 ⇒

総労働時間を超えていた場合
　⇒使用者は割増賃金を支払わなければならない
　　※超過部分の賃金は翌月に繰り越すことはできない

総労働時間に満たなかった場合
　⇒翌月に清算することや、不足分の賃金カットが可能

9 欠勤・遅刻・早退の場合の取扱いについて知っておこう

給与は労働者が提供した労働力に対して支払われる

どのようにして控除額を定めるのか

　給与は労働者の労働力の提供に対して支払われるため、体調不良などの理由により労働者が仕事を休んだ場合、使用者は、その休んだ日数分の給与を支払う必要はありません。これを「ノーワーク・ノーペイの原則」といいます。まる1日欠勤した場合だけでなく、始業時刻に遅れた場合（遅刻）、終業時刻の前に帰った場合（早退）、業務の自発的中断（途中離業）についても、労働力が提供されていない時間分は、給与を支払う必要がありません。労働者が欠席などを行う場合には、遅刻・早退・休暇・欠勤届の提出が必要です。多くの会社では、遅刻や早退などに関する書式は、1つの書式にまとめている場合が多いです。

　ノーワーク・ノーペイの原則に基づく控除額について、労働基準法では特に定めを置いていないため、実際に休んだ分の賃金を超えない範囲内で、各会社で独自にルールを定めることになります。実務上は就業規則や賃金規程に規定を置き、それに従って控除額を算出しています。

　一般的な控除額の算出方法としては、「月給額÷1年間の月平均所定労働日数×欠勤日数」で算出する方法をとっている会社が多いようです。遅刻や早退などで1時間あたりの控除額を算出する場合は、「月給額÷1年間の月平均所定労働日数÷1日の所定労働時間」で控除額を求めます。

　たとえば、ある労働者が1か月の間に、欠勤を1日、遅刻が3時間あった場合について計算してみましょう。この労働者が従事する会社では、1年間の月平均所定労働日数は20日で、1日の所定労働時間は8時間であり、この労働者の給与を構成する手当が、基本給（月給）

220,000円、役職手当25,000円、家族手当20,000円 通勤手当15,000円であったとしましょう。このような場合、欠勤分の控除額と遅刻分の控除額を別々に算出することになります。

まず、欠勤した分の控除額については、基本給220,000円÷20日×1日＝11,000円（1日分の控除額）ということになります。続いて、遅刻した分の控除額については、11,000円÷8時間×3時間＝4,125円（3時間分の控除額）ということになります。したがって、その月の給与から控除される額は、合計で11,000円＋4,125円＝15,125円ということになります。

また、「月給額÷該当月の所定労働日数×欠勤日数」で算出することにしている会社もあります。ただ、この方法で計算する場合は、毎月控除額が変わるため、給与計算処理が面倒になるというデメリットがあります。控除額を計算する際、給与を構成するどの手当を含めて控除額を計算するのか、という点についても賃金規程などで定める必要があります。

なお、就業規則の定めにより、職場の規律に違反した労働者に対し、制裁として給与を減額する方法があり、これを減給といいます。ただ、給与は労働者の生活を維持するための重要なものですから、減給の制裁による控除額には、一定の制限があります（労働基準法91条）。

■ 欠勤・遅刻・早退の扱い ……………………………………………

10 出来高払いや年俸制の賃金 はどうなっているのか

労働時間に応じて一定額の賃金を保障しなければならない

出来高払制の保障給とは

　月給制、日給制、時給制のように、一定の期間、日、時間を単位として決まる賃金の支払形態と異なり、出来高払制その他の請負制は、仕事量の変動によって賃金額が大きく変動します。出来高払制は非常に不安定な賃金の支払形態といえるでしょう。

　労働基準法では、最低限の生活ラインを維持するための規定を設けています。つまり、労務を提供した以上、その仕事量が少ない場合であっても、労働時間に応じて一定額の賃金の支払いを保障することを義務付けています（労働基準法27条）。ここで保障される一定額の賃金のことを保障給といい、保障給は、「労働時間1時間につきいくら」と定める時間給であることを原則としています。労働者の実労働時間の長短と関係なく一定額を保障するものは保障給にあたりません。

　また、全額請負制だけでなく一部の請負制についても、請負給に対して一定額の賃金を保障する必要があります。ただ、賃金構成で固定給の部分が賃金総額の6割程度以上を占める場合には、請負制に該当しないとされています。

　労働基準法27条の保護は労働者が就労した場合が対象です。単なる欠勤のように使用者の責めによらずに労働者が労務を提供しなかった場合は、保障給を支払う必要はありません。

　労働基準法の規定では、具体的に最低額の定めがあるわけではありません。制度の趣旨からすると、労働者の生活保障のために、通常の実質収入とあまり差のない程度の賃金が保障されるように定めることが望ましいでしょう。休業手当が平均賃金の100分の60以上の支払いを

義務付けていることを考慮すると、労働者が実際に就労している賃金の場合も平均賃金の100分の60程度は保障すべきとするのが行政の見解です。この保障給は「労働時間に応じ」とされていますから、前述したように「1時間についていくら」と金額を決めなければなりません。また、時間外労働を行った場合は割増賃金の支払義務も生じます。

なお、最低賃金法の適用がある労働者の場合には、最低賃金額以上の支払いが義務付けられています。出来高払制における保障給は、労働時間に応じることになっていますから、最低賃金の時間額が適用されます。

年俸制とは

年俸制とは、まず1年間の給与（賞与を含める場合もあります）の総額を決定し、その12分の1、あるいは16分の1（仮に賞与を4か月分と設定する場合）を毎月支給するという賃金体系です。

① 賃金の支払方法

1年単位で賃金総額が決まるとはいっても、労働基準法では、毎月1回以上、一定期日の賃金支払いが要求されているため、最低でも月1回、特定の日に賃金を支払わなければなりません。ただし、賞与支払月に多く支払うことはできます。

② 時間外労働の割増賃金

年俸制では毎月支給される金額が1か月分の基本給となり、時間外労働をした場合には、この1か月分の基本給をベースに割増賃金を支払わなければなりません。年俸制を導入する場合であっても、時間外・休日・深夜の労働に対する割増賃金は必要です。

そして、使用者が年俸制を導入する場合、年俸額の内訳は基本給だけなのか、一定時間分の残業手当（固定残業手当）を含んでいるのかを明確にする必要があります。この点については、毎月の給与額が残業手当により増減があると、年俸制にした意味合いがなくなることか

ら、固定残業手当の制度が用いられることが多いようです。年俸制の金額を設定するときに、純然たる基本給の部分と、想定される残業時間から計算された固定残業手当の部分を明確に分離して労働者に明示します。もちろん、想定する残業時間を超過した場合には、別途残業手当が必要になりますが、それによる給与額の増加はあまり多くならないと思われます。

　なお、割増賃金基礎額（１時間当たりの賃金）の算定には、役職手当、資格手当、業務手当、皆勤手当などが含まれますが、その他には年俸制において12等分されて毎月支払われる賞与も同様に含まれます。労働基準法では、給与計算期間ごとに残業時間を集計して、次の賃金支払日に残業手当を支払うよう求めています。固定残業手当は例外的な処理です。ただし、固定残業手当が想定している残業時間を超えて残業を行わせたときは、別途残業手当の支払が必要になりますので、年俸制は決して残業代を直接的に節約できる制度ではありません。

■ 年俸制のしくみ

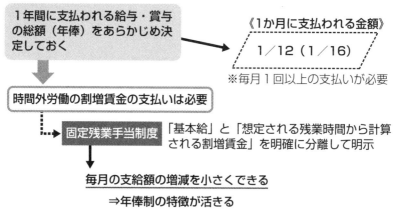

【年俸制】

１年間に支払われる給与・賞与の総額（年俸）をあらかじめ決定しておく

《１か月に支払われる金額》
1／12（1／16）
※毎月１回以上の支払いが必要

時間外労働の割増賃金の支払いは必要

固定残業手当制度　「基本給」と「想定される残業時間から計算される割増賃金」を明確に分離して明示

毎月の支給額の増減を小さくできる
⇒年俸制の特徴が活きる

Q 懲戒処分として減給を行う際の注意点について教えてください。

A 会社では多数の労働者を使用していますから、就業規則などによって統一的な会社のルール（社内ルール）を定めて、職場の秩序を維持するとともに、会社の目的に沿った労務を遂行してもらうことが必要です。そして、労働者が社内ルールに違反し、職場の秩序を乱した場合、会社は、職場の秩序を維持するため、その労働者にペナルティ（制裁）を科すことになります。これを懲戒処分といいます。

会社が労働者に懲戒処分を科すには、就業規則などにおいて、懲戒処分の対象になる事実（行為）と、懲戒処分の種類が、具体的に定めていることが必要です。主な懲戒処分の種類として、戒告（将来を戒め、始末書を提出させない処分のこと）、譴責（将来を戒め、始末書を提出させる処分のこと）、減給、停職（自宅謹慎、懲戒休職）、諭旨解雇（懲戒解雇を回避するため、本人の自発的退職という形で解雇すること）、懲戒解雇があります。

懲戒処分としての減給は、職場の秩序を乱したことに対する制裁金です。減給額が不当に高くならないように、労働基準法91条は減給額の制限を設けています。具体的には、制裁1回の金額が平均賃金の1日分の半額を超える減給はできません。また、一賃金支払期（月1回の給与支払いのときは1か月）における制裁の総額が、その一賃金支払期の賃金の総額の10分の1を超える減給もできません。

もっとも、社内ルールに違反した労働者の行為が原因で会社に損害が発生した場合、会社は、減給とは別に、その労働者に損害賠償の請求ができます（民法415条）。たとえば、労働者が火気厳禁の場所でのたばこの火の不始末から会社の機材を焼失させた場合、会社は、減給にするとともに、機材の弁償を請求することができます。

労働基準監督署の調査

　労働基準監督署の調査は、会社が法令違反をしているかどうかを調査するために行われますが、対象となる主な法令は労働基準法や労働安全衛生法（およびこれらの法律に基づく命令）です。具体的な調査内容は、労働基準法に関するものとしては、労働時間の他に、割増賃金の支払、労働条件の明示や就業規則・賃金台帳に関する事項などが挙げられます。また、安全基準や健康診断に関する事項などの労働安全衛生法に関する調査も行われます。

　調査手法には、呼び出し調査（事業所の代表者を労働基準監督署に呼び出して行う調査）、臨検監督（労働基準監督署が事業所へ出向いて立入調査を行うこと）の2つがあります。また、調査が行われる理由の主なものとしては、定期監督と申告監督があります。

　定期監督とは、調査を行う労働基準監督署が管内の事業所の状況を検討した上で、対象となる事業所を選定して定期的に実施する調査です。これに対し、申告監督とは、労働基準監督署が労働者から「予告手当を支払われずに即日解雇された」「時間外労働をしたが賃金が支払われない」などの申告があった際に、必要性を判断した上で、その内容が事実であるかどうかを確認するための呼び出し調査や、事業所への臨検監督を行うといった対応を行うことです。労働者から申告があってもすべての事案について申告監督が行われるわけではありませんが、労働者の申告について法令違反の実態が認められれば、申告監督が実施される可能性があります。

　労働基準監督署の調査により法令違反を指摘されて是正勧告を受けた事業主は、速やかに改善・報告をすることが求められます。通常は、法令違反事項について改善内容を決め、「是正（改善）報告書」などの書面を作成して労働基準監督署に提出することになります。

第 3 章

具体例でわかる！
給与を計算してみよう

給与計算をする上で大切な ポイントをおさえよう

給与明細は支給項目と控除項目から構成されている

給与計算の大切さを知る

　給与計算とは、一定のルールに従って決定された支給額から、所得税・住民税・健康保険料（介護保険料）・厚生年金保険料・雇用保険料等を差し引いて、手取額を計算する事務のことです。

　従業員に支払う給与には、締め日があります。締め日（〆日）は、通常1か月に1回です（会社によっては、週1回や毎日の場合もあります）。事業主は締め日までの給与を計算して、毎月決められた日（給料日）に従業員に対して給与を支給することになります。

　たとえば、毎月20日の締め日までの給与を計算して、その月の25日に支給するといった具合です。事業主や担当者はこれらの給与計算の手続きを毎月ミスなくこなさなければなりません。

　給与明細を受け取る人がもっとも気にする項目は「差引支給額」の欄でしょう。差引支給額とは、給与の手取額のことです。総支給額から控除額合計を差し引いた金額が差引支給額になります。

　パソコンのソフトを利用して給与計算を行う事業所が大半かもしれませんが、パソコンや給与計算ソフトはあくまでもツールです。給与計算という仕事を簡単に考えず、打ち間違いなどしないように意識して給与計算の事務を行うようにしましょう。

　なお、パソコンの給与計算ソフトを使って給与計算を行っている事業所では、図のサンプルと似たような明細になっているようです。

　給与明細は、支給する給与がなぜその金額になったのかを記載する書面です。つまり、給与明細には総支給額、社会保険や税金などの控除額、実際の支給額はいくらかといったことが記載されています。

そもそも給与（賃金）については、労働基準法が定めています。給与とは労働基準法上、使用者が会社で働く会社員に、労働の対価として支払うすべてのものと定められています。「すべてのもの」とは、給与の他に賞与や諸手当を含みますが、災害見舞金や祝い金など、任意的・恩恵的なものは原則として給与にはなりません。

ただし、労使協定や就業規則などにあらかじめ支給条件が定められているものは給与とみなします。給与の支給明細は、毎月固定で支払われる定額部分と月々金額が変わる変動部分に大別できます。

定額部分は基本給（本給、職能給、職務給）と定額の諸手当（通勤手当、住宅手当など、下図参照）で構成され、変動部分は毎月変動のある時間外手当、休日手当、深夜手当などの諸手当からなっています。これらは、給与明細書（次ページ）の「支給」の項目に載っています。

なお、遅刻・早退・欠勤などがあった場合は、その分を支給額から控除しますが、通常、その額も支給額の欄に記載されます。

給与から控除されるもの

次に給与明細書の「控除」の項目を見てください。これは給与から天引きされる項目の合計金額の内訳です。健康保険料、介護保険料、厚生年金保険料、雇用保険料、源泉所得税、住民税、協定控除などが支給明細から差し引かれる（控除される）主な項目です。給与支払いについての全額払いのルールからすると、給与は天引きなどせずに労働者に全額支払われなければなりません。しかし、保険料や所得税を労働者がいちいち年金事務所や税務署に納めに行かなければならないとすると、会社の業務に支障が生じる場合も出てきますし、労働者にとっても手間がかかります。そのため、給与支払いの際に、法令や労使協定で定められた一定の費用を天引きすることが認められているのです。

社会保険各法や各種税法などの法律に基づいて控除することが認め

られている場合のことを法定控除といいます。事業所と従業員の代表者が協定（労使協定）を結ぶことによって控除することができる場合を法定外控除といいます。法定控除には、雇用保険料、健康保険料、厚生年金保険料、介護保険料、源泉所得税、住民税などがあります。法定外控除については、事業所によって異なりますが、一般的なものとして、親睦会費、財形貯蓄、社内預金（端数預金を含む）、社宅の自己負担分や寮費、生命保険料、持株会会費、労働組合費、物品購入の立替代金、社内貸付金の返済金などがあります。

　なお、毎月天引きされる所得税はあくまで概算のものであり、年末調整を経て本来納めるべき税額が定まります。事業主には源泉徴収票を作成する義務があり、毎年年末に従業員に対して源泉徴収票が交付されます。

■ 給与明細サンプル（月平均所定労働時間数160時間として計算）

毎月・年間の給与計算事務と
スケジュールを把握しよう

毎月行う事務や定期的に行う事務がある

毎月の給与計算事務とは

　毎月の給与計算事務とは、「給与明細書の作成」「給与の支給」「社会保険料や源泉所得税などの納付」という一連の業務をいいます。給与計算事務処理の注意点は以下のとおりです。

① **従業員の人事情報の確認**

　あらかじめ、従業員の採用、退職、結婚、出産、転居、死亡、などの人事情報を確認し、データに漏れのないようにします。

② **各従業員の1か月の勤務時間数の算出**

　給与の締切日に出勤簿またはタイムカード等を回収し、各従業員の1か月の勤務時間数を算出します。

③ **給与の総支給額の計算**

　各従業員について、基本給などの固定的な給与、残業手当など変動する給与を計算して総支給額を決定します。

④ **控除額の計算**

　各従業員の社会保険料、源泉所得税、住民税などを計算します。

⑤ **差引き支給額の決定**

　③の給与総額から④の控除額を差し引いて、各従業員の差引き支給額を決定します。

⑥ **給与明細書の作成**

　以上の作業から、給与明細の主要項目である支給項目、控除項目、勤怠項目の3つが決定するため、給与明細書を作成します。

⑦ **差引支給額の支給**

　所定の給与支給日に、各従業員の差引支給額を支給します。口座振

込の場合でも、給与明細書は各自に渡しましょう。

⑧　賃金台帳への記載

　各従業員の給与の支給総額と控除額は賃金台帳に月ごとに記録しておく必要があります。

⑨　社会保険料・雇用保険料の徴収・納付

　社会保険料は、給与から控除した従業員負担分の保険料に事業主負担分の保険料を合わせて毎月末までに前月分を納付します。記載された金額をその月の末日までに納付することになります。たとえば、11月分の保険料については、12月になってから納入告知書が送付されてくるので、12月分の給与から控除して会社負担分とともに12月末日までに納付することになります。雇用保険料については、年度更新により精算する手続きを毎年繰り返すため、毎月の給与計算では従業員の雇用保険料負担分を給与から控除することになります。

⑩　税金の納付

　源泉徴収した当月分の所得税を原則として翌月10日までに納付します。納付方法は、税務署から送られてくる源泉所得税の納付書に必要事項を記入し、金融機関で納めます。住民税についても同様です。各市町村から送付される納付書によって、当月分を原則として翌月10日までに金融機関で納付します。

給与計算事務の年間スケジュール

　給与計算に関係する事務処理は毎月行うものばかりではありません。ボーナス（賞与）のように年2～3回の事務（計算）処理を行うものや年末調整のように年1回だけ事務処理を行うものもあります。そこで、暦に従って給与計算に関係する年間の事務を覚えておくことは毎月の事務処理と同様に大切なことです。

　なお、一般的に会社などの事業所が新たに従業員（新入社員）を雇うのは、年度初めである4月です。そのため、給与計算の事務処理の

年間スケジュールを覚える上では、4月1日〜翌年3月31日までの1年間を一保険年度として、事務処理を見ていくようにします。

年度始め（4〜6月）の事務

　従業員を新たに雇ったときは、その従業員の給与から控除する社会保険（健康・介護保険と厚生年金保険）の保険料の額を決めるための事務手続きが必要になります。一度決まった社会保険の保険料は、原則として次の定時決定のときまで使用します。入社後毎年行う定時決定は、年1回だけ行う事務処理ということになります。事業主が従業員から預かった社会保険の保険料は国（政府）などに納めることになります。

　一方、雇用保険の保険料は、従業員の給与（賞与も含む）の額によって、控除する額が毎月変わります。そこで、雇用保険の保険料は社会保険の保険料と異なり、給与支給のつど計算して控除します。

　また、既存の従業員について、毎年この時期に健康・介護保険、雇用保険の料率が変更になることがあるため、変更があった場合、従前と異なる料率で健康・介護保険料、雇用保険料を控除することになりますので忘れないようにしましょう。さらに、従業員の毎月の給与から控除するものに所得税（源泉所得税）と住民税があります。所得税は給与の額によって控除する額が異なります。これに対して、住民税は従業員の前年の所得に基づいて市区町村で計算し、毎月（毎年6月〜翌年5月の分）の控除額が決定されます。住民税は毎月定額（1回目だけは端数処理の関係で多少多くなります）を控除します。事業主の側で預かった源泉所得税と住民税は、毎月（所得税は事業所によっては年2回の納付）、国または地方公共団体に納付することになります。

7〜9月の給与計算関連事務

　従業員の給与から労働保険・社会保険の保険料と税金を徴収する事務は毎月の給与計算のつど必要です。また、従業員から預かった社会

保険料や税金を各機関に納付する事務も原則として毎月行います。

　社会保険の保険料は、4～6月の給与について、7月1日～10日までに、年金事務所に届出をし、年金事務所（日本年金機構）ではこの届出をもとに従業員の給与から控除する社会保険料の額を決定します（定時決定）。新たに決定された社会保険料は、原則としてその年の9月分（10月納付分）から翌年の8月分（9月納付分）までの1年間使用することになります。事業主が従業員から預かった雇用保険料については、事業主負担分の雇用保険料と労災保険料（全額事業主負担）をまとめて毎年一定の期限までに国に納めます（1年分の保険料を前払いで支払います）。この手続きのことを年度更新といいます。労働保険の保険料は、通常、年3回に分割して納めます（延納といいます）が、その第1回の納付期限は毎年7月10日になります。

　民間の事業所では一般的慣行として毎年7月（または6月）と12月に賞与が支給されていることが多いようです。そのため、7～9月の給与計算事務として、賞与の計算と賞与支払届の提出など、支給事務を行うことになります。また、社会保険（健康保険と厚生年金保険）について、支給額などを記載した届出を一定期間内（支給から5日以内）に年金事務所に提出する必要があります。

10～12月の給与計算関連事務

　10月は新たに決定された社会保険料の額を控除しはじめる月です（給与が翌月支払の場合）。10月からは9月まで従業員の給与から控除していた額と異なる額の社会保険料（健康・介護保険と厚生年金保険の保険料）を控除することになりますので、忘れないようにしましょう。また、10～12月については、4～9月の各月と同じように毎月の給与計算事務と12月の賞与の計算事務があるため、それぞれの関係の役所に社会保険料や税金を納付する事務もあります。

　そしてもっとも複雑な事務は年末調整です。年末調整とは、概算で

納付している所得税額について１年間のすべての給与と賞与が支給された後に個人的事情にあわせて精算する手続です。会社としては従業員から受け取った「扶養控除等（異動）申告書」「給与所得者の保険料控除申告書」などの書類に基づき計算処理を行います。

年末調整で１年間の所得税が確定し、それまで天引きしていた源泉所得税との差額を調整します。所得税の調整差額は、12月の給与もしくは翌年1月の給与で調整します。その際源泉徴収票を作成して従業員本人に渡します。

▌ 1～3月の給与計算関連事務

前年の給与等の支給額に基づいて、給与支払報告書、法定調書を作成してそれぞれ市区町村、税務署に１月中に送ります。

■ 給与計算事務の年間スケジュール ·······························

月	毎月の事務	重 要 事 務
4月	給与計算	新入社員に関する手続き、健康・介護保険料率等改定
5月	給与計算	
6月	給与計算	住民税の額の改定
7月	給与計算	賞与の計算、算定基礎届の提出、 年度更新と労働保険料納付（第１期）
8月	給与計算	
9月	給与計算	
10月	給与計算	定時決定に基づく社会保険料の改定、 労働保険料を延納する場合の納期（第２期、労働保険 事務組合に労働保険事務を委託していない場合）
11月	給与計算	
12月	給与計算	賞与の計算、年末調整
1月	給与計算	労働保険料を延納する場合の納期（第３期、労働保険 事務組合に労働保険事務を委託していない場合） 給与支払報告書事務、法定調書作成
2月	給与計算	
3月	給与計算	賞与の計算（※）

（※）決算期などに賞与が支給される事業所もある

3 賃金台帳の記載と保存について知っておこう

給与を支払うたびに支給額の内訳などを記載する

1年間の給与の一覧表となる

　会社などの事業所では、毎月給与計算を行うことになります。給与計算が終わったら、労働者一人ひとりに対して給与を支払います。その際、なぜその支給額になったのかがわかるようにするため、給与明細を添付して給与を支払う必要があります。給与明細には支給額と控除額の内訳をそれぞれ明示し、最終的な支給額（手取り額）を記載します。

　ただ、給与明細は労働者に渡してしまうものですから、事業所の方でも、労働者に渡した給与明細と同じものをデータとして保存しておかなければなりません。しかし、労働者数が何百人もいるような会社で、労働者に渡した給与明細と同じサイズの給与明細を、毎月保存するというのには無理があります。

　また、年末調整のときには、労働者一人ひとりに対する1年間の給与の内訳を記載した源泉徴収簿を作成する必要があります。

　このようなことから、労働者ごとの1年間の給与一覧表である賃金台帳（給与台帳）を作成するようにします。賃金台帳には、労働者の給与と賞与の支給額と控除額の内訳を細かく記載します。賃金台帳は労働基準法上、事業所に備え付けておかなければならない書類ですから、必ず作成するようにしましょう。

法定3帳簿とはどんな帳簿なのか

　法定3帳簿は、事業所の規模や労働者数に関係なく、労働基準法で事業主に作成と保存が義務付けられている、①労働者名簿、②賃金台帳、③出勤簿またはタイムカードの3つの帳簿のことです。①の労働

者名簿には、労働者の氏名、生年月日、履歴、性別、住所、従事する業務の種類、雇入年月日、退職年月日とその事由、または死亡年月日とその原因を記載することが決められています（③の出勤簿またはタイムカードについては79ページ）。

賃金台帳に記載すべき事項と保存の義務

賃金台帳は法定３帳簿のひとつですので、事業所ごとに備え付けておかなければなりません。

たとえば、本店（本社）の他に支店（支社）や工場がある会社で、その支店や工場などでそれぞれ給与計算の事務処理を行っている場合は、その支店や工場ごとに賃金台帳を作成し、保存する義務があります。保存する義務に違反した場合は30万円以下の罰金が科されます。事業主は賃金台帳に必要事項をきちんと記載して、最後に記入した日から５年間（当分の間は３年間）保存しておかなければなりません。

賃金台帳の記載事項は、下図のとおりです。

■ 賃金台帳に記載する事項 ……………………………………………

- 労働者の氏名
- 労働者の性別
- 賃金の計算期間
- 労働日数
- 労働時間数
- 時間外労働・休日労働・　←　※ 普通の時間外労働と深夜労働、
  深夜労働の労働時間数　　　　　休日労働を分ける
- 基本給・各種手当・　　　←　※ 基本給と各種手当、割増賃金を分ける
  割増賃金の金額　　　　　　　※ 手当もその手当の種類ごとに分ける
- 賃金の一部を控除する　　←　※ 社会保険料などの控除額
  場合における控除額　　　　　※ 源泉徴収所得税額
  　　　　　　　　　　　　　　※ 労使協定などに基づいて
  　　　　　　　　　　　　　　　　控除する場合の控除額

雇 入 年 月 日	所 属	職 名
令和○年○月○日　雇入	総務部	経理課長

<table>
<tr><td colspan="2">賃 金 計 算 期 間</td><td>1月分</td><td>2月分</td><td>3月分</td><td>4月分</td><td>5月分</td><td>6月分</td><td>7月</td></tr>
<tr><td colspan="2">労 働 日 数</td><td>20日</td><td>21日</td><td>19日</td><td>22日</td><td>20日</td><td>日</td><td></td></tr>
<tr><td colspan="2">労 働 時 間 数</td><td>160</td><td>168</td><td>152</td><td>176</td><td>160</td><td></td><td></td></tr>
<tr><td colspan="2">休日労働時間数</td><td></td><td></td><td>8</td><td></td><td></td><td></td><td></td></tr>
<tr><td colspan="2">早出残業時間数</td><td>22</td><td>25</td><td>31</td><td>18</td><td>24</td><td></td><td></td></tr>
<tr><td colspan="2">深夜労働時間数</td><td></td><td></td><td>3</td><td></td><td></td><td></td><td></td></tr>
<tr><td colspan="2">基 本 給</td><td>200,000円</td><td>200,000円</td><td>200,000円</td><td>205,000円</td><td>205,000円</td><td></td><td></td></tr>
<tr><td colspan="2">所定時間外割増賃金</td><td>38,672</td><td>43,945</td><td>76,008</td><td>32,343</td><td>43,125</td><td></td><td></td></tr>
<tr><td rowspan="7">手
当</td><td>職 務 手 当</td><td>10,000</td><td>10,000</td><td>10,000</td><td>10,000</td><td>10,000</td><td></td><td></td></tr>
<tr><td>役 職 手 当</td><td>5,000</td><td>5,000</td><td>5,000</td><td>5,000</td><td>5,000</td><td></td><td></td></tr>
<tr><td>住 宅 手 当</td><td>20,000</td><td>20,000</td><td>20,000</td><td>20,000</td><td>20,000</td><td></td><td></td></tr>
<tr><td>家 族 手 当</td><td>15,000</td><td>15,000</td><td>15,000</td><td>15,000</td><td>15,000</td><td></td><td></td></tr>
<tr><td>精 皆 勤 手 当</td><td>10,000</td><td>10,000</td><td>10,000</td><td>10,000</td><td>10,000</td><td></td><td></td></tr>
<tr><td>通 勤 手 当</td><td>12,000</td><td>12,000</td><td>12,000</td><td>12,000</td><td>12,000</td><td></td><td></td></tr>
<tr><td>手当</td><td></td><td></td><td></td><td></td><td></td><td></td><td></td></tr>
<tr><td colspan="2">小 計</td><td>310,672</td><td>315,945</td><td>348,008</td><td>309,343</td><td>320,125</td><td></td><td></td></tr>
<tr><td colspan="2">そ の 他 の 給 与</td><td></td><td></td><td></td><td></td><td></td><td></td><td></td></tr>
<tr><td colspan="2">合 計</td><td>310,672</td><td>315,945</td><td>348,008</td><td>309,343</td><td>320,125</td><td></td><td></td></tr>
<tr><td rowspan="6">控
除
額</td><td>健 康 保 険 料</td><td>15,000</td><td>15,000</td><td>15,000</td><td>15,000</td><td>15,000</td><td></td><td></td></tr>
<tr><td>厚生年金保険料</td><td>27,450</td><td>27,450</td><td>27,450</td><td>27,450</td><td>27,450</td><td></td><td></td></tr>
<tr><td>雇 用 保 険 料</td><td>1,864</td><td>1,896</td><td>2,088</td><td>1,856</td><td>1,921</td><td></td><td></td></tr>
<tr><td>介 護 保 険 料</td><td></td><td></td><td></td><td></td><td></td><td></td><td></td></tr>
<tr><td>所 得 税</td><td>6,750</td><td>6,850</td><td>8,040</td><td>6,640</td><td>7,070</td><td></td><td></td></tr>
<tr><td>住 民 税</td><td>10,000</td><td>10,000</td><td>10,000</td><td>10,000</td><td>10,000</td><td></td><td></td></tr>
<tr><td colspan="2">控 除 額 計</td><td>61,064</td><td>61,196</td><td>62,578</td><td>60,946</td><td>61,441</td><td></td><td></td></tr>
<tr><td colspan="2">差 引 合 計 額</td><td>249,608</td><td>254,749</td><td>285,430</td><td>248,397</td><td>258,684</td><td></td><td></td></tr>
<tr><td colspan="2">実 物 給 与</td><td></td><td></td><td></td><td></td><td></td><td></td><td></td></tr>
<tr><td colspan="2">差 引 支 給 額</td><td>249,608</td><td>254,749</td><td>285,430</td><td>248,397</td><td>258,684</td><td></td><td></td></tr>
<tr><td colspan="2">領 収 者 印</td><td>佐藤</td><td>佐藤</td><td>佐藤</td><td>佐藤</td><td>佐藤</td><td>印</td><td>印</td></tr>
</table>

その月の勤怠状況

その月の支給額の内訳と合計

その月の控除額の内訳と合計

手取額

現金支給している場合は本人に領収印をもらう

4 給与計算の準備をする

タイムカードや出勤簿をもとにして給与を計算する

給与計算をするときに必要な書類とは

　給与計算をする上で使用する書類には、①出勤簿またはタイムカード、②賃金台帳、③就業規則または賃金規程、④通勤手当支給申請書、⑤給与所得者の扶養控除等（異動）申告書、⑥控除に関する労使協定、⑦住民税の特別徴収税額通知書があります。

　通常毎月の給与計算で使用するのは、①出勤簿またはタイムカードと②賃金台帳です。③〜⑦の書類については、賃金規程の変更、住民税額の改定、新たな控除に関する労使協定の締結などの事情に応じて、その都度該当する書類で変更または改定内容を確認します。

タイムカードまたは出勤簿で勤怠状況を確認する

　タイムカードも出勤簿も労働者の勤怠状況を管理するという意味では同じです。ただ、労働者の作業負担だけを考えると、カードを入れさえすれば時間を正確に打刻するタイムレコーダーを使った方が簡単です。

　なお、労働時間の端数処理については、1日単位で端数処理を行うことはできません。

タイムカードで集計すべき項目にはどんなものがあるのか

　タイムカードを使って労働者ごとの労働時間を集計します。

　給与を月給制や日給月給制にしている事業所の場合に集計すべき主な項目としては、①出勤日数と欠勤日数、②労働時間（時給制など時間を単位として給与を計算する場合）、③有給休暇日数、④特別休暇

日数、⑤所定労働時間外の残業時間、⑥法定労働時間外の残業時間、⑦深夜労働時間、⑧休日労働時間（日数）、⑨休日深夜労働時間、⑩遅刻・早退時間、といったものがあります。

　④特別休暇とは、事業所独自に定める休暇のことで、慶弔休暇（労働者本人や家族の結婚・出産・死亡などのときに取得できる休暇）やリフレッシュ休暇などがこれにあたります。

　なお、特別休暇中の給与を有給とするか無給とするかは、事業所の自由です。特別休暇を定めた場合、就業規則や賃金規程で特別休暇の期間について給与を支給するのかどうかを明示しておく必要があります。たとえば、特別休暇の２日目までを有給とし、３日目以降を無給とするなどのように定めている会社もあるようです。

　⑤所定労働時間外の残業時間とは、所定労働時間を40時間より短くしている事業所で、所定労働時間を超える法定労働時間（１日８時間、週40時間）内の労働時間のことです。一方、⑥法定労働時間外の残業時間とは、法定労働時間を超える労働時間のことです。

■ 労働時間の管理方法 ………………………………………………

始業・終業時刻の確認・記録	● 労働日ごとに始業時刻や終業時刻を使用者（管理者や上司など）が確認し、これを記録する必要がある
確認・記録方法	● 使用者自らが確認・記録する方法（管理方式） ● タイムカード、ICカード、残業命令書、報告書などの客観的な記録で確認・記録する方法（タイムカード方式） ● 労働者自身に申告・申請させ、確認・記録する方法（自己申告制）
自己申告制の場合の措置	● 使用者は、自己申告制の具体的内容を説明し、労働時間の把握について実態調査をしなければならず、申告・申請を阻害するような措置をしてはならない
書類などの保存	● 使用者は、労働時間の記録に関する書類について、５年間保存（ただし当分の間は経過措置により３年間の保存でも構わない）しなければならない

5 給与支給項目の集計をする

項目ごとに集計し、総支給額を算出する

固定的給与と変動的給与の集計

　給与計算は、給与の支給項目を集計し、総支給額を算出することからはじまります。支給項目は固定的給与と変動的給与に大別できます。

　固定的給与とは、基本給、役職手当、家族手当、住宅手当など、毎月決まった金額で支給されるものをいいます。一方、変動的給与とは、時間外労働など法定外労働時間に対する手当、精皆勤手当など、月により額が変動する給与のことです。

固定的給与について

　給与計算をする際に、固定的給与として扱われる基本給や手当の意味合いを確認しておきましょう。

　基本給とは、賃金の中で最も基本的な部分で、本給とも呼ばれています。賃金表（賃金テーブル）がある場合は、会社として従業員ごとに該当する等級・号を確認して集計することになります。また、定期昇給や臨時昇給があった場合は、昇給時期（日付）も確認しなければなりません。

　役職手当は、役付手当ともいわれ、管理・監督あるいはこれに準ずる職制上の責任に対して支給されるものです。たとえば部長手当、課長手当、主任手当などがあります。

　家族手当は、社員の生計費を補完するために支給されるもので、一般的には扶養家族の人数によって金額が決められています。税法上の控除対象配偶者と18歳までの子供を支給基準とする事業所が多いようです。住宅手当は、家族手当と同様に生計費を配慮して支給される手

当です。持ち家と借家、世帯主と非世帯主、住宅ローン、貸借料など、支給基準や金額の相違を明確にしておく必要があります。

通勤手当は、通勤にかかる費用の一部または全部を事業所が負担するための手当です。税法上の非課税限度額まで認める事業所が多いようですが、必ず支給しなければならない手当ではありません。ただし、経済的で合理的と認められる通勤手段に限られるため、必ずその経路と方法を特定しておきます。

各手当についても、「支給要件に該当するかどうか」「該当するならどの時点から支給するか」がチェックポイントになります。

▍変動的給与について

変動的給与については、「時間外労働」「深夜労働」「休日労働」の法定時間外労働に対する手当は、労働基準法による割増賃金の加算が必要です。出勤簿やタイムカード、労働時間管理表などを用いてそれぞれの労働者について、日々の出勤・欠勤の状況、労働時間・残業時間などを適正に管理することになります。なお、割増賃金の金額は、割増率を「時間単価」に乗じて算出します。

以上の固定的給与と変動的給与の合計額から、欠勤や遅刻早退など労働力の提供がない部分を控除したものが給与支給額になります。これは、所定時間労働しなければ（ノーワーク）、給与は支払われないという「ノーワーク・ノーペイ」の原則によるものです（60ページ）。

■ 固定的給与と変動的給与 ……………………………………

固定的給与 → **毎月決まった金額で支給されるもの**
（例）基本給、役職手当、家族手当、住宅手当など

変動的給与 → **月により額が変動する給与**
（例）時間外労働手当、深夜労働手当、休日出勤手当、精皆勤手当

給与からの控除額の計算をする

法定控除と協定控除がある

法定控除とは

　給与の総支給額が集計されたところで、次に税金や社会保険料など
を控除することになります。給与明細書の控除項目は、「法定控除」
と「法定外控除」の２つに分けられます。

　まず、「法定控除」とは、社会保険料や税金など、法律で天引きす
ることが認められている控除です。

① 社会保険料

　「健康保険料」「介護保険料」「厚生年金保険料」が該当します。こ
れらの社会保険料は、標準報酬月額に保険料率を乗じた額を月額保険
料とします。負担は、会社（事業主）と従業員（被保険者）の折半で
す。いったん標準報酬月額が決定すると、定時決定、随時改定によっ
て変更されない限り、毎月支給される給与額が変動しても、控除額は
変わりません。産前産後休業、育児休業を除く長期の欠勤によって給
与の支払いがない場合でも、同額の保険料が発生します。

② 雇用保険料

　従業員（被保険者）が負担する雇用保険料は、賃金を支払う都度、
その賃金額に被保険者負担率を乗じて計算します。健康保険や厚生年
金保険の保険料と異なり、雇用保険は毎月の給与の支給総額に基づい
て保険料を決定します。給与の支給総額が毎月わずかでも増減すれば、
保険料額も変動することになります。

③ 所得税

　所得税の額は、「源泉徴収税額表」を使用して求めます。まず、従
業員について税額表の横軸「甲欄」「乙欄」と「丙欄」のいずれが適

用されるのかを判定します。通常は税額表の「甲欄」を適用しますが、従業員から「扶養控除等（異動）申告書」が提出されていない場合には「乙欄」、日雇労働者・短期雇用アルバイトについては「丙欄」を適用することになります。次に、従業員の課税給与額（通勤手当のような非課税給与を除く）から社会保険料や雇用保険料を控除した金額を税額表の縦軸「社会保険料等控除後の給与等の金額」の区分にあてはめて、該当する税額を算出します。「甲欄」の場合は、「扶養親族等の数」によっても税額が違ってくるので注意が必要です。

④　住民税

　住民税（市町村民税＋都道府県民税）には、特別徴収と普通徴収の２種類があり、会社などの事業所で源泉控除するのは特別徴収です。

法定外控除とは

　一方、「法定外控除」は、社宅・寮費、親睦会費、財形貯蓄（勤労者の貯蓄や住宅購入などの財産形成を促進するために、勤労者が事業主の協力を得て賃金から一定の金額の天引きを行う制度）、貸付金の返済など、法定控除以外のものです。控除は勝手に行うことはできず、労働基準法の規定によって、従業員の代表と使用者が労使協定（賃金控除に関する協定書）を締結する必要があります。

■ 法定控除と協定控除

| 総支給額 | － | 控除額 | ＝ | 手取額 |

法定控除と協定控除がある

法定控除：社会保険料、雇用保険料、所得税、住民税
法定外控除：労使協定で定めた社宅・寮費、親睦会費、財形貯蓄、貸付金の返済など

7

割増賃金を計算してみる

切り上げるか四捨五入をする

　労働者ごとの１時間あたりの賃金額や割増賃金を計算しようとすると、多くの場合、１円未満の端数が生じます。

　給与計算の端数処理は四捨五入が原則ですが、すべて四捨五入しておけばよいのかというと、そういうものでもありません。労働者によって端数処理の方法がまちまちにならないように、事業所内では統一した基準で端数処理を行うようにします。実務上、どのような端数処理方法があるのかを確認しておくことにしましょう。

　たとえば、月平均所定労働時間数が168時間（１か月あたりの平均労働日数21日、１日８時間勤務）で月給30万円の労働者の場合、割増賃金の算定の基礎となる１時間あたりの賃金額は、

　30万円÷168時間＝1,785.714・・・

となります。この場合、小数点以下の端数については、四捨五入する方法（50銭未満のときは切り捨て、50銭以上のときは切り上げる方法）と切り上げる方法が認められています。

　逆に端数を切り捨てる方法は認められていません。切り捨てることは、給与計算上、労働者に不利になるためです。この例の場合、四捨五入の方法をとれば、１時間あたりの賃金額は1,786円となります。

　また、切り上げの方法をとっても１時間あたりの賃金額は、1,786円となります。

　割増賃金を求める計算の途中では端数処理せず、算出した割増賃金の額の端数を四捨五入または切り上げの方法により処理することもできます。

なお、労働時間の端数処理については、休日や時間外に労働した場合の労働時間数は、１か月単位で端数処理をしなければならず、１日ごとに端数処理を行うことはできません。

▍割増賃金額を算定する

　ここでは、下図の設例を基に、Ａさんが今月もらえる割増賃金の具体的な金額を算定してみましょう。

　まず、割増賃金の計算の基礎となる賃金を計算します。割増賃金の計算の基礎になる月給には、基本給だけでなく諸手当も含まれます。ただし、通勤手当は除外されること（20ページ）、および設例の条件からは、役職手当のみを加算することになります。

　基本給250,000円＋役職手当20,000円＝270,000円

　次に、Ａさんの１か月の平均所定労働時間を計算します。

　237日×８時間÷12か月＝158時間

　このように、１か月の平均所定労働時間は158時間ということになります。

▍時間外・深夜・休日（法定休日）労働についての金額の算定

　「270,000円」「158時間」を基に、①時間外労働、②深夜労働、③休日（法定休日）労働の金額をそれぞれ計算します。

①　時間外労働

　設例によるとＡさんの１か月の時間外労働は71時間であり、月60時間を超えていますので、60時間までは割増率25％、60時間を超えた分については割増率50％で計算します。

　270,000円÷158時間×1.25×60時間＋270,000円÷158時間×1.5×11時間＝156,360.75…

　端数を四捨五入して時間外労働の割増賃金は156,361円になります。

②　深夜労働

Aさんの時間外労働71時間のうち、3時間については、時間外労働と深夜労働が重なる部分ですから、上記①の時間外労働手当に加えてさらに深夜労働分に該当する25％増の割増賃金の支払いが必要です。

　270,000円÷158時間×0.25×3時間＝1,281.645・・・

　端数を四捨五入して、1,282円になります。

③　休日（法定休日）労働

　270,000円÷158時間×1.35×9時間＝20,762.658・・・

　端数を四捨五入して、20,763円になります。したがって、割増賃金の合計は、156,361円＋1,282円＋20,763円＝178,406円となります。

　なお、労使協定を締結すれば、時間外労働時間が60時間を超えた場合も、割増率を25％のままとし、法定割増率50％との差、25％を累積して代替休暇（1か月の時間外労働が60時間を超えた場合の25％を上回る分の割増賃金の支払いに代えて、付与する休暇のこと）を取得させることもできます。

■ 設例（Aさんの勤務形態）・・・

①　AさんはX社に勤めている。
②　X社の1日の所定労働時間は8時間。
③　X社の社内カレンダーによれば、今年の年間労働日数は237日。
④　Aさんの今月の時間外労働等は、時間外労働が71時間（うち深夜労働が3時間）、休日（法定休日）労働が9時間。
⑤　Aさんの給与を構成する手当は以下のとおり。

基本給	250,000円	役職手当	20,000円
家族手当	20,000円	住宅手当	20,000円
通勤手当	10,000円		

※）X社は割増賃金の計算において1円未満の端数をそのまま使っている
※）支給されている家族手当、住宅手当は割増賃金の基礎とならないものとする

Q パートタイマーにも割増賃金の支払いが必要でしょうか。昇給や賞与は必要でしょうか。

A パートタイマーに対し、昇給を行うことや賞与を支給することが当然に必要となるわけではありません。しかし、パートタイマーを会社の重要な戦力として位置付けているのであれば、その士気向上のため、会社の業績の他、個々の経験・能力・技術・勤続年数などを考慮し、昇給や賞与の支給を検討すべきでしょう。

昇給を行うかどうかを決定する際には、勤続年数や経験・能力・技術の向上などを考慮します。昇給幅については、各会社の事情（経営状態など）も加味して決定すればよいでしょう。

賞与については、雇用契約書や就業規則などに支給要件を定めている場合は、労働基準法上の賃金として扱われるため、パートタイマーであっても支給要件を満たせば、賞与を支払わなければなりません。パートタイマーに賞与を支給しない場合や、正社員と異なる支給要件にする場合は、パートタイマー用の就業規則の整備が必要です。

なお、短時間・有期雇用労働法によると、採用時にパートタイマーに書面（その同意がある場合は電子メール等の方法も可能）で明示しなければならない労働条件に、労働基準法で定める事項（契約期間、賃金、始業・終業の時刻、勤務場所、業務内容など）に加え、賞与の有無、昇給の有無、退職金の有無などの事項も含まれます。

●**割増賃金に関する規定はパートタイマーにも適用される**

労働時間は1週40時間以内、1日8時間以内（休憩時間を除く）が原則です（法定労働時間）。休日は毎週少なくとも1回あるいは4週間で4日以上与えなければなりません（法定休日）。これらを超えて労働させる場合、使用者は通常の賃金に加え、所定の割増率で算出した割増賃金を支払わなければなりません。割増率は、法定労働時間を超える労働（時間外労働）について25％（1か月60時間を超える部分

は50％）、法定休日の労働（休日労働）について35％です。

　上記は労働基準法の規定ですから、パートタイマーにも正社員と同様に適用されます。たとえば、「９時から14時まで、週５日」で勤務しているパートタイマーが、繁忙期に１日２時間ずつ延長して労働しても、割増賃金の支払いは不要です。１日の労働時間が正社員よりも短いパートタイマーに割増賃金を支払う機会は少ないといえます。

　休日労働も同様で、たとえば、週３日勤務のパートタイマーが勤務日ではない日に出勤しても、毎週１回あるいは４週４日以上の休日が確保されていれば、割増賃金を支払う必要はありません。

　ただ、上記の規定は最低基準です。労働協約や就業規則、労働契約などで「所定の労働時間外、所定の休日に労働した場合は、所定の割増率を加算して賃金を支給する」と定めている場合は、その定めに従う必要があります。

■ パートタイマーの賃金と昇給・賞与 ………………………

賃金の決定
◆パートタイマーの経験・ 　資格等
◆会社の業績
◆パートタイマーが従事する 　仕事の内容
◆近隣同業他社の相場
◆労働力市場の状況
などを考慮
↓
最低賃金を下回らない額とする

昇給・賞与の決定
◆パートタイマーの勤続年数
◆会社の業績
◆パートタイマーの会社への 　貢献度
◆知識、経験、技術の 　向上度合い
◆就業規則などによる取決め
などを考慮

8

欠勤や遅刻・早退をした場合の控除額について知っておこう

給与は労働者が提供した労働力に対して支払われる

どのようにして控除額を定めるのか

　給与は労働者の労働力の提供に対して支払われるため、体調不良などの理由により労働者が仕事を休んだ場合、使用者は、その休んだ日数分の給与を支払う必要はありません。これをノーワーク・ノーペイの原則といいます。まる1日欠勤した場合だけでなく、始業時刻に遅れた場合（遅刻）、終業時刻の前に帰った場合（早退）、業務の自発的中断（途中離業）についても、労働力が提供されていない時間分は、給与を支払う必要がありません。ノーワーク・ノーペイの原則に基づく控除額について、労働基準法では特に定めを置いていないため、実際に休んだ分の賃金を超えない範囲内で、各会社で独自にルールを定めることになります。実務上は就業規則や賃金規程に規定を置き、それに従って控除額を算出しています。

　一般的な控除額の算出方法としては、「月給額÷1年間の月平均所定労働日数×欠勤日数」で算出する方法をとっている会社が多いようです。遅刻や早退などで1時間あたりの控除額を算出する場合は、「月給額÷1年間の月平均所定労働日数÷1日の所定労働時間」で控除額を求めます。

　また、「月給額÷該当月の所定労働日数×欠勤日数」で算出することにしている会社もあります。ただ、この方法で計算する場合は、毎月控除額が変わることになりますから、給与計算処理が面倒になるというデメリットがあります。控除額を計算する際、給与を構成するどの手当を含めて控除額を計算するのか、という点についても賃金規程などで定める必要があります。

なお、就業規則により、職場の規律に違反した労働者に対し、制裁として給与を減額する方法があり、これを減給といいます。ただ、給与は労働者の生活を維持するための重要なものですから、労働基準法91条は、減給による控除額を制限しています。

労働者が欠勤・遅刻・早退した場合の控除

　ノーワーク・ノーペイの原則に基づき、労働者が欠勤・遅刻・早退した場合には、その分を給与から控除することができます。

　具体例で計算してみましょう。

　Ｚ社に勤務しているＣさんは、今月、欠勤を1日、遅刻を3時間した。Ｚ社の1年間の月平均所定労働日数は20日で、1日の所定労働時間は8時間である。Ｃさんの給与を構成する手当は以下のとおり。なお、Ｚ社は控除額を計算するときは、給与のうち基本給だけを対象としている。

基本給　220,000円　　家族手当　20,000円

通勤手当　15,000円

※）Ｚ社は、欠勤1日につき1年間の月平均所定労働日数分で除した額を控除するという方法をとっている

　このような場合、欠勤分の控除額と遅刻分の控除額を別々に算出します。まず、欠勤した分の控除額を求めます。Ｃさんの場合、220,000円を1年間の月平均所定労働日数で割って、これに欠勤日数を掛けます。

　220,000円÷20日×1日＝11,000円（1日分の控除額）

　続いて、遅刻した分の控除額を計算します。1時間あたりの控除額は1日あたりの控除額を所定労働時間で割って求めます。

　11,000円÷8時間×3時間＝4,125円（3時間分の控除額）

したがって、Cさんの今月の給与から控除される額は、

11,000円＋4,125円＝15,125円 ということになります。

なお、Z社では、皆勤手当や精勤手当といったその月の出勤状況によって支給額や支給するかどうかが決まる手当がないため、このような計算になります。しかし、皆勤手当や精勤手当が支給されることになっている事業所では、欠勤、遅刻、早退などの状況によって、手当を支給しない（支給要件に該当しない）、支給額を減額する、といった処理が必要になります。

また、従業員が規律違反を犯した場合、会社として減給処分を下すことがあります。ただ、給与は労働者の生活を維持するための重要なものですから、減給の制裁には一定の制限があります。減給の制裁として下図のように上限額が労働基準法で定められているので注意が必要です。

たとえば、1日1万円が平均賃金の場合、1回の減給の上限額は5,000円になります。月給30万円の場合、1か月の減給の上限額は3万円になります。この2つの条件は同時に満たす必要があります。

■ 減給制裁の限界 ···

1回の額が平均賃金の1日分の賃金の半分を超えない

➡ 1日の平均賃金が1万円の場合、減給の上限額は 5,000 円

減給の総額が月給の総額の 10 分の 1 を超えてはならない

➡ 月給 30 万円の場合、複数回の制裁があったとしても
1か月をトータルして減給の上限額は3万円

9

給与支給額を計算してみよう

一定の手順に従って計算する

例を使って支給額を計算する

　給与計算の仕方について一通り見てきましたので、例を使って実際に給与計算をして見ることにしましょう。下のケースで、A社に勤める労働者Pさんに今月支給する給与額を算出します。

■ 設例（A社とPさんのデータ）‥‥‥‥‥‥‥‥‥‥‥‥‥‥‥

●A社（製造業、東京都）のデータ
・今月の勤務日数　20日（年間所定労働日数　237日）
・所定労働時間　9:00〜17:00（うち休憩 12:00〜13:00）
・所定休日　毎週土・日曜日、祝祭日、年末年始休暇、夏季休暇（年間休日128日）
・割増賃金の端数処理計算の途中過程では端数処理をせず、残業時間を掛けた後に四捨五入する
・健康保険の保険者は全国健康保険協会
　Pさんの標準報酬月額は、340,000円

●Pさん（39歳）のデータ
・扶養親族　子1人（17歳）：扶養控除等申告書提出済み
・給与の支給項目（合計 340,000円）※住宅手当、家族手当は一律で支給されていないものとする。
　基本給　250,000円　　　住宅手当　25,000円
　役職手当 20,000円　　　皆勤手当　10,000円
　家族手当 20,000円　　　通勤手当　15,000円（全額非課税）
・健康保険料、厚生年金保険料以外の給与からの控除項目
　住民税　15,000円　財形貯蓄　20,000円（労使協定あり）

〈今月のPさんの勤怠状況〉
・出勤日数 20日（欠勤日数0日）
・所定時間外労働　8時間（所定時間外労働に関しては100%の賃金とする）
・法定時間外労働　17時間（そのうち、深夜労働4時間）
・法定休日労働　9時間
※有給休暇はとっていない

　まず、Ｐさんの今月の時間外労働の賃金を計算します。Ｐさんの給与のうち割増賃金の計算の基礎となるのは、基本給の他に、役職手当、皆勤手当の諸手当です。Ａ社は毎月の所定労働時間が変動するので、年間労働日数237日から、１か月の平均所定労働時間を計算します。

　（237日×７時間）÷12か月＝138.25時間

　これを基礎として割増賃金を計算します。

① **所定時間外労働**

　280,000円÷138.25時間×８時間＝16,203円（四捨五入）

② **法定時間外労働**

　280,000円÷138.25時間×1.25×17時間＝43,038円（四捨五入）

③ **深夜労働**

　280,000円÷138.25時間×0.25×４時間＝2,025円（四捨五入）

④ **法定休日労働**

　280,000円÷138.25時間×1.35×９時間＝24,608円（四捨五入）

　したがって、Ｐさんの今月の給与の総支給額は、以下のようになります。

　固定的給与＝基本給＋役職手当＋家族手当＋住宅手当＋通勤手当＝330,000円

　変動的給与＝皆勤手当＋所定時間外労働手当＋法定時間外労働手当＋深夜労働手当＋法定休日労働手当＝95,874円

　合計＝425,874円となります。

　次に、Ｐさんの今月の給与から控除される項目について見ていきましょう。まず、雇用保険料、健康保険料、厚生年金保険料を算出します。

　Ａ社の事業である製造業は雇用保険上「一般の事業」で、Ｐさんの今月の給与支給総額は425,874円ですから、この金額に令和５年度の

雇用保険率1,000分の６（被保険者負担分）を掛けて雇用保険の保険料を求めます。

425,874円×0.006＝2,555円（四捨五入）となります。

健康保険料については、Ａ社は東京都にあり、保険者は全国健康保険協会ですから、Ｐさんには東京都の料率（令和５年３月分から10.00％。被保険者負担分は5.00％）で計算することになります。Ｐさんの標準報酬月額は340,000円で、39歳のＰさんには介護保険料はかかりませんから、Ｐさんが負担する健康保険料は17,000円となります。

一方、厚生年金保険料については、平成29年９月分からは、保険料率が18.300％（被保険者負担分は9.15％）ですから、標準報酬月額340,000円の人の負担分は、31,110円です。

続いて、源泉所得税を求めます。源泉所得税は、総支給額から非課税通勤費と社会保険料を控除した後の金額を基準として、税額を計算します。

425,874円（総支給額）－15,000（非課税通勤費）－17,000円（健康保険料）－31,110円（厚生年金保険料）－2,555円（雇用保険料）＝360,209円（課税対象額）

この360,209円を、源泉徴収税額を割り出す資料である、給与所得の源泉徴収税額表（月額表、令和５年分）にあてはめると、「その月の社会保険料控除後の給与等の金額」の欄の359,000円以上362,000円未満が該当します。

Ｐさんの扶養親族は子１人ですから、該当する金額10,090円が、今月のＰさんの給与から控除する源泉所得税の金額になります。

控除項目がすべて算出できたので、整理してみましょう。控除項目は、①健康保険料17,000円、②厚生年金保険料 31,110円、③雇用保険料2,555円、④源泉所得税10,090円、⑤住民税 15,000円、⑥財形貯蓄20,000円、ですから、控除額合計は、95,755円となります。

　Pさんが今月、実際に給与として受け取る金額である差引支給額を求めます。差引支給額のことを実際に手に取る金額という意味で「手取額」ともいいます。

　手順1で求めた総支給額から控除額の合計額を差し引きます。

　425,874円－95,755円＝330,119円（手取額）

　330,119円が今月Pさんに支給される手取り給与の金額になります。

　手順1～**手順3**によって求めたPさんの給与を下図のように給与明細書に記載します。

■ 今月のPさんの給与明細 ···

給与明細書	令和○年○月分	所属 製造	社員No 24	氏名 P 殿

	基本給	役職手当	家族手当	住宅手当	皆勤手当	時間外手当（法定内）	時間外手当（法定外）	深夜残業	休出手当	課税交通費	非課税交通費
支	250,000	20,000	20,000	25,000	10,000	16,203	43,038	2,025	24,608	0	15,000
給										不就業控除	総支給額
										0	425,874
控	健康保険料 介護保険料	厚生年金料	雇用保険料		社保料合計	課税対象額	所得税	住民税			
	17,000 0	31,110	2,555		50,665	360,209	10,090	15,000			
除	互助会費	生命保険料	財形貯蓄								控除額合計
			20,000								95,755
				差引支給額	端数調整額	銀行振込				現金支給額	
				330,119	0	330,119				0	

勤怠	出勤	休出	年次	特休(有)	特休(無)	欠勤		遅刻外時間	時間外（法定内）	時間外（法定外）	休日時間	深夜等時間	実働時間
	20	1	0	0	0	0		0	8.00	17.00	9.00	4.00	174.00

10

給与規程を作成する

就業規則とは別規程とするのが一般的である

給与規程の定め方

　給与規程は通常、事業所の就業規則の付属規定として定められています。ただし就業規則の本規則と分けて別規程としても、就業規則の一部であることに変わりはありませんから、本規則と同時に作成して、かつ労働基準監督署への届出もしなければなりません。その他、就業規則の作成手続などの規定も適用されます。正社員とパート社員の給与規程を分けることもできますので、どのような種類の労働者にどの給与規程が適用されるかを明確にしておく必要があります。以下、給与規程の各規定を定める際のポイントについて見ていきましょう。

① **給与支払いの原則を明確にし、給与体系を示す**

　どのような種類の給与が支給されるのかをまとめて明記しておくと、給与体系が一目瞭然となるので、給与担当者の便宜や新たに労働者を雇用した場合に見せる場合など、さまざまなメリットを得ることができます。給与のうち、基本給は、年齢給、職務給といった形で決定することができます（17ページ）。

② **給与の計算期間と支払日**

　給与の支払日についての記載は、就業規則の絶対的必要記載事項です。給与の支払いについては、毎月一定の日を支払日と定めなければなりません。ただし、支払日を一定の日に定めたとしても、その日が会社の休日や金融機関の休業日に該当する場合には、事実上支払いができなくなります。そのため、書式例の第9条第2項（103ページ）のように、支払日を繰り上げ（または繰り下げ）ることを規定しておきます。

③　給与の支払方法

　給与の支払方法も、就業規則の絶対的必要記載事項です。給与の支払いには通貨払いの原則が適用されますから、給与を銀行振込みにするためには、労働者の個別の同意が必要になります。もし、同意が得られなかった場合は、原則に従って、本人に現金で渡さなければなりません。また、給与の振込みに使用する労働者本人の金融機関口座は本人が指定する口座でなければなりません。この場合、振り込まれた給与の全額が所定の給与支払日に払い出しできるようにしなければなりません。

④　給与の支払形態

　毎月決まって支給される給与については、算定の単位により時給制、日給制、月給制といった形態があります。

　月給制とは、給与が月の一定期日に締め切られ、その後一定の期日に支払われる制度です。たとえば、20日締めの25日払いという会社や末日締め翌月10日払いといったようなケースです。月給制をとりながら欠勤や遅刻早退をしたら、その分を控除減額する場合を、日給月給制といいます。遅刻・欠勤については時間（分）単位で計算して、カットします。日給制とは、1日の所定労働時間につき給与額を定める制度です。1日単位で労働の内容を測ったとき、同量の労働が日々繰り返されているというような場合に適した制度といえます。労働時間を単位として給与額を決定する制度が時給制です。時間（分）単位で測ったとき、労働の量が同じような場合に適した制度といえます。出来高払制とは、労働者の製造した物の量や売上げの額などに応じた一定比率で額が定まる賃金制度をいいます。年俸制とは、給与の全部または相当部分を労働者の業績等に関する目標の達成度を評価して年単位に設定する制度といえます。年俸制は、労働時間の量を問題とする必要のない管理監督者や裁量労働者に適した賃金制度だと考えられます。

⑤　賃金の控除

　賃金には全額払いの原則がありますが、例外として、使用者は、税

金、社会保険料等を賃金から差し引いて賃金を支払うことが法律上認められています（労働基準法24条）。

　また、使用者は、賃金控除に関する労使協定を締結し、控除の事由、時期、金額などを定めたときは、その定めに従って賃金から控除を行うことが認められています。今日では、社宅・寮の使用料、福利厚生施設の利用料などを控除している例が多いようです。

⑥　**非常時払い**

　使用者は、労働者が出産、疾病、災害その他命令で定める非常の場合の費用にあてるために請求する場合においては、支払期日前であっても、既往の労働に対する賃金を支払わなければなりません（労働基準法25条）。労働基準法25条は賃金の前払いではなく、支払日の繰上げを定めたものといえます。

⑦　**日割計算**

　賃金の計算方法は、就業規則に必ず記載しなければならない絶対的必要記載事項です。給与規程には、労働者が所定労働時間の労働をしなかった場合（中途入社、退社など）に、月給全額を支払うのかどうか、支払わない場合は、賃金をどのような計算方法で減額するのかを明らかにしておく必要があります。

⑧　**不就労時の取扱い**

　労働者が労働するという責務を果たさなかった場合、その労働しなかった日や時間に対する賃金は支給されないのが原則です（ノーワーク・ノーペイの原則）。この場合に、賃金の支給の有無、支給する場合の減額方法を明記しておきます。なお、遅刻、早退、欠勤に対する賃金のカットは、実際に労働しなかった時間に相当するだけのカットであればかまいませんが、それを超える額の差引をすると、その部分については制裁としての減給となるので注意してください。

⑨　**平均所定労働日数、平均所定労働時間**

　賃金計算の便宜のため、年間所定労働日数・時間を月ごとに割り、

平均的な日数と時間を算出しておきます。1か月の平均所定労働日数・時間を基準とすることで、月ごとに異なった日額、時間額になるという不都合を避けることができます。

ただし、1か月の平均所定労働日数で計算することには、次のような欠点があります。たとえば、年間における1か月平均所定労働日数21日の場合、その月の所定労働日数23日であったとしても、労働者が21日間欠勤した時は、2日間労働したにもかかわらず、賃金が支給されないことになってしまいます。また、所定労働日数が20日で、すべての日を欠勤したような場合でも、1日分の賃金が支給されてしまうのです。このような欠点を補うため、欠勤日数に応じて日割りで減額する計算と、出勤日数に応じて日割りで加算する計算を規定するなどし、また逆転現象が起きないような工夫も必要になります。

賃金の計算

労働基準法115条は、賃金などの請求権につき5年（当分の間は3年）、退職金の請求権については5年の消滅時効を定めています。賃金の計算・端数処理・改定に関する規定については以下の点について注意しましょう。

① 日額・時間額の計算をする場合

割増賃金などの計算の基礎となる労働日または労働時間の賃金の計算方法については、労働基準法施行規則19条に、ⓐ時給については、定められた金額、ⓑ月給で定められている場合は、所定月給額を月の所定労働時間数または1年間における1月平均所定労働時間数で割った金額、ⓒ出来高払制その他の請負制によって定められた賃金については、その賃金算定期間において計算された賃金の総額を当該賃金算定期間における総労働時間数で割った金額、などと定められています。給与規程に掲載する場合にも、法令違反がないように規定します。

② 端数処理をする場合

賃金計算を行う上で、端数も当然発生します。そこで、行政解釈により、たとえば、１時間あたりの賃金額あるいは割増賃金額に１円未満の端数が生じた場合、50銭未満の端数を切り捨て、それ以上を１円に切り上げて処理することが認められています。

③　賃金の改定をする場合

　多くの会社で毎年一定の時期（通常新入社員が入社する４月に行う会社が多い）に定期昇給が行われています。

　最近では、定期昇給についての各労働者の昇給額の判断は、その労働者の勤続期間や年齢といった客観的要件だけで判断する場合が少なくなり、労働者の仕事についての能力、習熟度、出勤率などを考慮し、使用者の人事考課に基づく主観的要件も加味するのが一般的になっています。また、賃金のうち、基本給とともに定期昇給で見直される手当は、基本給の基本的な賃金の機能を補完するものとして付加的に支給される賃金です。賃金の不均衡を調整するのに便利ですが、手当の意味を明確にしておくことが必要です。

　賃金の昇給に関する事項は、就業規則の絶対的必要記載事項です。また、査定によって賃金を引き下げる場合について、労働基準法にその記載はありません。会社独自に制度として設けるのであれば、その旨を就業規則に記載する必要がありますが、その賃金引き下げをすること自体に合理性や必要性が問われるため注意が必要です。

賞与について

　労働者に賞与を支給するかどうかは、使用者にゆだねられています。支給額や支給方法の決定は、原則として使用者の自由ですが、就業規則などで賞与の支給基準が明確に示されており、その基準に基づいて賞与を支給しないことにつき何ら客観的な事由がない場合は、使用者の恣意的調整が認められないこともあります。会社で賞与を支給する場合には、臨時の賃金として就業規則への記載が必要になります。

給与規程

第1章　総　　則

第1条（本規程の目的）　この規程は、就業規則第○条に定めた、従業員の給与および賞与の基準や手続きの方法を定めたものである。

第2条（遵守義務）　会社および従業員は、この規程を誠実に守り、お互いの信頼を高めるように努力しなければならない。

第3条（本規程が適用される従業員）　本規程は、就業規則の適用を受ける従業員に適用するものとする。

第4条（給与の体系）　給与の体系は、次の通りとする。

①　給　　与

イ　基準内賃金

　基本給、役職手当、職種手当、家族手当、住宅手当、資格手当、調整手当

ロ　基準外賃金

　時間外勤務手当、深夜勤務手当、休日出勤手当、その他諸手当、通勤手当

②　賞　　与

第5条（給与支払の形態）　月々の給与支払の形態は、これを日給月給制とする。

第6条（給与の支払方法）　給与は、その全額を通貨で直接、従業員に支払うこととする。

2　前項の規定にかかわらず、従業員の同意があったときは、従業員が指定する金融機関の本人名義の口座に振り込むことにより給与を支払うことができる。

第7条（給与控除） 前条の規定にかかわらず、給与からは、次のものを控除することとする。

① 源泉所得税

② 健康保険、厚生年金保険、雇用保険などの各種社会保険料

③ 特別徴収の住民税

④ 給与から差し引くことについて、従業員の過半数を代表する従業員と書面によって協定されたもの

第8条（給与の計算期間） 給与の計算期間は、前月21日から当月20日をもって締め切るものとする。

第9条（給与の支払日） 給与の支払は、毎月締め日後の25日とする。

2 給与の支払日が金融機関の休日のときは、その前営業日に支払うものとする。

第10条（非常時払い） 第9条の規定にかかわらず、次の事由のいずれかに該当する場合には、従業員または①の場合はその遺族の請求により、給与支払日の前であっても、既往の労働に対する給与を支払うものとする。

① 従業員が死亡したとき

② 従業員またはその収入により生計を維持する者に、結婚・出産、死亡、病気・ケガ、災害が生じた場合や1週間以上の帰郷を必要とするとき

第11条（金品の返還） 従業員の死亡や退職、または金品の権利をもつ者（本人や遺族）から請求があったときは、7日以内に給与を支払うこととする。

第12条（日額・時間割の計算方法） 割増賃金の計算や不就労控除に用いる日額または時間額の計算は、次の例による。

日　額……時間額×1日の所定労働時間数

時間額……その者の基準内賃金÷1か月の平均所定労働時間

第13条（端数処理） 日割計算、時間割計算、残業手当などの計算で、1円未満の端数が生じたときは、手当ごとにすべて切り上げて計算する。

第14条（給与控除・欠勤等） 従業員が欠勤などをしたときの給与は、欠勤した日や遅刻、早退した時間について、日割または時間割で計算した額を減額する。

2　給与計算期間の全労働日を欠勤したときは、給与は無給とする。

第2章　基本給与

第15条（総則） 基本給は、所定労働時間を働いたことに対する報酬で、1日単位の額を算出するときは、1か月の平均所定労働日数で割ったものとする。

第16条（基本給の決定） 基本給は、本人の年齢、能力、経験などを考慮して決定する。

第17条（初任給） 新規学卒者の初任給は、その年の会社の経営状況や経済状況によって決定する。

2　中途採用者の初任給は、中途採用者の知識経験、および業務遂行能力ならびに前職の給与を勘案して決定する。

第3章　諸手当
第1節　役職手当

第18条（役職手当） 役職手当は、役職者に対し、別表の通り支給する。

第2節　職種手当

第19条（職種手当） 職種手当は、職種により別表の通り支給する。

第3節　家族手当

第20条（家族手当）　扶養家族を有する従業員に対して、家族手当を支給する。

2　前項の扶養家族とは、従業員に生計を維持されている下記の者をいう。

　① 配偶者
　② 満18歳未満の子

3　家族手当の支給の区分は次の通りとする。

　① 配偶者　　月額　一律金15,000円
　② 子　　　　月額　一子につき　一律金7,000円

第21条（扶養家族の届出）　新たに採用された従業員に扶養家族がある場合や、次のいずれかに該当する場合には、従業員は速やかにそのことを会社に届けなければならない。

　① 新たに扶養家族としての条件に適合するようになったとき
　② 扶養家族としての条件に適合しなくなったとき

第4節　住宅手当

第22条（住宅手当）　住宅手当は、世帯主の区分に応じて別表の通り支給する。

2　従業員の住宅手当を受ける条件が変更となったときは、これを速やかに報告しなければならない。

第5節　資格手当

第23条（資格手当）　資格手当は、資格により別表の通り支給する。

第6節　調整手当

第24条（調整手当）　調整手当は給与を決定または変更するときに総支給額に不足があったとき、例外的に補充する手当とする。

第7節　通勤手当

第25条（通勤手当）　通勤手当は、従業員が通勤のために利用する最短距離の合理的な方法と会社が決めた経路の交通機関の実

費を、その月の給与に含めて支給する。

2　バスの通勤は、自宅から最寄駅まで1km以上の距離があるときに、これを認めるものとする。

第8節　手当の返還

第26条（手当の返還）　諸手当につき、支給されていた条件が変わる場合は、速やかにその旨を届け出ることを要する。

2　前項の報告がなく、または虚偽の報告を行った場合で、その報告の真偽が判明した場合は、その報告がない時点、または虚偽報告のときからの支払われた金額の全額を返還することを要する。

第9節　残業手当など

第27条（時間外労働手当、休日労働手当）　時間外労働手当と休日労働手当は、会社の命令によって時間外労働した場合、または休日労働に勤務したことに基づいて支給する。

第28条（時間外労働手当と休日労働手当の額）　時間外労働手当の額は、1時間あたりの算定の基礎額に1.25を乗じた額で計算する。ただし、月間の残業時間が60時間を超える場合には、超えた分について1時間あたりの算定の基礎額に1.5を乗じた額で計算する。

2　休日労働手当の額は、1時間あたりの算定の基礎額に、次の乗率を掛けた額とする。

①　法定休日出勤の場合　　1.35

②　法定内休日出勤の場合　1.25

3　前項第1号の法定休日出勤とは、就業規則に定める法定休日に出勤した場合をいう。

第29条（深夜労働手当）　深夜労働手当は、会社の命令で午後10時から午前5時までの間に勤務した場合に支給する。

第30条（深夜労働手当の額）　深夜労働手当の額は、1時間あた

りの算定の基礎額に0.25を乗じた額とする。

2 時間外労働や休日労働が深夜に及んだときは、時間外労働手当や休日労働手当の額に、深夜労働手当の額を加算して支給する。

第4章　給与の見直し

第31条（総則）　給与の見直しは、その勤続年数、年齢、勤務態度等を総合的に審査して決定する。

第32条（適用除外）　次に掲げる者は、給与見直し対象者から除外する。

①　入社してから1年を経ない者

②　休職している者

第33条（給与見直し時期）　原則として毎年4月に給与の見直しを行う。

第5章　賞　　与

第34条（賞与）　賞与は、会社の業績に従業員の勤務成績などを考慮して支給する。ただし、都合により支給しない場合もある。

2 賞与の支給対象者は、支給日現在において在籍する従業員とする。

3 支給の時期は夏季と冬季を原則とする。ただし、都合により支給の時期を変更することがある。

4 支給にあたっての従業員の勤務成績などを算定する期間は、次の通りとする。

①　夏季賞与　　前年11月21日から当年5月20日まで

②　冬季賞与　　当年5月21日から当年11月20日まで

5 賞与を算定する場合に、勤務が6か月に満たない従業員の賞与の支給は、そのつど決定する。

6　以上の他、会社の業績により、決算賞与などを支給する場合がある。

第6章　退職金

第35条（退職金）　退職金については、別途、退職金規程により定める。

附　則

1　本規程は、令和○年○月○日から施行する。

2　この規程の主管者は総務部門長とする。

3　本規程を改廃する場合には、従業員の代表の意見を聴いて行うものとする。

会社が倒産すると賃金はどうなるのか

労働者とトラブルにならないように処理することが必要

倒産すると賃金はどうなるか

　会社が倒産した場合、給料などの労働債権（雇用関係に基づいて生じた債権）の取扱いは重要な問題です。倒産に至るまでの間に給料の遅配が生じており、倒産時に複数月分の未払賃金が存在しているかもしれません。そのため、労働者からも未払賃金を確保するための手段がとられることになるでしょう。

　会社が倒産した後、債権者集会が開催される場合や、会社の清算業務の担当者が判明した場合には、労働者側から未払賃金などの内容や額についての申告が行われ、労働債権を確認することになります。

　労働債権については、一般の債権に優先するものとして取り扱われます（財団債権または優先的破産債権として取り扱われます）。そのため、会社の倒産時に、労働者は、一般の債権よりも優先して未払賃金などの弁済を受けることになります。

　また、未払賃金などの確保に急を要する場合は、労働者から仮差押や仮処分（従業員が不当解雇された場合における労働者の地位の保全など、金銭債権以外の権利を保全するための手続き）が行われることが考えられます。未払賃料などの支払金額について労働者と争いになる場合も、訴訟手続きになることが考えられます。

未払賃金の立替払制度とは

　未払賃金については、「賃金の支払の確保等に関する法律」（賃確法）に基づいた未払賃金の立替払制度を利用できる場合があります。会社が倒産した場合に残っている未払賃金総額の８割を「独立行政法

人労働者健康安全機構」に立替払いしてもらえるものです。ただし、立替払いを受けられる未払賃金総額には上限が設けられています。

　この制度は、退職日の6か月前の日から労働者健康安全機構に対する賃金立替払請求の日の前日までの間に支払期日が到来している定期賃金（毎月1回以上定期に支払われる賃金）や退職金で、未払いのものが対象です。立替払いの申請書類は労働基準監督署にあります。

▌労働者に社内貸付などを行っていた場合

　会社が労働者に対して、社内貸付などで直接融資を行っていた場合、会社の倒産により会社との労働関係が終了しますので、未返済貸付金についての返済処理の問題が生じます。会社からすると労働者に対する債権ですが、労働者からすると会社に対して債務が存在することになりますから、破産管財人等と協議をした上で、返済計画を立てて返済するといった対応がとられることになります。

■ 未払賃金の立替払制度 ···

定　義	倒産により賃金が支払われないまま退職した労働者に対して、未払賃金の一部を立替払する制度
実施機関	全国の労働基準監督署　　独立行政法人労働者健康安全機構
要　件	1年以上事業活動を行っていた使用者が倒産したこと ⓐ法律上の倒産（破産、特別清算、民事再生、会社更生） ⓑ事実上の倒産（中小企業について、事業活動が停止し、再開の見込みがなく、賃金支払能力がない場合）
	倒産について裁判所への申立てが行われた日（法律上の倒産の場合）または労働基準監督署への認定申請（事実上の倒産の場合）が行われた日の6か月前の日から2年の間に退職した労働者であること
権利行使の期間	破産手続開始決定などがなされた日または労働基準監督署長による認定日の翌日から2年以内
対象となる賃金	労働者が退職した日の6か月前から立替払請求日の前日までに支払期日が到来している定期賃金と退職手当（退職金規程などに基づくもの）のうち、未払となっているもの（未払賃金の総額が2万円未満の場合は対象外）
立替払いされる金額	未払賃金の額の8割（退職時の年齢に応じて88万円～296万円の範囲で上限あり）

Q 給料は差し押さえられることがあるのでしょうか。できるとして、どの程度の金額までを差し押さえることが可能なのでしょうか。

A 借金などの滞納が続いており、金銭債権を確保するための緊急の必要が生じた場合、債権者が裁判所を通じて仮差押という手段をとってくることがあります。仮差押の対象になる債務者の財産は、主に不動産・動産・債権であるため、労働者の会社に対する賃金債権も仮差押の対象に含まれます。

そして、債務者の財産を保全するため、裁判所が「その財産を差し押さえる用意があるので勝手に処分してはならない」と命じることを仮差押命令といいます。賃金債権などの金銭債権の仮差押命令の場合には、第三債務者（債権者Aに対して債務を負うBがいる場合、Bに対して債務を負う者をAとの関係で第三債務者という）に対し、債務者への弁済禁止を命じることにより行われます。したがって、給料などの仮差押命令がなされた場合、その支払義務を負う会社は第三債務者となり、仮差押のあった部分について労働者への支払いを禁止されます。一方、仮差押をした債権者は、直接会社に対して、仮差押をした給料などを取り立てる権限を与えられます。

民事保全法では、給料などについては、債務者の生活保障の観点から仮差押をすることのできる範囲が制限されています。また、生活保護のように、国などから支給されている金銭については、一切の仮差押が禁止されているものもあります。

仮差押命令の送達を受けた第三債務者は、仮差押の対象となった部分の弁済を禁止されるため、その部分の給料などを労働者に支払うことができなくなります。たとえば、給料の場合は、税金や社会保険料などを控除した後の4分の3に相当する額は仮差押が禁止されているため、その残りの部分（4分の1）だけが仮差押可能です。逆に言う

と、給料の４分の３は仮差押ができません。ただし、給料の４分の３が33万円を超える場合、その超えた額は仮差押ができます。

　たとえば、債務者が月給60万円の場合、４分の１に相当する15万円分は問題なく仮差押ができます。さらに、その４分の３に相当する金額は45万円ですが、33万円を超えた部分、つまり12万円分は仮差押の禁止対象外です。その結果、15万円＋12万円＝27万円分を仮差押することができます。債務者の手元には33万円が残ります。

　しかし、債務者の中には、27万円も仮差押されると生活が成り立たない人もいるでしょう。この場合、債務者は執行裁判所に事情を説明して仮差押金額を減らしてもらったり、一部を取り消してもらったりすることができるとされています。債務者からこのような申立てがなされると、後日、裁判所から債権者に「審尋書」などが送られ、債権者に意見を聴くという手続がとられます。

　したがって、会社としては、まず、労働者からどのような対応をするのか聴取するとよいでしょう。仮差押に応じる場合、会社は、その金額を（債務者に）支払わずに留保しておくか、法務局に供託（金銭などを供託所に預けること）します。

■ 給料と仮差押 ………………………………………………………

手取り額44万円以下の場合				

手取り給料の1／4の額
手取り額20万円→5万円、24万円→6万円
44万円→11万円について仮差押可能

仮差押できる金額

手取り額44万円超の場合	33万円	手取り給料－33万円

手取額が44万円を超える場合は、その手取額から一律33万円を差し引いた額の仮差押をすることができる。つまり、33万円を債務者のもとに残せば、その残りはすべて仮差押をすることができる。

第4章

計算の仕方や支払方法など
賞与・退職金・役員報酬の
支払いと書式

賞与について知っておこう

賞与はどのような性質のものなのか

賞与とは、毎月1回以上支払われる賃金とは別に、会社の利益還元や業務成績への報償などの目的で支給される一時金のことです。法令上は、賞与の支給が会社に義務付けられているわけではありません。

もっとも、賞与を支給する会社では、就業規則、労働協約、労働契約などに、賞与の支給条件や支給時期、計算方法についての規定を置きます。このような規定がある場合、会社として労働者に賞与を支給することが労働契約の内容となるため、会社は、このような規定に基づいて、労働者に賞与を支給する義務が生じます。特に就業規則で賞与の規定を置く場合、支給条件などは会社が自由に決定できます。賞与の支給額は、会社の業績によって変動することが多いようです。

これに対し、就業規則などに賞与の定めがない場合には、会社として労働者に賞与を支給することが労働契約の内容となっておらず、会社は、労働者に賞与を支給する義務を負いません。

締切日から支給日までの間に退職した労働者の取扱い

賞与については、査定対象期間の締切日が過ぎてから、支給条件に該当するのかを査定したり、支給額を決めたりする必要があり、賞与の支給日は締切日より少し後になります。

そこで、締切日から支給日までの間に退職した（解雇の場合も含む）労働者に対する賞与の支給の要否が問題となりますが、この問題については、就業規則などの規定の仕方によって決まります。

たとえば、「賞与は査定対象期間の在籍者に支給する」との規定が

あれば、上記の労働者への支給が必要です。査定対象期間には在職していたからです。しかし、「賞与は支給日の在籍者に支給する」との規定があれば、上記の労働者への賞与の支給は不要です。ただ、会社の慣行として過去に退職者に支給した例がある場合には、賞与を支給する必要が生じる可能性はあります。

▌支給対象者をどのように決めればよいのか

あらかじめ就業規則などに「冬季賞与は○月○日から○月○日までを、夏季賞与は○月○日から○月○日までを査定の対象とする」などというように査定対象期間を定めておきます。その上で、査定対象期間中の勤務成績や出勤率などを査定し、賞与額を決めます。賞与の支給対象者は、会社によって異なります。査定対象期間のうち8割以上出勤した労働者のみを支給対象者とする会社もあります。

■ 退職者への賞与の支給の有無 ……………………………………

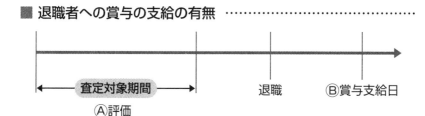

※賞与の支給対象はどのタイミング（AまたはB）で在籍している
　労働者とするか、明確に就業規則などで定めておく必要がある

Q 賞与支給時に在籍していない従業員にも賞与を支払わないといけないのでしょうか。

A 　会社は、退職者への賃金（給与）については、毎月の賃金の前回締日から退職日までに労働した分を、退職日以降に支払うことになります。これに対し、賞与の場合は、支給日に在籍していることを支給要件とすることが認められています。これは、賃金が労働への対価であるのに対し、賞与は在職する労働者に対する慰労と今後の労働への奨励という意味合いが強いからです。

　ただし、支給日時点での在籍を賞与の支給要件とするには、その旨が就業規則などに明記されていることが必要になります。また、退職には定年退職や死亡退職など、本人の意思によらずに退職しなければならないケースもあります。しかし、このような場合でも、支給日時点での在籍を賞与の支給要件とすることが認められています。

　なお、次の場合には、たとえ支給日時点で会社に在籍していなかったとしても、賞与の支給義務が認められる可能性があります。

①　6月に予定されていた賞与の支給が遅れたまま7月に退職したが、在籍中の従業員には8月に賞与が支給されている場合

　賞与の支給要件となる「支給日時点の在籍」とは、実際の支給日ではなく、支給予定日（6月）とするというのが判例の見解です。

②　賞与の支給日前日に突然整理解雇になった場合

　整理解雇は経営不振による合理化など経営上の理由に伴う人員整理のことで、リストラともいいます。整理解雇が客観的に合理的な理由に欠けているなど問題があると判断される場合、整理解雇そのものが無効になることがあります。

Q 有給休暇を多く取得した社員の賞与を減額することは認められるのでしょうか。

A 　有給休暇（年次有給休暇）とは、一定の給与の支給が保障された休暇のことです。労働基準法では、労働者の継続勤務期間や所定労働日数に応じて、一定の日数以上の有給休暇を与えることを使用者に義務付けています（39条）。労働者は、付与された有給休暇の取得を、いつどんな理由で請求してもよく、使用者は労働者から請求されれば、原則として、その請求された時季に有給休暇を与えなければなりません。

　このように、有給休暇は、労働者に認められた正当な権利であり、欠勤とは異なります。労働基準法附則では、有給休暇を取得した労働者に対し、賃金の減額その他の不利益な取扱いをしないよう求めています（136条）。就業規則等で規定された賞与は、労働基準法上の賃金に含まれますから、有給休暇の取得を賞与の減額の理由とすることには問題があります。判例も、有給休暇を欠勤と扱って賞与を計算することはできないと解釈しています。

　ただし、有給休暇を取得して業務時間が減り、結果として労働者が売上や製品製造量のノルマをクリアできないことがあります。この場合は、「あくまでノルマをクリアできなかったことなどを含めた評価の結果、賞与を減額した」と主張することは可能です。有給休暇の取得自体を理由としていない以上、賞与の減額が認められる可能性が高くなるでしょう。ただし、賞与の減額が、他の労働者の評価と比較して著しく公平性に欠ける場合や、通常考えられる限度を超えている場合などは、有給休暇の取得による罰則的な意味合いが強いと判断され、違法な賞与の減額となる可能性があるため注意が必要です。

賞与の額を計算する

　具体的な計算例を挙げて、賞与の計算方法を見ていきましょう。

〈 設例：サービス業の会社の現場で働くＱさん（42歳）の場合 〉
　賞与の支給額：500,000円
　前月の社会保険料控除後の給与の額：324,895円
　Ｑさんの扶養親族等の数：２人（扶養控除等申告書提出済み）

　以上がＱさん（42歳）に支給される賞与の計算上必要なデータです。
この場合の賞与から控除される社会保険・源泉所得税の金額と実際に
Ｑさんが受け取ることになる金額を計算してみます。

手順1　**健康保険と厚生年金保険の額を算出する**

　最初に賞与額から控除する健康保険と厚生年金保険の額を計算し
ます。Ｑさんは42歳ですから、40歳以上の被保険者が負担する介護保
険の保険料も徴収することになります。健康保険料率は加入する健保
組合によってそれぞれ異なっていますが、ここではＱさんが全国健康
保険協会（協会けんぽ）東京支部に加入していると仮定して説明しま
しょう。協会けんぽ東京支部では介護保険第２号被保険者に該当する
人の健康保険料の被保険者負担割合は1000分の59.10（令和５年３月分
から）ですから、Ｑさんは29,550円の保険料を負担することになります。

　500,000円×59.10 ／ 1,000＝29,550円

　同様に厚生年金保険料の額を求めます。厚生年金保険料率は平成29
年９月分からは1000分の183.00ですが、健康保険と同様に労使で半分

ずつ負担するので、Ｑさんの負担率は1000分の91.5となります。したがって賞与の額に1000分の91.5を掛けて算出した金額が被保険者負担分となります。

500,000円×91.5／1000＝45,750円

手順2　雇用保険の保険料を算出する

次に賞与から控除する雇用保険の保険料を求めます。雇用保険料率は業種によって違いがありますが、令和5年度のサービス業（一般の事業に含む）についての雇用保険率（被保険者負担分）は1000分の6ですから、500,000円に1000分の6を掛けて雇用保険料の被保険者負担分を算出します。

500,000円×6／1000＝3,000円

手順3　源泉所得税の額を算出する

賞与から控除する社会保険料の金額を算出した後に、源泉所得税の金額を求めます。源泉所得税は、総支給額から社会保険料を控除した後の金額を基準として、税額を計算します。

500,000円－29,550円－45,750円－3,000円＝421,700円

Ｑさんの扶養親族は2人ですから、賞与にかかる源泉徴収税額を算定する資料である「賞与に対する源泉徴収税額の算出率の表（令和5年分）」の扶養親族等の数2人の列を確認し、前月の社会保険料控除後の給与の金額である324,895円があてはまるところを探します。「312千円以上369千円未満」がこれに該当しますので、社会保険料などの控除後の賞与の金額に乗ずる金額は6.126％ということになります。

421,700円×6.126％＝25,833円（端数切り捨て）

手順4　実際の支給額を計算する

控除項目がすべて算出できたので、整理してみましょう。控除項目は、健康保険料29,550円、厚生年金保険料45,750円、雇用保険料3,000円、源泉所得税25,833円、控除額合計は104,133円になります。

Ｑさんに実際に支給される賞与額（手取額）は、500,000円－104,133

円＝395,867円（下図明細参照）ということになります。なお、住民税は賞与からは控除しません。

月額表を使って源泉徴収税額を求めるケースもある

通常、賞与から控除する源泉徴収税額を計算するときは、賞与に対する源泉徴収税額の算出率の表を使用します。しかし、次の2つのケースに限っては、給与所得の源泉徴収税額表（月額表）を使って徴収税額を計算します。

・前月の給与の額の10倍を超える賞与が支給されるとき
・前月の給与の支払いがない者に賞与を支払うとき

事例のQさんの場合、冒頭の設例に示したように、Qさんは前月にも給与の支払いがあり、賞与の額もその10倍を超えていないので、これにはあてはまりません。

■ Qさんの賞与明細書

| 賞与明細書 | 令和○ 年夏季賞与 | 所 属 | ○○ | 社員No | 14 | 氏 名 | Q 殿 |

	基 本 給							
支	500,000							
給								総支給額
								500,000
	健康保険料	厚生年金料	雇用保険料		社保料合計	課税対象額	所 得 税	
控	29,550	45,750	3,000		78,300	421,700	25,833	
除								控除額合計
								104,133
				差引支給額	端数調整額	銀行振込		現金支給額
				395,867		395,867		

給与や賞与の現物支給と書式

すべての会社で現物支給できるわけではない

▌現物支給で賞与を支払うことはできるのか

　たとえば景気が低迷し、会社の経営の先行きが不安な状況になってくると、少しでも運転資金を手元に残しておきたいというのが経営者側の心情でしょう。このような場合に検討されることがあるのが、「賞与の現物支給」です。以前には自社製品や商品券、取引先の商品などを実際に賞与として支給したという会社もあるようです。

　しかし、労働基準法の規定によると、賞与を含む賃金は「通貨」で支払うことが義務付けられており、原則として現物支給は認められていません。それは給与であっても賞与であっても同じですが、例外的に、現物支給が可能になる条件があります。

① 　別段の法令の定めがある場合

　特別に賃金の支払いについての法令がある場合という意味ですが、現在、通貨以外の方法で賃金を支払うことを認めた法令はありません。

② 　労働協約がある場合

　労働協約（15ページ）に規定されていれば、賞与を現物支給することもできるようになるわけです。ただし、労働協約を締結できるのは労働組合だけですので、労働組合のない会社では現物支給をすることはできません。

　なお、支給する「現物」については、会社側が一方的に決めたり、そのときの状況によって変更するといったことはできません。きちんと評価額を定め、労働協約に規定された物を支給することが条件になります。

様式コード		
2 2 6 5		

健康保険
厚生年金保険

被保険者賞与支払届

厚生年金保険

70歳以上被用者賞与支払届

令和 5 年 12 月 19 日

提出者記入欄

| 事業所整理記号 | 0 0 | アイウ |

原書記入の個人番号に誤りがないことを確認しました。

事業所所在地　〒141-0000
東京都品川区五反田1-2-3

事業所名称　株式会社 緑商会

事業主氏名　代表取締役 鈴木 太郎

電話番号　03（3321）1123

受付印

社会保険労務士記載欄
氏名等

	① 被保険者整理番号	② 被保険者氏名	③ 生年月日	⑦ 個人番号［基礎年金番号］※70歳以上被用者の場合のみ
	④ 賞与支払年月日	⑤ 賞与支払額	⑥ 賞与額（千円未満は切捨て）	⑧ 備考

| 共通 | ④ 賞与支払年月日（共通） | 9.令和 | 0 5 年 1 2 月 1 5 日 | ←1枚ずつ必ず記入してください。 |

| 1 | ①④※上記「賞与支払年月日（共通）」と同じ場合は、記入不要です。 | ② 〇〇〇〇 | ③ | ⑦ |
| | 9.令和　　年　　月　　日 | ⑤ ⑦（通貨） 80,000 円　⑦（現物） 0 円 | ⑥（合計⑦+⑦）千円未満は切捨て 80,000 円 | ⑧ 1. 70歳以上被用者　2. 二以上勤務　3. 同一月内の賞与合算（初回支払日：　　日） |

| 2 | ①④※上記「賞与支払年月日（共通）」と同じ場合は、記入不要です。 | ② ××××　 | ③ | ⑦ |
| | 9.令和　　年　　月　　日 | ⑤ ⑦（通貨） 200,000 円　⑦（現物） 30,000 円 | ⑥（合計⑦+⑦）千円未満は切捨て 230,000 円 | ⑧ 1. 70歳以上被用者　2. 二以上勤務　3. 同一月内の賞与合算（初回支払日：　　日） |

| 3 | ①④※上記「賞与支払年月日（共通）」と同じ場合は、記入不要です。 | ② △△△△ | ③ | ⑦ |
| | 9.令和　　年　　月　　日 | ⑤ ⑦（通貨） 160,000 円　⑦（現物） 0 円 | ⑥（合計⑦+⑦）千円未満は切捨て 160,000 円 | ⑧ 1. 70歳以上被用者　2. 二以上勤務　3. 同一月内の賞与合算（初回支払日：　　日） |

| 4 | ①④※上記「賞与支払年月日（共通）」と同じ場合は、記入不要です。 | ② □□□□ | ③ | ⑦ |
| | 9.令和　　年　　月　　日 | ⑤ ⑦（通貨） 530,000 円　⑦（現物） 30,000 円 | ⑥（合計⑦+⑦）千円未満は切捨て 560,000 円 | ⑧ 1. 70歳以上被用者　2. 二以上勤務　3. 同一月内の賞与合算（初回支払日：　　日） |

| 5 | ①④※上記「賞与支払年月日（共通）」と同じ場合は、記入不要です。 | ② | ③ | ⑦ |
| | 9.令和　　年　　月　　日 | ⑤ ⑦（通貨）　　円　⑦（現物）　　円 | ⑥（合計⑦+⑦）千円未満は切捨て ,000 円 | ⑧ 1. 70歳以上被用者　2. 二以上勤務　3. 同一月内の賞与合算（初回支払日：　　日） |

賞与を通貨ではなく現物で支払った場合には賞与支払届の⑦欄に現物の額を記入する。現物での支払いがない場合には「0」円と記入する。

| 6 | ①④※上記「賞与支払年月日（共通）」と同じ場合は、記入不要です。 | ② | ③ | ⑦ |
| | 9.令和　　年　　月　　日 | ⑤ ⑦（通貨）　　円　⑦（現物）　　円 | ⑥（合計⑦+⑦）千円未満は切捨て ,000 円 | ⑧ 1. 70歳以上被用者　2. 二以上勤務　3. 同一月内の賞与合算（初回支払日：　　日） |

| 7 | ①④※上記「賞与支払年月日（共通）」と同じ場合は、記入不要です。 | ② | ③ | ⑦ |
| | 9.令和　　年　　月　　日 | ⑤ ⑦（通貨）　　円　⑦（現物）　　円 | ⑥（合計⑦+⑦）千円未満は切捨て ,000 円 | ⑧ 1. 70歳以上被用者　2. 二以上勤務　3. 同一月内の賞与合算（初回支払日：　　日） |

| 8 | ①④※上記「賞与支払年月日（共通）」と同じ場合は、記入不要です。 | ② | ③ | ⑦ |
| | 9.令和　　年　　月　　日 | ⑤ ⑦（通貨）　　円　⑦（現物）　　円 | ⑥（合計⑦+⑦）千円未満は切捨て ,000 円 | ⑧ 1. 70歳以上被用者　2. 二以上勤務　3. 同一月内の賞与合算（初回支払日：　　日） |

| 9 | ①④※上記「賞与支払年月日（共通）」と同じ場合は、記入不要です。 | ② | ③ | ⑦ |
| | 9.令和　　年　　月　　日 | ⑤ ⑦（通貨）　　円　⑦（現物）　　円 | ⑥（合計⑦+⑦）千円未満は切捨て ,000 円 | ⑧ 1. 70歳以上被用者　2. 二以上勤務　3. 同一月内の賞与合算（初回支払日：　　日） |

| 10 | ①④※上記「賞与支払年月日（共通）」と同じ場合は、記入不要です。 | ② | ③ | ⑦ |
| | 9.令和　　年　　月　　日 | ⑤ ⑦（通貨）　　円　⑦（現物）　　円 | ⑥（合計⑦+⑦）千円未満は切捨て ,000 円 | ⑧ 1. 70歳以上被用者　2. 二以上勤務　3. 同一月内の賞与合算（初回支払日：　　日） |

に賃金を支払わなければなりません（労働基準法23条1項）。就業規則などに規定された退職金も「賃金」に含まれますので、この規定が適用されます。しかし、退職金については、行政通達（役所の解釈で示された法律運用の指針のこと）により、あらかじめ就業規則などに支払時期や分割払いなどの規定がある場合、これに従って支払うことも可能とされています（昭26.12.27基収5483号）。退職金の支払時期は、会社側がある程度引き延ばすこともできるということです。

　だからといって、支払時期を明確に示さないことや、「権利者の請求から1年以内に支払う」といった漠然とした規定を置くことが認められるわけではありません。労働者側から見れば、できるだけ速やかに支払ってもらいたいところですが、6か月程度の猶予は認められているようです。

■ 退職金制度

性　格	①賃金の後払い、②功労報奨、③老後保障
退職金の支払義務	①法令上は退職金の支払義務がない ②就業規則などに退職金制度の規定を置いている場合は退職金の支払義務がある（労使慣行の継続により退職金の支払義務が生じる場合もある）
退職金制度を設ける場合	就業規則で退職金制度を設ける場合には、適用労働者の範囲、決定方法、計算方法、支払方法、支払時期を記載する必要がある
一般的な算出式	退職時の基本給 × 勤続係数（勤続年数など）× α（退職事由係数）
退職所得	（退職金 － 退職所得控除）× 0.5

5 退職金の支払方法と書式

受給権者本人に全額支払うのが原則

退職金を支払わなくてもよい場合とは

就業規則などで明確に規定された退職金は、規定に沿って算出された全額を、受給権者に対して直接支払うのが原則です。労働者には退職金を支払うように請求する権利があり、たとえ使用者側に退職金を支払うための資金がなかったとしても、その権利は消えません。

このように、退職金は安易に減額したり、撤回するようなことはできないものですが、次のような条件をすべて満たす場合には、それが認められることもあります。

① 重大な就業規則違反など特別な事情があった

② 就業規則に退職金の減額や不支給についての要件が明確に記載され、労働者に周知されている

③ 社会通念（社会常識）に照らして、退職金の減額や不支給が容認されるほどの状況にある

退職金を支給しないことが認められるケースとしては重大な懲戒解雇事由がある場合が挙げられます。使用者側にしてみれば、懲戒解雇をするということ自体、労働者側に問題があったということですから、慰労の意味を持つ退職金を支給することに抵抗を感じるかもしれません。就業規則などに「懲戒解雇時は退職金を不支給とする」といった規定を置いている企業も多いでしょう。

ただ、退職金には「賃金の後払い」という性格もあるとされています。このことを考えると、たとえ就業規則などに明記されていても、安易に全額を不支給とすることは認められないというのが判例の見解です。つまり、その懲戒解雇理由が、会社の経営を左右するような背

信行為であった場合や、重大な犯罪にかかわっていた場合など、それまでの労働の実績や会社との信頼関係を完全に損なうようなものでない限りは、退職金の全額不支給には問題があるということになります。

退職事由によって異なる支給係数を決める

退職金を計算するときに、退職事由によって異なる係数をかけるという方式を採用している会社がほとんどです。退職事由は「会社都合」と「自己都合」に区別できます。通常であれば、退職事由はこの2つのどちらであるかがはっきりしているのですが、本人の死亡については会社都合か自己都合かの判断が難しい場合もあります。

そこで、たとえば「業務上の理由または通勤途中に死亡した場合は会社都合、それ以外の私傷病、自殺による死亡は自己都合とする」と規定することも一案です。

この区分は会社の裁量で決めることができますので、方針を定める必要があります。

退職金を減額できる場合とは

一方、退職金を減額できる可能性があるケースとしては、競業避止義務（取締役や支配人など、会社と一定の関係にある者に課す会社の事業と競業する取引を行ってはならないという義務）に違反した場合や、諭旨退職処分（違法行為があった時に、懲戒解雇とするのではなく、本人を諭して依頼退職の形をとる処分のこと）をした場合などがあります。この場合も当然、就業規則などに「どのような場合に退職金を減額するか」ということが明確に規定されていることが条件となります。

会社の製品についての情報や経営上のノウハウなどを熟知している労働者が、同業他社に転職したり、自ら起業するといったことがあると、元の会社が経営上、大きな損害を被る可能性があります。これを

避けるために課せられることがあるのが労働者・会社間の契約に基づく競業避止義務です。労働者には憲法で認められた職業選択の自由の権利がありますから、会社側が一方的な理由で転職先の業種を制限するといったことはできませんし、転職を理由に退職金を減額することにも問題があります。しかし、その転職が会社に重大な損害を与えることが明確である場合に限っては、ある程度退職金を減額することが認められています。

　何度注意しても遅刻や無断欠勤が改善されなかった、強制わいせつや窃盗、暴行などの犯罪行為を行ったなどの事情によって行われる諭旨退職の場合、扱いとしては自主退職になりますので、退職金は支給されるのが一般的です。ただ、その行為によって会社の名誉が著しく傷つけられたり、損害が生じるといったことがある場合、退職金の一部を減額することは可能です。この場合も、就業規則などに「刑法などの法律に違反する行為があった場合、退職金の2割を減額する」というように、明確な規定が置かれていることが条件になります。

支給基準を見直すには

　景気低迷や業績不振、団塊世代の一斉退職などにより、退職金が企業経営の大きな負担になることが増えています。そこで、退職金の支給ができなくなったり、会社の経営が立ち行かなくなるといった事態に陥る前に、退職金制度の見直しを検討しなければなりません。

　ただ、就業規則などで規定されている退職金制度を、会社側が一方的に変更することはできません。特に、受給金額が大幅に減額するような変更の場合、労働者にとっては「労働契約の不利益な変更」になりますから、これを行うためには制度を変更するに足る合理的な理由と、労働者（労働組合）との合意が不可欠になります。どうしても合意が得られない場合は、一度に制度変更するのではなく、段階的に支給額を減らしていくなどの配慮が必要になるでしょう。

また、退職所得は他の所得と分離して所得税額を計算します。

ポイント制退職金制度の導入や中退共との併用

　前述したように退職金の計算方法は、退職時の基本給に勤続年数、年齢、会社でのポストなどを考慮した一定の係数を乗じて算出するという基本給に連動した方法が多いようです。この場合だと、将来的に退職金の原資が多くなり過ぎ、退職金制度自体が破綻してしまう可能性があります。そのため、最近では、基本給に連動する退職金制度から基本給に連動しないポイント制退職金へ切り換える企業もあります。

　ポイント制退職金制度とは、従業員の会社への貢献度をポイント化し、そのポイント数に応じて退職年金や一時金の金額を決定するしくみのことです。退職時の賃金と退職金が直接連動しない点がポイント制退職金制度の特徴です。ポイント制といってもさまざまな種類がありますが、勤続年数や職能資格、役職をポイント化し、そのポイントの累計をポイント単価（１ポイントあたりの退職金のこと）に乗じて退職金を決定します。ポイント単価は5000円、１万円など、各企業が決定できますが、経済情勢、物価変動などに応じて見直すことができるようにしておきましょう。会社都合か自己都合かといった退職事由で差を設ける場合には、さらに退職事由係数を設定して乗じることになります。

　退職金制度については、退職金の支払いが過大な負担にならないようにするために、中小企業退職金共済制度（事業主が掛金を納付し、従業員の退職の際に掛金に応じて独立行政法人勤労者退職金共済機構から退職金が直接支払われる制度）と会社独自の退職金制度を併用することも可能です。中小企業退職金共済制度についての問い合わせ先は「独立行政法人勤労者退職金共済機構」です。

・独立行政法人勤労者退職金共済機構 中小企業退職金共済事業本部
　http://chutaikyo.taisyokukin.go.jp/index.html

このように、退職時の賃金以外を基準として退職金を算出するケースは増えています。

なお、希望退職者を募る際は、会社側から退職金の上積みを提示されることが多いようです。退職金を上積みすることで退職の検討をしてもらいやすいという特長があるからです。

定年年齢を引き上げると、高年齢の従業員が増加することで、企業の年齢構成が不均一になる可能性があります。そのような事態を防ぐために、早期退職制度を導入するという方法があります。早期退職優遇制度では、規程の退職金の２倍近い退職金を出しているケースもあります。通常、退職金に一定の率を掛けた額を元の退職金に上乗せしたり、賃金の一定月分を上乗せしたりします。年齢に応じて上乗せする額を変更するという制度を採用することもできます。たとえば、45歳から50歳までの従業員が退職すれば退職金を30％上積み、50歳から55歳までの従業員が退職すれば退職金を20％上積みするといったような制度を作ります。

■ ポイント制退職金制度の計算式の一例 ....

退職金の金額 ＝ 退職時の ポイントの累計 × ポイントの 単価 × 退職事由 係数

■ 退職所得控除額の計算の表 ....

勤続年数(＝A)	退職所得控除額
20年以下	40万円 × A (80万円に満たない場合には、80万円)
20年超	800万円 ＋ 70万円 × (A - 20年)

Q 退職金規程がある場合、必ず退職金を支給しなければならないのでしょうか。退職金と社内貸付金の相殺は認められるのでしょうか。

A 退職の理由によっては、退職金の不支給条項に基づく退職金の不支給が認められます。たとえば、退職金規程に「懲戒解雇の場合は退職金を不支給とする」との定めがあり、労働者に著しい背信行為があって懲戒解雇をしたケースです。もっとも、懲戒解雇の事由が著しい背信行為とまでは認められない場合には、退職金の不支給が認められないこともあります。また、労働者の職業選択の自由（憲法22条）を不当に奪うものでない限り、競合他社への就職を理由とする退職金の減額条項や没収条項自体は有効とされています。ただ、退職金の減額条項や没収条項については、競合他社への就職をどの程度規制しているのか、規制される競業の態様などによって、実際に行われた退職金の減額や没収が認められるかどうかが判断されます。

労働者が社内貸付制度を利用して退職金を担保に会社からお金を借りているケースでは、労働者と会社との間で金銭消費貸借契約を締結し、貸付金の返済が終了しないうちに退職した場合は、貸付金と退職金を相殺する旨を規定しているのが通常です。社内貸付金には、住宅取得資金や住宅増改築資金、教育資金などがあります。このような規定を相殺予約条項といいます。このような条項も有効ですので、退職金と社内貸付金を相殺した上で、退職金の支払い（または労働者からの社内貸付金の返済）を行うことになります。

しかし、会社が販売促進のために自社商品を買わせたり、強引に自社株式を購入させたりした場合などで、そのために労働者が社内貸付金を利用したケースでは、相殺が認められない可能性もあります。また、違法金利による貸付けなど、貸付契約そのものに法律違反がないようにしなければなりません。

退職金規程

第1条（目的）　従業員就業規則第○章第○条の定める従業員の退職金は、この規程の定めるところによってこれを支給する。ただし、就業規則第○条から第○条までの定めにより懲戒解雇された者および退職後に懲戒解雇に相当する事由が発見された者に対しては、退職金の全部または一部を支給しないことがある。

第2条（手当金の種類）　退職手当金は次の2種類とする。

① 　会社都合退職手当金

② 　自己都合退職手当金

第3条（会社都合退職手当金）　会社都合退職手当金は、満1年以上勤務した従業員が定年・死亡および会社規程により退職し、あるいは会社の都合により解雇されたときにこれを支給する。

第4条（会社都合退職手当金の額）　前条の事由により退職した従業員の退職手当金の額については、退職時の月額基本給相当分（以下「対象月額給与」という）に勤務年数に応じた別表1の率を乗じた額とする。

第5条（自己都合退職手当金）　自己都合退職手当金は、満3年以上勤務した従業員が、自己の都合で退職を申し出て承認のあったときにこれを支給する。

第6条（自己都合退職手当金の額）　前条の事由により退職した従業員の退職手当金の額については、退職時の対象月額給与に勤務年数に応じた別表2の率を乗じた額とする。

第7条（勤続年数の計算）　勤続年数の計算は会社の採用の日より起算し退職の日までとする。なお、試用期間は勤続年数に通算する。

2　会社の都合により休職を命じられた者を除き、休職期間は勤続年数に算入しない。

第8条（端数期間の処理）　勤続期間に1年未満の端数があるときは月割をもって計算し、1か月未満の端数があるときはこれを1か月に繰り上げる。

第9条（退職手当金支給制限）　次の各号のいずれかに該当する者に対しては退職手当金を支給しない。ただし、事情により減額して支給することがある。

① 就業規則に基づき懲戒解雇された者

② 就業規則における所定の手続きをとらずに退職した者

第10条（死亡者の退職手当金）　死亡による退職手当金はこれを遺族に支給する。退職手当金を受ける遺族の順位は、労働基準法施行規則第42条の定める遺族補償順位による。

第11条（支払時期）　退職手当金は、原則として支給事由発生後3か月以内に支給する。ただし、支給に際しては法定の諸控除金を控除する。

附　　　則

1　この規程は令和〇年10月1日に制定し、同日実施する。

2　この規程の主管者は総務部門長とする。

3　この規程を改廃する場合は、「過半数従業員の選出に関する規程」に基づいて選出された従業員の過半数代表者の意見を聴いて行う。

（制定記録）

制定　　令和〇年10月1日

別表

勤続年数	（別表1）会社都合退職	（別表2）自己都合退職	備考
1	0.7	支給せず	
2	1.0	支給せず	
3	1.5	0.7	
4	2.0	1.0	
5	3.0	1.5	
6	3.5	2.0	
7	4.0	2.5	
8	4.5	3.0	
9	6.0	3.5	
10	7.0	4.0	
11	7.5	4.5	
12	8.0	5.0	
13	8.5	5.5	
14	9.0	6.0	
15	9.5	6.5	
16	10.0	7.0	
17	10.5	7.5	
18	12.0	8.0	
19	12.5	8.5	
20	13.0	9.0	
21	13.5	9.5	
22	14.0	10.0	
23	15.0	10.5	
24	15.5	11.0	
25	16.0	11.5	
26	16.5	12.0	
27	17.0	12.5	
28	17.5	13.0	
29	18.5	13.5	
30	20.0	14.0	

勤続年数	（別表1）会社都合退職	（別表2）自己都合退職	備考
31	20.5	15.0	
32	21.0	15.5	
33	21.5	16.0	
34	22.0	16.5	
35	22.5	17.0	
36	23.0	17.5	
37	23.5	18.0	
38	24.0	18.5	
39	25.0	19.0	
40	25.5	20.0	
41	26.0	21.0	
42	26.5	21.5	
43	27.0	22.0	
44	27.5	22.5	
45	28.0	23.0	

（注）第8条に規定する月割をもって計算する例
　　　自己都合退職、勤続年数5年8か月10日の場合：
　　　1.5 ＋（2.0 - 1.5）×（9か月÷12か月）＝1.8（小数点以下第1位未満切捨て）
　　　（10日は1か月未満の端数なので1か月に繰り上げ→5年9か月として計算）

Q 解雇予告手当はどんな場合にどの程度支払えばよいのでしょうか。

A 労働者が会社を退職するケースはさまざまです。労働契約が終了する（解消される）すべての場合を総称して退職といいます。解雇とは、使用者が労働者に対して一方的に行う、労働契約を終了させる旨の意思表示ですが、労働者を解雇する場合、問題となるのが解雇予告手当の支払いです。会社が労働者を解雇する場合、原則として解雇予定日の30日以上前に予告するか、30日分以上の解雇予告手当を支払う必要があります。これに関しては、たとえば、業務の引継ぎなどの関係で15日間は勤務してもらい、残りの15日分は解雇予告手当を支払うといった形も可能です。

解雇予告手当金の計算方法は、まず、解雇通告日を「算定すべき事由の発生した日」として平均賃金を算定します。次に、平均賃金に30日以上の日数を乗じますが、解雇予告期間とした日数分については解雇予告手当金の支払いが不要です（賃金の支払いは必要です）。たとえば、14日前に解雇予告をした場合は、平均賃金の16日（30日－14日）分を解雇予告手当金とすればよいわけです。なお、懲戒解雇の場合や天災等により事業の継続が不可能な場合で、労働基準監督署の認定を得たときは、解雇予告手当金の支払いは不要です。

■ 解雇予告日と解雇予告手当 ··

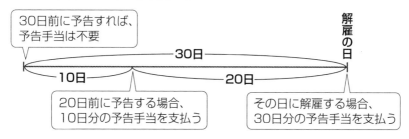

6 取締役の報酬や退職慰労金の決め方と書式

定款または株主総会で決定することになる

取締役の報酬の決め方

報酬とは、職務執行の対価として会社から支給される財産上の利益のことで、金銭以外も含みます。会社法の規定では「報酬、賞与その他の職務執行の対価として株式会社から受ける財産上の利益」のことを「報酬等」と定義していますが、本項目では「報酬」と表現します。この点から、賞与も報酬と同様の規制に服します。

取締役の報酬の決定は、業務執行としての性質をもつため、業務執行機関である取締役会または代表取締役（取締役の中から選定される会社の代表者のこと）が決定できるとも考えられます。しかし、それでは「お手盛り」と言われるように、取締役が好きなように報酬を定めてしまいかねません。そこで、お手盛りの弊害を防止するため、取締役の報酬は定款または株主総会で決定することが必要です。

定款に定めがある場合は、その定めに従います。しかし、定款に定めがない場合は、次の事項を株主総会の決議で定めます。①報酬のうち額が確定しているものについては、その額、②報酬のうち額が確定していないものについては、その具体的な算定方法、③当該会社の募集株式・募集新株予約権（またはそれらの払込みに充当される金銭）については、募集株式・募集新株予約権の数の上限など、④報酬のうち金銭以外のもの（当該会社の募集株式・募集新株予約権を除く）については、その具体的な内容、を定めます。

なお、指名委員会等設置会社では、報酬委員会が、個人別の報酬内容に関する決定方針を定めた上で、その方針に従い取締役の個人別の報酬内容を決定します。

個々の報酬額を定款や株主総会で決定する必要はあるか

　定款や株主総会で取締役個々の報酬額を決定する必要はなく、定款や株主総会では報酬の総額を決定し、取締役個々への配分は取締役会に一任するのが一般的です（上記のとおり、指名委員会等設置会社では報酬委員会が決定します）。株主としては、取締役全員にどの程度の報酬が支給されるのかを知れば、それが会社の業績に対して適当かどうかを判断できるので、総額を決定すればよいとされています。取締役会で決められた配分を株主総会で説明する義務はありません。

　なお、令和3年（2021年）施行の会社法改正により、「監査役会設置会社（公開会社かつ大会社）のうち有価証券報告書の提出義務を負う会社」および「監査等委員会設置会社」においては、原則として、取締役（監査等委員である取締役は除く）の個人別の報酬内容に関する決定方針を取締役会で決定することが義務付けられました。

取締役の報酬を無報酬・減額とすることはできるか

　会社の業績が悪化したとしても、従業員の賃金は、労働基準法などによって受給する権利が守られているため、賃金を受け取れなくなることはありません。しかし、役員の報酬は、会社の業績が悪化した場合に、株主総会の決議などによって、報酬額が減額されたり、場合によっては無報酬とされたりすることもあります。

　しかし、株主総会の決議などによって具体的に確定した取締役の報酬については、その取締役の同意（明示的な同意だけでなく、黙示的な同意も含むとされています）がない限り、原則として、一方的に減額することや無報酬とすることはできません。取締役の報酬が具体的に決められた場合には、その報酬額は、会社と取締役間の契約内容となり、契約当事者である会社と取締役の双方を拘束するからです。

　取締役の報酬を減額・無報酬とする際には、株主総会の決議などによって報酬総額を改定し、取締役会の決議（取締役会を設置していな

い会社の場合は取締役決定書）によって個々の取締役の報酬額を改定するとともに、その同意を得るという手続きが必要です。

取締役の退職慰労金

取締役の退職慰労金は、職務執行の対価に加え、在職中の職務に対する功労金の性質も有し、会社法上の「報酬」に含まれないとも思われます。しかし、取締役会の決議で退職慰労金を決定できると、取締役が不当に高額な退職慰労金を受け取るおそれがあるため、退職慰労金も「報酬」に含まれ、定款または株主総会の決議が必要とされています（指名委員会等設置会社では報酬委員会が定めます）。

取締役の報酬を株主総会の決議で決める場合は、その総額を決めればよいとされています。しかし、退職慰労金は受け取る対象者が何人もいるわけではなく、総額を決めても具体的金額が明らかになることもあります。取締役にもプライバシーはありますから、株主総会では「退任した取締役に対し、当社の役員退職慰労金規程に従って相当額を支払う」と決議し、具体的金額が明らかになるのを避けることが多いようです。ただ、このような決議をするには、具体的な退職慰労金の額の算定基準が退職慰労金規程などで明確に決まっており、かつ、株主がそれを閲覧できる状態になっていなければなりません。

使用人兼務取締役の報酬・退職金

使用人兼務取締役の報酬は、取締役として受ける分については定款または株主総会で決定することが必要です。取締役の報酬の総額を決定する際には、その分を含めておかなければなりせん。これに対し、使用人として受ける分については労働契約上の労働の対価として支払われるものですから、従業員の給与と同様、定款や株主総会で決定する必要はありません。

退職金についても、取締役に支払われるこれまでの職務への慰労の

意味を持つとされる「退職慰労金」は、従業員に支払われる賃金の後払いや退職後の生活保障といった意味を持つとされる「退職金」とは異なるものとされています。使用人兼務取締役は、使用人と取締役の両面を持っているので、その退職時には退職金と退職慰労金を支払う必要がありますから、それぞれの規程に従った給付が行われます。

書式3　取締役・監査役の報酬額を改定する場合の株主総会議案例

　取締役・監査役の報酬に関する事項を定める場合で、報酬を金銭とするときは、①報酬の額が確定しているものは、その額を定め、②報酬の額が確定していないものは、その具体的な算定方法を定めなければなりません。取締役全員・監査役全員の年間総額または月額総額を定めるのが一般的です。なお、確定した取締役の報酬を減額改定する場合は、その対象となる取締役の同意が必要です。

書式4　取締役の報酬額を決定する場合の取締役会議案例

　取締役の報酬は定款または株主総会の決議（普通決議でよい）で定めます。定款で定めると報酬額を変更する際に株主総会の特別決議が必要となるため、実務上は株主総会の普通決議で報酬総額を定めるのが一般的です。報酬総額が株主総会で決定されると、取締役会の決議において、その範囲内で各取締役の具体的な支給額を決定します。取締役会でその決定を代表取締役に一任する決議を行うことも可能です。

　なお、取締役会非設置会社の場合は、株主総会で報酬総額と各取締役への具体的な支給額を決定するか、または各取締役の具体的な支給額については代表取締役に一任すること（代表取締役がいない場合は取締役の協議に一任すること）を決議するのが一般的です。

書式5　取締役の報酬の減額を行う場合の取締役会議案例

　確定した取締役の報酬をその取締役の同意なく一方的に減額することはできません。取締役会の報酬を減額する場合には、「取締役報酬額改定の件」として、減額の対象となる取締役と、減額前・減額後の報酬額を明記するとよいでしょう。

書式6　取締役の報酬を増額する場合の株主総会議案例

　書式1のように、株主総会では、各取締役の報酬まで具体的に決定せず、取締役全体の報酬総額を決定するという方法も可能ですが、本書式のように、各取締役に対する個別の報酬額まで株主総会の決議で決定することも可能です。

書式7、8　退職慰労金の贈呈を決定する株主総会・取締役会議案例

　退職慰労金も職務執行の対価として会社から受ける財産上の利益であり、会社法上の「報酬」に該当しますので、取締役会のみで贈呈を決定することはできず、定款または株主総会で決定することが必要です。書式5のように、退任取締役の勤続年数、担当業務などから算出する会社の一定の基準に従って退職慰労金を贈呈することを、取締役会に一任することは可能です。

書式9　監査役の報酬を決定する場合の監査役会議案例

　監査役の報酬は、定款の定めまたは株主総会の決議により決定された総額の範囲内で、監査役の協議（監査役会設置会社では監査役会の決議）によって定めます（会社法387条2項）。個々の監査役の報酬を取締役会の決議で定めることはできませんので注意してください。

書式10　役員に対する賞与を支給する場合の株主総会議案例

　役員の賞与も、職務執行の対価として会社から受ける財産上の利益であり、会社法上の「報酬」に該当します。したがって、定款または株主総会において支給総額さえ定めておけば、各役員の支給時期や具体的な支給額を、①取締役については取締役会決議（取締役会非設置会社では取締役の協議）、②監査役については監査役の協議（監査役会設置会社では監査役会の決議）、で決定することができます。

　なお、ストックオプションとして役員に付与する新株予約権も「報酬」に該当するため、賞与と同様の手続きが必要です。

書式3　株主総会議案例（取締役・監査役の報酬額の改定）

第○号議案 取締役の報酬額改定の件

　議長は、取締役の報酬額は令和○年○月○日開催の第○期定時株主総会において年額金3500万円以内と承認されているが、その後の経済情勢の変化及び諸般の事情を考慮して、取締役の報酬額を年額金4000万円以内（従来どおり使用人兼務取締役の使用人分の給与は含まない）としたい旨を提案し、その可否を議場に諮ったところ、満場一致をもって承認可決された。

第○号議案 監査役の報酬額改定の件

　議長は、監査役の報酬額は令和○年○月○日開催の第○期定時株主総会において年額金500万円以内と承認されているが、その後の経済情勢の変化及び諸般の事情を考慮して、監査役の報酬額を年額金1000万円以内としたい旨を提案し、その可否を議場に諮ったところ、満場一致をもって承認可決された。

第○号議案 取締役の報酬額決定の件

　議長は、令和○年5月27日開催の第○期定時株主総会におい
て取締役の報酬額を年額2000万円以内とする第○号議案が承認
可決されたことを受けて、本取締役会において具体的な支払額
と支払時期、支払方法について定める必要がある旨の説明をし、
その決定方法を議場に諮ったところ、崎岡円蔵取締役よりすべ
て代表取締役星光男に一任としたい旨の提案があった。

　各取締役への支払額・支払時期・支払方法をすべて代表取締
役星光男に一任とする提案について、議長がその可否を議場に
諮ったところ、全員一致でこの提案に賛成した。議長である星
光男代表取締役は上記の賛成を受けて、別添資料のとおり、各
取締役への支払額と支払時期、支払方法について決定した。

第○号議案 取締役報酬額改定の件

　議長は、令和○年5月27日開催の定時株主総会の決議により
承認を受けた範囲内で、令和○年6月1日以降、各取締役の報
酬月額を下記のとおり減額変更したい旨提案し、その詳細につ
き説明した。

　議長が本議案の賛否を議場に諮ったところ、全員異議なく承
認可決した。

記

1．代表取締役	星光男	月額金130万円 （変更前月額金150万円）
1．取締役	崎岡円蔵	月額金80万円 （変更前月額金90万円）
1．取締役	井田善治	月額金80万円 （変更前月額金90万円）

書式6　株主総会議案例（取締役の報酬の増額）

第○号議案 取締役報酬額改定の件

　議長は、令和○年6月1日以降、経済事情等諸般の事情を考慮して、各取締役の報酬月額を下記のとおり増額変更したい旨を提案し、その詳細につき説明した。

　議長が本議案の賛否を議場に諮ったところ、出席株主は満場一致をもって承認可決した。

記

取締役 甲野一郎 月額金40万円 → 月額金45万円

取締役 乙野二郎 月額金50万円 → 月額金55万円

書式7　株主総会議案例（退職慰労金贈呈の件）

第○号議案 退任取締役に対する退職慰労金贈呈の件

　議長は、本総会終結の時をもって取締役を退任される丙野三郎氏に対し、その在任中の功労に報いるため、当社の役員退職慰労金規程に定める基準に従い、相当額の範囲内で退職慰労金を贈呈したい旨、また、その具体的金額、贈呈の時期、方法等は取締役会一任とされたい旨を述べ、その承認の可否を議場に諮ったところ、出席株主は満場一致をもってこれを承認可決した。

書式8　取締役会議案例（退職慰労金贈呈の件）

第○号議案 退任取締役に対する退職慰労金贈呈の件

　議長は、本日開催の第○期定時株主総会の第○号議案で承認された丁原四郎氏に対する退職慰労金の件については、当社退職慰労金規程に従い下記のとおり贈呈したい旨を述べ、議場に諮ったところ、出席取締役は全員異議なくこれを承認可決した。

記

退職慰労金の額　　金○万円
贈呈時期・方法等　代表取締役星光男に一任する。

書式9　監査役会議案例（監査役の報酬を決定する場合）

第○号議案 監査役の報酬額決定の件

　議長は、令和○年○月○日開催の第○回定時株主総会において監査役の報酬額を年額1000万円以内とする第○号議案が承認可決されたことを受けて、本監査役会において具体的な支払額と支払時期、支払方法について協議する必要がある旨の説明をし、慎重協議した結果、全員一致をもって下記のとおり各監査役への支給額を決定した。

記

1．村田一郎（常勤監査役）	金	100万円
1．鈴木次郎（　同　　）	金	100万円
1．佐藤三郎（社外監査役）	金	80万円
1．丁原四郎（　同　　）	金	80万円
1．戊山五郎（　同　　）	金	80万円

第○号議案 第○期役員賞与支給の件

　議長は、当事業年度末時点の取締役5名及び監査役2名に対し、当事業年度の業績等を勘案して、役員賞与総額金1000万円（取締役分金800万円、監査役分金200万円）を支給したい旨、また各取締役への支給額については取締役会の決議に、各監査役の支給額については監査役の協議に一任とされたい旨を述べ、その承認の可否を議場に諮ったところ、満場一致をもって承認可決された。

●議事録はどんな場合に作成するのか

　会社法は、株主総会などの会議が開催されたとき（開催されたとみなされたときも含む）には、議事録の作成を義務付けています。議事録とは、議事の経過の要領・その結果、場合によっては出席した役員の発言内容などについて記録したものです。

　議事録には、株主総会議事録、取締役会議事録、監査役会議事録などがあります。各議事録には会社法、会社法施行規則で記載しなければならない事項が法定されています。法定記載事項さえ記載していれば、その他の形式は原則として会社の自由です。取締役会を設置せず、監査役もいないという小規模な会社でも、株主総会議事録は作成することになります。

　作成した議事録は会社の役員などが見るだけではありません。商業登記をする際の添付書類になることもあります。また、一定の要件を満たす株主や債権者などが閲覧や謄写（原本の写し）の請求をしてきた場合には、会社は原則としてそれに応じる義務があります。

確定拠出年金（DC）などの新しい年金制度

　確定拠出年金は、基礎年金や厚生年金にプラスして加入する年金制度です。将来、受け取ることのできる年金額は拠出した掛金とその運用収益の合計額によって決まります。たとえば、掛金を定期預金のような安全資産で運用すれば掛金と利息相当分が将来受け取れる年金です。一方、外国債券などリスクを取って掛金を運用すれば、将来受け取る年金は大幅に増えるか、逆に減ってしまう可能性もあります。

　確定拠出年金は事業主が拠出する企業年金と、加入者自身が拠出する個人型年金（iDeCo）の２種類があります。確定拠出年金を実施する企業にとっては、掛金だけを負担すればよく、将来に支給する年金の原資を気にする必要もないため、確定給付企業年金から確定拠出年金へ制度移行するケースも増えています。また、確定拠出年金は60歳になったときに、年金や一時金として受給することができます（原則）。個人型の確定拠出年金に加入できる対象者は、20歳以上のほぼすべての国民です。企業型の確定拠出年金には、実施企業に勤務する従業員が加入できます。企業型確定拠出年金加入者は、規約に定めがなくても、個人型確定拠出年金への同時加入をすることができます。

　ただし、企業型確定拠出年金加入者が個人型確定拠出年金への同時加入をするには、各月の拠出額の上限などの要件があります。

　拠出した掛金は、個人の場合、全額所得控除の対象となり所得税や住民税を抑えることができます。企業においても掛金を全額損金として計上できます。運用益についても非課税となっているため、通常の投資よりも有利になることがあります。給付時に年金として受け取る場合には公的年金等控除、一時金として受け取る場合には退職所得控除が適用されます。

第 5 章

年度更新・年末調整など
社会保険と税金の
事務手続き

1 労働保険と年度更新に関する事務と書式

昨年分の保険料の確定額と今年の予定額はあわせて申告する

事業を単位として適用を受ける

　労働保険は、労働者災害補償保険（労災保険）と雇用保険の総称です。労働保険では、1人でも労働者を使用する事業は、事業主の意思に関係なく、原則として適用事業になります。公的保険として強制的に加入しなければなりません。

　労働保険は「事業」を単位として適用を受けます。事業とは、仕事として反復継続して行われるものすべてを指します。たとえば、本社の他、支社、支店、工場、営業所、出張所などがある会社では、本社だけでなく、支社から出張所に至るまでそれぞれが別々に事業として成立していることになります。そのため、それぞれの事業が個別に労働保険の適用を受けることになるので、必要な手続きについても事業ごとに個別に行います。これが原則です。ただし、支店や営業所において労働保険の手続きを行うことのできる適任者がいないなどの理由がある場合は、本社などの上位の事業所で一括して手続きを行うこともできます。その場合、「継続事業一括申請書」を指定を受けることを希望する事業に係る所轄都道府県労働局長に提出が必要です。

労災保険と雇用保険は普通一緒に取り扱う

　労災保険制度と雇用保険制度についての保険料の申告・納付は、原則として2つの保険が一緒に取り扱われます。このように、雇用保険と労災保険の申告・納付が一緒に行われる事業のことを一元適用事業といい、大部分の事業が一元適用事業に該当します。そのため、一般的には会社などの事業所を設立して1人でも労働者を雇った場合には、

労災保険と雇用保険の両方の保険に同時に加入することになります。

　ただ、労災保険と雇用保険のしくみの違いなどから、①（国を除く）都道府県と市区町村の行う事業、②都道府県に準ずるものと市区町村に準ずるものが行う事業、③東京や横浜などの6大港における港湾運送関係の事業、④農林水産などの事業、⑤建設の事業については、個別の保険関係として取り扱われます。これを二元適用事業といいます。

年度更新と申告書の作成

　労働保険の保険料は、毎年7月10日までに1年分を概算で計算して申告・納付し、翌年度の7月10日までに確定申告の上、精算する方法をとっています。会社は、前年度の確定保険料と当年度の概算保険料を一緒に申告・納付することになります。この手続きが年度更新です。一般の会社は、労働保険料（労災保険分・雇用保険分）の徴収事務が一体として取り扱われており、労働基準監督署が窓口になります。

書式1　労働保険概算・確定保険料申告書（151ページ）／書式2 確定保険料算定基礎賃金集計表（152ページ）

　事業主が毎年6月1日から7月10日までの間に手続きを行います。前年度の確定保険料と当年度の概算保険料を「労働保険概算・確定保険料申告書」に記載し、併せて申告・納付します。

　労働保険料は、社員に支払う賃金の総額に保険料率（労災保険率＋雇用保険率）を乗じて算出された額です。

　賃金の総額については、「確定保険料算定基礎賃金集計表」を作成の上、保険料申告書の確定保険料算定内訳欄の労災保険分と雇用保険分の算定基礎額欄にそれぞれ転記します。概算・増加概算保険料算定内訳の算定基礎額欄については、賃金総額の見込額を記入することになります。見込額が前年度の賃金総額（確定保険料の算定基礎額）の50%以上200%以下である場合は、前年度の賃金総額（確定保険料の算定基礎額）と同じ額を転記することになります。

保険料率は業種によって異なります。労災保険についてはかなり細かく分類されています。一方、雇用保険については、一般の事業、農林水産・清酒製造の事業、建設の事業に大別されています。また、確定保険料を計算する際には、石綿による健康被害の救済給付の支給にあてるために、一般拠出金をすべての事業主が公平に負担します。

　なお、年度当初に年度更新を行った場合、条件がそろえば、保険料を分割して納付することができます（延納）。概算保険料額が40万円（労災保険または雇用保険のどちらか一方の保険関係だけ成立している場合は20万円）以上の場合、または労働保険事務組合（事業主の委託を受けて、労働保険の事務を代行する中小事業主などの団体のこと）に労働保険事務の事務処理を委託している場合には、労働保険料を3回に分納できます。

■ 労働保険料の延納の納期限

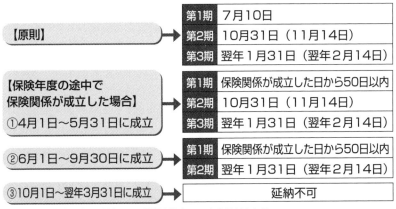

【原則】	第1期	7月10日
	第2期	10月31日（11月14日）
	第3期	翌年1月31日（翌年2月14日）

【保険年度の途中で保険関係が成立した場合】①4月1日〜5月31日に成立	第1期	保険関係が成立した日から50日以内
	第2期	10月31日（11月14日）
	第3期	翌年1月31日（翌年2月14日）

| ②6月1日〜9月30日に成立 | 第1期 | 保険関係が成立した日から50日以内 |
| | 第2期 | 翌年1月31日（翌年2月14日） |

| ③10月1日〜翌年3月31日に成立 | 延納不可 |

※労働保険事務組合に委託している場合はカッコ内の日付となる

書式1　労働保険概算・確定保険料申告書

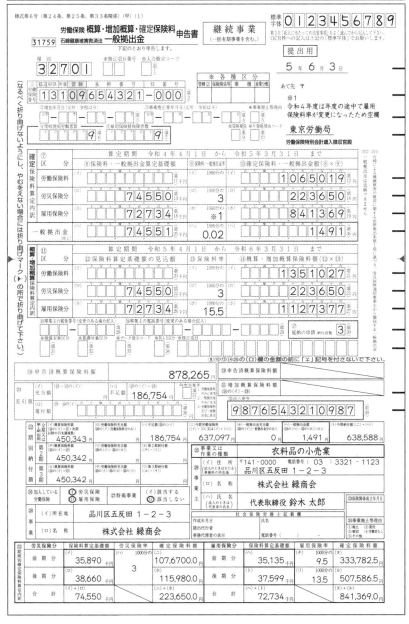

様式第6号（第24条、第25条、第33条関係）（甲）（1）

労働保険 概算・増加概算・確定保険料 申告書
石綿健康被害救済法 一般拠出金
31759

継続事業（一括有期事業を含む。）

提出用　5 年 6 月 3 日

令和4年度は年度の途中で雇用保険料率が変更になったため空欄

東京労働局

⑧申告済概算保険料額　878,265 円

⑳差引額　充当額　不足額 186,754 円

② 衣料品の小売業

事業又は作業の種類　衣料品の小売業

（イ）住所　〒141-0000　電話番号（03）3321-1123　品川区五反田1-2-3

（ロ）名称　株式会社 緑商会

（ハ）氏名　代表取締役 鈴木 太郎

⑳加入している労働保険　労災保険　雇用保険

㉒事業（イ）所在地　品川区五反田1-2-3

（ロ）名称　株式会社 緑商会

㉒期別納付額　第1期 450,343 円　第2期 450,342 円　第3期 450,342 円

186,754 / 637,097 / 0 / 1,491 / 638,588

	労災保険分	保険料算定基礎額	労災保険率	確定保険料額	雇用保険分	保険料算定基礎額	雇用保険率	確定保険料額
前期分		35,890 千円	3	107,6700.0 円	前期分	35,135 千円	9.5	333,782.5 円
後期分		38,660 千円		115,980.0 円	後期分	37,599 千円	13.5	507,586.5 円
合計		74,550 千円		223,650.0 円	合計	72,734 千円		841,369.0 円

令和4年度　確定保険料・一般拠出金算定基礎賃金集計表／令和4年度　確定保険料算定内訳

労働保険番号　1 3 1 0 9 6 5 4 3 2 1 0 0 0

事業所の所在地　東京都新宿区五反田1-2-3
名称　株式会社 緑商会
電話番号　03-3321-1123
事業の種類　衣料品日用品の小売業

（1）労災保険分

		令和4年4月1日〜令和4年9月30日（前期分）	令和4年10月1日〜令和5年3月31日（後期分）	合計

年度更新の計算をしてみる

労働保険料の精算手続きをする

労働保険料を計算する

　ここでは、労災保険と雇用保険の保険料について、計算式を確認しておきましょう。令和4年度の概算保険料と確定保険料は令和4年度の料率、令和5年度の概算保険料については、令和5年度の料率を使用しています。労災保険の保険料は次の算式で算出します。

　　全労働者の賃金総額の見込額×労災保険率

　また、雇用保険の保険料は、以下の算式で算出します。

　　全労働者の賃金総額の見込み額×雇用保険率

　以下で、「株式会社ささき商事」についての労働保険料の設例を基に計算してみましょう。

令和4年度の概算保険料の計算

　まず、大前提になりますが、ここでは令和4年度に納付した保険料を確認してみましょう。不動産業の労災保険率は、令和4年度は1000分の2.5でした。雇用保険料率については、不動産業の事業区分は「一般の事業」ですから、一般の事業の料率を使用します。令和4年度の保険料を計算するにあたっては、令和5年度の料率ではなく、令和4年度の料率を使用します。令和4年度の一般の事業の雇用保険料率は年度途中で保険料率が変更されているため、令和4年4月1日から令和4年9月30日まで（前期）は1000分の9.5、令和4年10月1日から令和5年3月31日まで（後期）は1000分の13.5を使用します。2期に分けて計算するため、賃金総額は2で割ります（設例では令和4年度見込額29,820千円÷2＝14,910千円）。

① **労災保険の保険料**

29,820千円 ×（2.5 ／ 1000）＝ 74,550円

② **雇用保険の保険料**

前期分（令和4年4月1日～令和4年9月30日）14,910千円 ×

（9.5 ／ 1000）＝ 141,645円

後期分（令和4年10月1日～令和5年3月31日）14,910千円 ×

（13.5 ／ 1000）＝ 201,285円

前期分141,645円 ＋ 後期分201,285円 ＝ 342,930円

③ **令和4年分の概算保険料額**

①74,550円 ＋ ②342,930円 ＝ 417,480円

　したがって、株式会社ささき商事は令和4年度分の概算保険料として、令和4年中に417,480円を納めたはずです。

令和4年度の確定保険料の計算

　次に令和4年度実績額をもとに令和4年度の確定した保険料額を計算します。確定保険料納付時には、概算保険料納付時と異なり、石綿健康被害救済法に基づく一般拠出金の納付が必要です。一般拠出金とは、平成19年度から始まった石綿健康被害救済のために負担する費用のことで、労災保険が適用される全事業主が対象となります。確定保険料納付時に納付するもので、概算保険料納付時には納付しません。なお、一般拠出金率は平成26年度からは1000分の0.02になっています。

① **労災保険の保険料**

33,820千円 ×（2.5 ／ 1000）＝ 84,550円

② **雇用保険の保険料**

雇用保険の保険料からは、対象外の臨時労働者分を除いて算定します。

前期分（令和4年4月1日～令和4年9月30日）16,910千円 ×

（9.5 ／ 1,000）＝ 160,645円

後期分（令和4年10月1日～令和5年3月31日）16,910千円 ×

$(13.5 ／ 1,000) ＝ 228,285円$

前期分160,645円＋後期分228,285円＝388,930円

③　**令和４年分の確定保険料額**

①84,550円＋②388,930円＝473,480円

④　**一般拠出金**

$33,820千円 × (0.02 ／ 1,000) ＝ 676円$

令和５年度の概算保険料の計算

　続いて翌年、つまり令和５年度の概算保険料を計算します。令和５年度の概算保険料については、１年間に使用する労働者に支払う賃金総額の見込額を基に計算します。ただし、年度更新では、申告年度の賃金総額の見込額が前年度の賃金総額の100分の50以上100分の200以下、要するに半分以上２倍以下の場合には、前年度の賃金総額をそのまま申告年度の賃金総額の見込額として使用することになっています。

　株式会社ささき商事の令和５年度の賃金総額見込額である「33,820千円」は、令和４年度の確定賃金総額である「33,820千円」の100分の50以上100分の200以下ですから、令和４年度の実績賃金総額を基礎として、令和５年度の概算保険料を計算することになります。令和５年度の料率（不動産業の労災保険率は1000分の2.5、一般の事業についての雇用保険料率は1000分の15.5を使用します。

①　**労災保険の保険料**

■ 設例（株式会社ささき商事についての労働保険料）‥‥‥‥‥‥

株式会社ささき商事（不動産業、従業員数30人）の令和４年と
令和５年の賃金総額は以下のとおり。

令和４年度見込額：29,820千円　　令和４年度実績額：33,820千円
令和５年度見込額：33,820千円

33,820千円 ×（2.5 ／ 1,000）＝ 84,550円

② **雇用保険の保険料**

33,820千円 ×（15.5 ／ 1,000）＝ 524,210円

③ **令和5年分の概算保険料額**

①84,550円 ＋ ②524,210円 ＝ 608,760円

■ それぞれの回の納付額を計算する

令和4年度の概算保険料として納付した額は417,480円ですから、確定した令和4年度の保険料額（確定保険料）473,480に対して、56,000円不足しています。この不足額に一般拠出金676円を足した56,676円を、令和5年度の概算保険料の第1期納期限（7月10日）までに納付することになります。

また、令和5年度の概算保険料については、一括納付が原則ですが、株式会社ささき商事は50人以下の不動産業者（中小事業主）ですから、労働保険事務組合に労働保険の事務処理を委託することで、保険料の額に関係なく、労働保険料を3回に分割して納付することができます（設例の場合は令和5年分の概算保険料608,760円 ÷ 3 ＝ 202,920円）。その場合の分納額は、第1期259,596円（202,920円 ＋ 56,000円 ＋ 676円、納期限7月10日）、第2期202,920円（納期限11月14日）、第3期202,920円（納期限翌年2月14日）となります（3では割り切れない場合は、1円未満の端数は第1期に納付することになります）。

労働保険事務組合に事務処理を委託した場合は、第2期と第3期の納期限が14日間延長されます。また、労働保険料の納付と併せて事務組合への事務手数料の支払いも別途必要になります。

なお、納めるべき概算保険料の額が40万円以上（労災保険または雇用保険のどちらか一方の保険関係が成立している場合は20万円以上）の場合は、労働保険事務組合に労働保険の事務処理を委託していなくても、労働保険料を分割して納付することができます。

3 社会保険と社会保険料の決定方法について知っておこう

昇給にあわせて標準報酬月額を改定する

健康保険と厚生年金保険の手続きは一緒に行われる

社会保険の実務では、通常、労働者災害補償保険（労災保険）と雇用保険を労働保険と呼び、健康保険、厚生年金保険、介護保険などのことを社会保険と呼びます。

健康保険と厚生年金保険は、給付の目的や内容が異なりますが、適用事業所など多くの部分で共通点があることから、健康保険と厚生年金保険は一般的に同時にセットで加入します。

社会保険の適用事業所は、強制適用事業所と、任意適用事業所の2つに分類することができます。強制的に社会保険が適用される事業所を強制適用事業所といいます。会社などの法人の場合は、事業の種類に関係なく社長1人だけの会社でも、社会保険に加入しなければなりません。健康保険の適用事業所と厚生年金保険の適用事業所は原則として同じですが、被保険者の年齢の上限について、75歳になるまで加入できる健康保険と異なり、厚生年金保険の被保険者は70歳未満の者とされています。つまり、70歳以上の者が適用事業所に勤務していた場合、その人は、健康保険については被保険者になりますが、厚生年金保険については被保険者としては扱われません。

ただし、70歳になっても年金の受給資格期間（10年）を満たさず、年金を受給できない場合には、70歳以降も引き続き厚生年金に加入できる「高齢任意加入」という制度を利用することができます。

社会保険の被保険者

適用事業所に常勤で使用される労働者は、原則としてすべて被保険

者となります。役職や地位は関係ありません。

　代表者や役員も法人に使用されるものとして被保険者になります。また、会社についてはどのような会社であっても社会保険の強制適用事業所となるため、社長１人だけの会社であっても健康保険に加入しなければなりません。一方、個人事業者（任意適用事業所）の場合、従業員のみが被保険者となり、事業主は被保険者にはなれず、同居の親族も原則として被保険者にはなれないため注意が必要です。

┃ パートやアルバイトに対する社会保険の適用

　パートタイマーやアルバイトなどの労働者は、１週間の所定労働時間及び１か月の所定労働日数が同じ事業所で同様の業務をする正規の社員の４分の３以上であるパートタイマーやアルバイトは被保険者となります。また、この基準以下であっても、次の５要件をすべて満たす場合は、被保険者になります。

① 　週の所定労働時間が20時間以上あること
② 　雇用期間が２か月を超えて見込まれること
③ 　賃金の月額が8.8万円以上であること
④ 　昼間部学生でないこと
⑤ 　常時101人以上（令和６年10月からは51人以上）の企業（特定適用事業所）に勤めていること

　ただし、⑤については、下記に該当する被保険者が常時100人（令和６年10月からは50人）以下の企業でも社会保険に加入することが可能です。

ⓐ 　労使合意に基づき申出をする法人・個人の事業所
ⓑ 　国・地方公共団体に属する事業所

┃ 標準報酬月額の見直しを図る手続きがある

　会社などの多くの事業所では、４月から従業員の給与を昇給させる

のが一般的になっています。昇給があった場合、今まで徴収していた社会保険料（健康（介護）保険・厚生年金保険の保険料）の額（標準報酬月額）が改定された給与の額に見合わないものになってしまいます。そこで、昇給により給与額が改定されることに併せて、標準報酬月額も見直しを図ることになっています。

　社会保険は、被保険者の標準報酬月額に保険料率を乗じて算出します。標準報酬月額とは、給与額をいくつかの報酬枠に区分したものです。標準報酬月額の決め方には、以下の３つの方法があります。

① **資格取得時決定**

　事業所で新規採用した労働者や新たに社会保険の被保険者となることになった労働者について、給与から控除する社会保険料を決定するための方法です。給与の支給実績がないので、労働契約などで決められた給与額に残業代の見込額などを加えた額によって決定します。

② **定時決定**

　事業所に７月１日時点で在籍している被保険者を対象に４月～６月の３か月間に支払われた給与額により決定する方法です。

　定時決定は法律上、７月１日～10日までに届け出ることとされています。届け出る書類は、「健康保険・厚生年金保険被保険者標準報酬月額算定基礎届」（一般的には「算定基礎届」と略して呼ばれます）です。

■ **適用事業** ···

適用事業

①**強制適用事業所**
　⇒ 法人の場合、１人でも従業員がいれば
　　 社会保険に加入する

②**任意適用事業所**
　⇒ 被保険者となることができる従業員の
　　 ２分の１以上の同意を得て、年金事務所に
　　 加入申請を行う

６月１日から７月１日までに被保険者資格を取得した労働者については、採用時に決定した標準報酬月額を固定的賃金の変更がなければ翌年の定時決定まで使用するため、定時決定の対象から外します。また、後述する③の随時改定によって、７月〜９月の間に標準報酬月額の変更が予定されている労働者についても定時決定の対象とはなりません。なお、病気などで長期間休職している場合のように、４月〜６月の３か月間に給与支払基礎日数（給与計算の対象となる日数のこと）がなかった労働者については、従前（前年）の標準報酬月額を基に保険者（協会けんぽ、日本年金機構など）が算定する額を適用しますが、通常の場合、従前（前年）と同額になります。

　算定基礎届に関するケースごとの記載例と書式の作成ポイントについては後述します（第７章、216ページ以下）。

③　随時改定

　年の途中で固定的賃金が変更し、給与額が大幅に変動した場合に行う改定方法です。固定的賃金の変更などが行われた月以降の３か月間の平均給与額による標準報酬月額が、それまでの標準報酬月額と比べて２等級以上の差が生じた場合に随時改定を行います（随時改定の際、届出を行う健康保険厚生年金保険被保険者報酬月額変更届の記載例については、228ページ参照）。

　なお、固定的賃金の変更とは、昇給または減給、賃金体系の変更（日給制から月給制にかわった、役付手当などの手当が新たに支給されることになった）などのことをいいます。

■ **保険料の決定方法** ・・・・・・・・・・・・・・・・・・・・・・・・・・・・・・・・・・・

保険料の
決定
- ①　資格取得時決定
- ②　定時決定
- ③　随時改定

給与所得にかかる税金について知っておこう

一定の控除が認められている

給与所得とは

給与所得とは、給料、賃金、歳費、賞与およびこれらの性質を有する給与のことです。ただし、支給額そのものではなく、その年の給与等の収入金額から「給与所得控除額」を控除した金額がこれにあたります。なお、特定支出の額が給与所得控除額を超える場合には、確定申告により、その超える部分の金額を控除することができます。

給与所得は、事業所得などのように必要経費を差し引くことはできません。しかし、必要経費に見合うものとして一定の「給与所得控除額」を給与等の収入金額から差し引くことができます。この給与所得控除額は、会社員の必要経費としての意味合いをもっているもので、給与等の収入金額に応じて控除額が決まっています。自営業者が実際に使った金額により必要経費を算定する一方で、会社員の必要経費は概算で計算した給与所得控除額になります。給与等の収入金額が55万円までは給与等の全額が給与所得控除額になり、課税されません。給与等の収入金額が55万円を超える場合、その収入金額に応じて給与所得控除額も段階的に増えていくしくみになっています。

超過累進税率による総合課税

給与所得の金額は、他の所得と総合して総所得金額を構成し、超過累進税率により総合課税（合算の対象となる所得を総合した上で税額を計算・納税する課税方式）されます。また、会社員は、勤務先において年末調整で毎月天引きされた所得税が精算されますので、原則として所得税の確定申告は必要ありません。

会社員の確定申告と所得控除

　会社員の場合、給与所得控除以外にも一定の必要経費について、収入から控除することが認められています。

　給与所得者自身が支出した経費のうち、会社などによって証明された一定のものを特定支出といいます。この特定支出をした場合において、それぞれの特定支出額の合計額が給与所得控除額の2分の1の金額（「特定支出控除額の適用判定の基準となる金額」。以下「適用判定の基準」といいます）を超えるときは、確定申告により、その超える部分の金額をさらに給与等の収入金額から控除できるという制度です。

　特定支出とは、①通勤費、②転居費、③研修費、④帰宅旅費、⑤資格取得費、⑥勤務必要経費などをいいます。これらは仕事を継続していく上で必要とされる経費です。なお、⑥の勤務必要経費の上限は65万円とされています。具体的には、仕事のために購入した図書費、作業着などの衣服費、贈答品や飲食代などの交際費などが該当します。

　会社員の場合は年末調整で税金対応を終わらせることが多いため、一般的には知名度の低い制度かもしれません。

■ 給与所得控除額 ･･

給与等の収入金額 （給与所得の源泉徴収票の支払金額）	給与所得控除額
1,625,000円まで	550,000円
1,625,001円から 1,800,000円まで	収入金額 × 40% − 100,000円
1,800,001円から 3,600,000円まで	収入金額 × 30% + 80,000円
3,600,001円から 6,600,000円まで	収入金額 × 20% + 440,000円
6,600,001円から 8,500,000円まで	収入金額 × 10% + 1,100,000円
8,500,001円以上	1,950,000円（上限）

5 所得税・住民税の源泉徴収事務と書式

給与や賞与の支払いごとに所得税を差し引くことになる

所得税の源泉徴収とは何か

労働者が会社などで働いて得たお金（給与所得）には税金が課されます。この税金が所得税です。

給与所得については会社などの事業所が労働者に給与や賞与を支払うごとに所得税を徴収し、国に納付します（源泉徴収制度）。このあらかじめ天引きされた所得税のことを源泉所得税といいます。また、源泉徴収をする者を源泉徴収義務者といいます。

所得税は1年間（暦年、1月1日〜12月31日）に得た所得に対して課される税金ですから、給与や賞与の支払いのつど源泉徴収した所得税は、あくまでも概算にすぎません。そこで、概算で徴収した所得税について、1年が終わってその年の給与所得が確定した時点で精算する必要があります。この精算手続きが年末調整です。

源泉徴収した所得税の納付

所得税の源泉徴収税額（源泉所得税とも呼ばれます）は、原則として給与を支給した日（源泉徴収をした日）の翌月10日までに納めます。この納付期限は特例があり、この場合は1月分から6月分を7月10日まで、7月分から12月分を翌年の1月20日までに納付することになります。納付は税務署などで行います。源泉所得税の納付期限の特例を受けるためには、従業員が常時10人未満の事業所であって、「源泉所得税の納期の特例の承認に関する申請書」を税務署長に提出する必要があります。

源泉徴収税額は以下の式によって算出します。

給与支給総額−非課税額−社会保険料等＝課税対象額

「非課税額」とは、たとえば給与支給総額の中に含まれている通勤手当などのように、所得税が課税されない支給額のことです。

社会保険料等を算出するためにはあらかじめ「扶養控除等（異動）申告書」を社員に提出してもらい、扶養控除や配偶者控除、障害者控除等の有無などを確認しなければなりません。課税対象額が算出された後に「給与所得の源泉徴収税額表」に照らし合わせて源泉徴収税額を出します。

徴収した住民税の納付

住民税も所得税と同様で、会社員の場合は会社が給与を支払う時点で源泉徴収することが定められています。会社員などの給与所得者の場合、一般的に特別徴収によって住民税が徴収されることになります。

住民税は、原則として給与を支給した日（源泉徴収をした日）の翌月10日までに納付します。特例のある場合（従業員が常時10人未満の事業所で、「納期の特例申請書」を各市区町村に提出している場合）は、6月分から11月分を12月10日までに、また12月分から翌年の5月分を翌年6月10日までに納めることになります。会社が提出した「給与支払報告書」や個人が税務署に提出した「確定申告書」に基づいて、各市区町村が住民税額を算出し、それを記載した「特別徴収税額の通知書」を会社に送付することになっています。特別徴収税額の通知書に記載の月割額が毎月の給与から源泉徴収される額になります。

源泉徴収事務で使用する書式

源泉所得税の納付の際、作成するのが「給与所得・退職所得等の所得税徴収高計算書」です。また、源泉徴収税額の計算と記録のために、「源泉徴収簿」を作成します。

書式3　給与所得・退職所得等の所得税徴収高計算書（167ページ）

この計算書により、その月の給与等の支払年月日、人員（人数）、

支給額、税額などを税務署に報告します。

　源泉徴収された所得税の金額は、あくまで概算であり、1年が終わってその年の給与所得が確定した時点で精算する必要があります。この手続きが年末調整です。年末調整による不足税額や超過税額がある場合には、算出税額から「年末調整による不足税額」または「年末調整による超過税額」を加減算して納付税額を計算します。

　作成した計算書は、納付書の役割を兼ねており、納付金額と併せて金融機関の窓口などへ提出します。納めるべき税額がない場合も所轄の税務署へ提出します。用紙は3枚一組の複写になっており、提出先から3枚目の「領収済通知書」に領収日の受領印が押印されたものを受け取りますので、給与関係の書類と一緒に保管しておきましょう。

　常時使用する労働者が10人未満という要件を満たす小規模事業所については、源泉所得税の納付を年2回にまとめて行うこと（納期の特例）ができます。この特例を受けている事業者は1月1日から6月30日までの間に労働者から預かった源泉所得税を7月10日までに納付しなければなりません。7月1日から12月31日までの間に預かる源泉所

■ 所得税・住民税の納付 ……………………………………………

会社

税務署

源泉徴収

①源泉所得税額の算出　②納付

所得税
翌月10日までに
納付

給与↓

①給与支払報告書　②特別徴収税額の
通知書

住民税
翌月10日までに
納付

会社員　③納付

得税は翌年1月20日までに納付することになります。一般分と納期特例分では、使用する様式が異なり、納期等の区分と支払い年月を記入する欄が異なります。

　なお、「給与所得・退職所得等の所得税徴収高計算書」の「等」とは、弁護士や税理士などへ支払う報酬も含まれています。つまり、報酬を支払った際に預かった源泉所得税も、給与や退職金に関する源泉所得税と合わせてこの計算書に記載して、上記の期限までに源泉所得税を納付することになります。

書式4　給与所得・退職所得に対する源泉徴収簿（168ページ）

　源泉徴収税額の計算と記録のために、「源泉徴収簿」を作成します。給与計算を行う都度、この源泉徴収簿に支給日、支給額、社会保険料等の額、源泉所得税の額を記入します。源泉徴収簿は、国税庁のホームページから給与所得や退職所得に関するフォーマットをダウンロードして作成することができますが、必要事項が記載されているのであれば、オリジナルの給与台帳を利用してもかまいません。年度の途中で採用した社員の分についても、忘れずに作成しておくようにしましょう。

　源泉徴収簿は、税務調査などで提出を求められた場合に備えて保管しておくもので、通常はどこかへ提出する必要はありません。

　源泉徴収する税額についてですが、社員から「給与所得者の扶養控除等（異動）申告書」が提出されている場合は甲欄、提出されていない場合は乙欄となり、両者では税額が異なります。ただし、乙欄が適用されるのは2か所以上の勤め先をもつ人の場合であるため、通常のフルタイムでの雇用であれば甲欄の適用となります。

書式3　給与所得・退職所得等の所得税徴収高計算書（一般分）

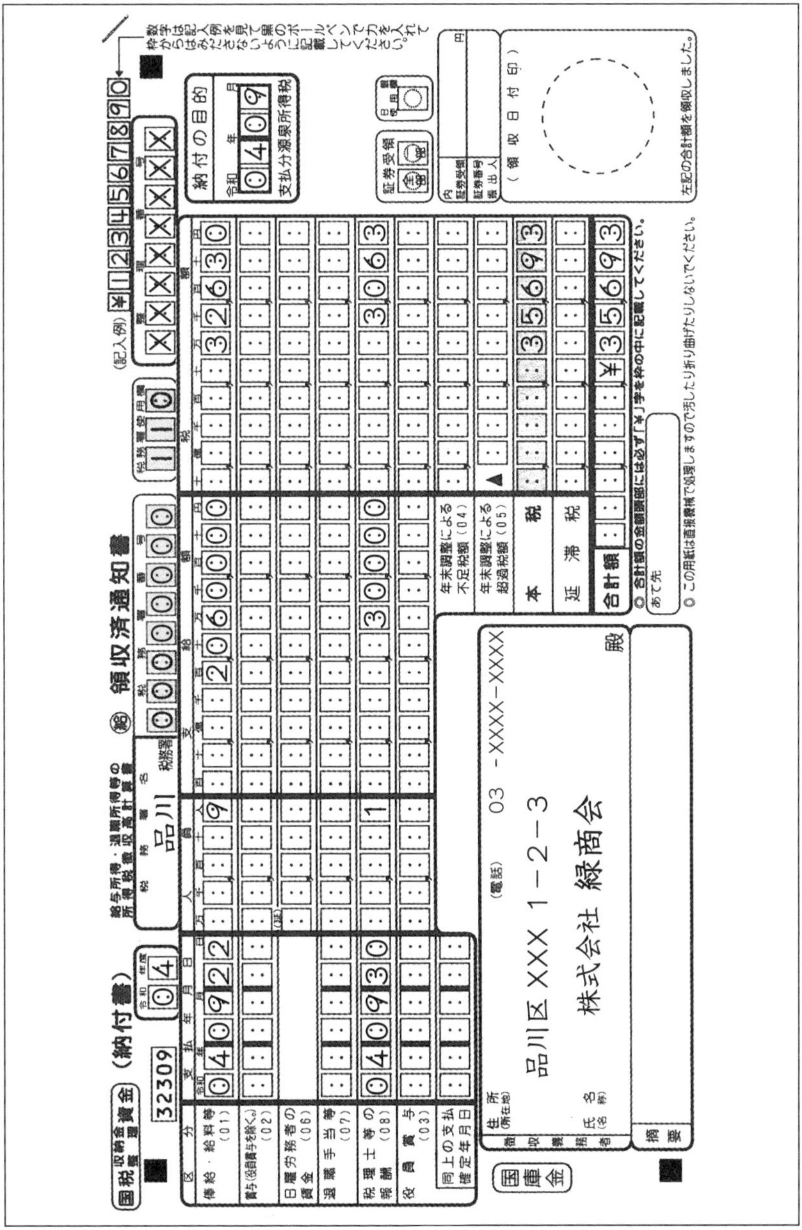

国税 収納金整理資金 （納付書）　給与所得・退職所得等の所得税徴収高計算書　㊗ 領収済通知書

(記入例) ¥1234567890 ← 数字は記入例を見て黒のボールペンで力を入れて枠からはみださないように記載してください。

32309　令和 年度 04　税務署名 品川 税務署　税務署番号 00000000　税務署使用欄 110　整理番号 XXXXXXXX

区分	支払年月日	人員	支給額	税額
俸給・給料等 (01)	04 09 22	9	2060000	32630
賞与(役員賞与を除く。) (02)				
日雇労務者の賃金 (06)		(延)		
退職手当等 (07)				
税理士等の報酬 (08)	04 09 30	1	30000	3063
役員賞与 (03)				
同上の支払確定年月日				
年末調整による不足税額 (04)				
年末調整による超過税額 (05)				▲
本税				35693
延滞税				
合計額				¥35693

納付の目的　令和 04 年 09 月　支払分源泉所得税

証券受領　日銀使用欄

内 証券受領 円　証券番号 振出人

（領収日付印）　左記の合計額を領収しました。

国庫金　徴収義務者　住所(所在地) 品川区XXX 1－2－3　(電話) 03 -XXXX－XXXX　氏名(名称) 株式会社 緑商会 殿

摘要

◎ 合計額の金額頭部には必ず「¥」字を枠の中に記載してください。

あて先

◎ この用紙は直接機械で処理しますので汚したり折り曲げたりしないでください。

書式4　給与所得・退職所得に対する源泉徴収簿

令和4年分　給与所得・退職所得に対する源泉徴収簿

| 所属 | 経理課 | 職名 | 経理職員 | 住所 | 東京都新宿区XXXX2-4-5（郵便番号162-XXXX） | 氏名 | 春山　一郎（フリガナ　ハルヤマ　イチロウ） | （生年月日　平成6年5月12日） | 整理番号 07 |

給料・手当等

月区分	支給月日	総支給金額	社会保険料等の控除額	社会保険料等控除後の給与等の金額	扶養親族等の数	算出税額	年末調整による過不足税額	差引徴収税額
1	1・25	250,000	36,467	213,533	1人	3,640		3,640
2	2・25	250,000	36,467	213,533	1	3,640		3,640
3	3・25	250,000	36,467	213,533	1	3,640		3,640
4	4・25	250,000	36,467	213,533	1	3,640		3,640
5	5・25	250,000	36,467	213,533	1	3,640		3,640
6	6・24	250,000	36,467	213,533	1	3,640		3,640
7	7・25	250,000	36,467	213,533	1	3,640		3,640
8	8・25	250,000	36,467	213,533	1	3,640		3,640
9								
10								
11								
12								
計		①	②	③				

賞与等

区分	支給月日	総支給金額	社会保険料等の控除額	社会保険料等控除後の給与等の金額	扶養親族等の数	算出税額（税率）	差引徴収税額
	7・8	250,000	21,400	228,600	1人	4,668（税率2042%）	4,668
計		④	⑤	⑥			

年末調整

区分	金額		税額
給料・手当等	計①		
賞与等	計④		②
計			
給与所得控除後の給与等の金額	①		
所得金額調整控除の額	④		
給与所得控除後の給与等の金額（調整控除後）	⑦		
社会保険料等の控除分	申告による社会保険料の控除分	⑩	
	給与等からの控除分（②＋⑤）	⑨	
小規模企業共済等掛金の控除分	⑪		
生命保険料の控除額	⑫		
地震保険料の控除額	⑬		
配偶者（特別）控除額	⑭		
扶養控除額、基礎控除額及び障害者等の控除額の合計額	⑮		
所得控除額の合計額（⑩＋⑪＋⑫＋⑬＋⑭＋⑮＋⑯）	⑰		
差引課税給与所得金額（⑦－⑰）及び算出所得税額	⑱		
（特定増改築等）住宅借入金等特別控除額	⑲		
年調所得税額（⑱－⑲、マイナスの場合は0）	⑳		
年調年税額（⑳×102.1％）（100円未満切捨て）	㉑		
差引超過額又は不足額（㉑－⑧）	㉒		
超過額の精算	本年最後の給与から徴収する税額に充当する金額	㉓	
	未払給与に係る未徴収の税額に充当する金額	㉔	
	差引還付する金額	㉕	
	同上のうち本年中に還付する金額	㉖	
	うち翌年において還付する金額	㉗	
不足額の精算	本年最後の給与から徴収する金額	㉘	
	翌年に繰り越して徴収する金額	㉙	

（差引超過額又は不足額）
①社会保険料等控除後の給与等の金額：③3,640
④社会保険料等控除後の給与等の金額：⑥

6 賞与の支払いに関する事務

賞与の支給額に保険料率を掛けて保険料を算出する

賞与の支給額で保険料が変動する

　賞与からも社会保険料が徴収されるため、従業員に賞与を支払った場合には、事業主は届け出る必要があります。健康保険料、厚生年金保険料は、標準賞与額に保険料率を乗じて算出した額になります。標準賞与額とは、実際に支給された賞与額から千円未満の部分の金額を切り捨てた額です。標準賞与額は賞与が支給されるごとに決定されます。保険料は、事業主と被保険者が折半で負担します。

書式5　健康保険厚生年金保険被保険者賞与支払届

　賞与支払日から5日以内に事業者が、「健康保険厚生年金保険被保険者賞与支払届」を管轄の年金事務所に届け出ます。標準賞与額には上限が決められており、健康保険については年額累計573万円（毎年4月1日〜翌年3月31日の累計）、厚生年金保険については1回あたり150万円が上限となっています。健康保険の累計の関係上、上限573万円を超えていても実際に支払った額を届け出ることになります。資格取得月に支給された賞与については保険料がかかりますが、資格喪失月に支給された賞与については保険料がかかりません。月末に退職した場合は、資格喪失月が翌月になりますので、たとえば3月31日に退職した場合で3月中に賞与が支払われた場合は、その賞与については保険料がかかります。また、健康保険厚生年金保険被保険者賞与支払届の提出が必要になります。資格取得と資格喪失が同じ月の場合は、資格取得日から資格喪失日の前日までに支払われた賞与について保険料がかかります。

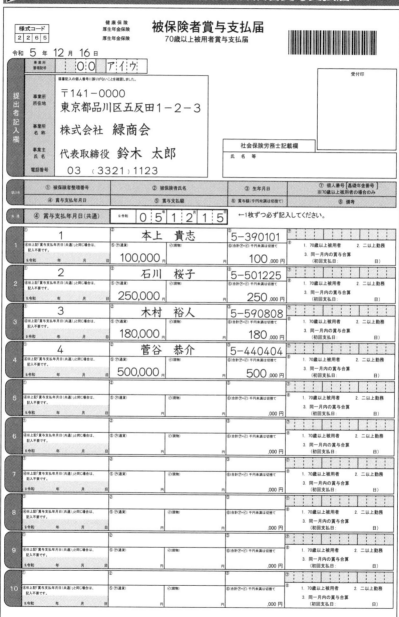

| 様式コード 2 2 6 5 | 健康保険 厚生年金保険 厚生年金保険 | **被保険者賞与支払届** 70歳以上被用者賞与支払届 |

令和 5 年 12 月 16 日

| 事業所 整理記号 | ０|０ ア|イ|ウ |

提出者記入欄	事業所 所在地	届書記入の個人番号に誤りがないことを確認しました。 〒141−0000 東京都品川区五反田1−2−3
	事業所 名称	株式会社　緑商会
	事業主 氏名	代表取締役　鈴木　太郎
	電話番号	03　(3321)1123

受付印

| 社会保険労務士記載欄 | 氏　名　等 | |

| | ① 被保険者整理番号 | ② 被保険者氏名 | ③ 生年月日 | ⑦ 個人番号 [基礎年金番号] ※70歳以上被用者の場合のみ |
| | ④ 賞与支払年月日 | ⑤ 賞与支払額 | ⑥ 賞与額(千円未満は切捨て) | ⑧ 備考 |

| | ④ 賞与支払年月日(共通) | 9.令和 ０|５ 年 １|２ 月 １|５ 日 | ←1枚ずつ必ず記入してください。 | |

| 1 | ① 1 | ② 本上　貴志 | ③ 5-390101 | ⑦ |
| | ④※上記「賞与支払年月日(共通)」と同じ場合は、記入不要です。 9.令和　　年　　月　　日 | ⑤ (ア)通貨 100,000 円　(イ)現物　　　　円 | ⑥(合計(ア)+(イ)) 千円未満は切捨て 100 ,000 円 | ⑧ 1. 70歳以上被用者　2. 二以上勤務 3. 同一月内の賞与合算 (初回支払日:　　　日) |

| 2 | ① 2 | ② 石川　桜子 | ③ 5-501225 | ⑦ |
| | ④※上記「賞与支払年月日(共通)」と同じ場合は、記入不要です。 9.令和　　年　　月　　日 | ⑤ (ア)通貨 250,000 円　(イ)現物　　　　円 | ⑥(合計(ア)+(イ)) 千円未満は切捨て 250 ,000 円 | ⑧ 1. 70歳以上被用者　2. 二以上勤務 3. 同一月内の賞与合算 (初回支払日:　　　日) |

| 3 | ① 3 | ② 木村　裕人 | ③ 5-590808 | ⑦ |
| | ④※上記「賞与支払年月日(共通)」と同じ場合は、記入不要です。 9.令和　　年　　月　　日 | ⑤ (ア)通貨 180,000 円　(イ)現物　　　　円 | ⑥(合計(ア)+(イ)) 千円未満は切捨て 180 ,000 円 | ⑧ 1. 70歳以上被用者　2. 二以上勤務 3. 同一月内の賞与合算 (初回支払日:　　　日) |

| 4 | ① 4 | ② 菅谷　恭介 | ③ 5-440404 | ⑦ |
| | ④※上記「賞与支払年月日(共通)」と同じ場合は、記入不要です。 9.令和　　年　　月　　日 | ⑤ (ア)通貨 500,000 円　(イ)現物　　　　円 | ⑥(合計(ア)+(イ)) 千円未満は切捨て 500 ,000 円 | ⑧ 1. 70歳以上被用者　2. 二以上勤務 3. 同一月内の賞与合算 (初回支払日:　　　日) |

| 5 | ① | ② | ③ | ⑦ |
| | ④※上記「賞与支払年月日(共通)」と同じ場合は、記入不要です。 9.令和　　年　　月　　日 | ⑤ (ア)通貨　　　円　(イ)現物　　　　円 | ⑥(合計(ア)+(イ)) 千円未満は切捨て ,000 円 | ⑧ 1. 70歳以上被用者　2. 二以上勤務 3. 同一月内の賞与合算 (初回支払日:　　　日) |

| 6 | ① | ② | ③ | ⑦ |
| | ④※上記「賞与支払年月日(共通)」と同じ場合は、記入不要です。 9.令和　　年　　月　　日 | ⑤ (ア)通貨　　　円　(イ)現物　　　　円 | ⑥(合計(ア)+(イ)) 千円未満は切捨て ,000 円 | ⑧ 1. 70歳以上被用者　2. 二以上勤務 3. 同一月内の賞与合算 (初回支払日:　　　日) |

| 7 | ① | ② | ③ | ⑦ |
| | ④※上記「賞与支払年月日(共通)」と同じ場合は、記入不要です。 9.令和　　年　　月　　日 | ⑤ (ア)通貨　　　円　(イ)現物　　　　円 | ⑥(合計(ア)+(イ)) 千円未満は切捨て ,000 円 | ⑧ 1. 70歳以上被用者　2. 二以上勤務 3. 同一月内の賞与合算 (初回支払日:　　　日) |

| 8 | ① | ② | ③ | ⑦ |
| | ④※上記「賞与支払年月日(共通)」と同じ場合は、記入不要です。 9.令和　　年　　月　　日 | ⑤ (ア)通貨　　　円　(イ)現物　　　　円 | ⑥(合計(ア)+(イ)) 千円未満は切捨て ,000 円 | ⑧ 1. 70歳以上被用者　2. 二以上勤務 3. 同一月内の賞与合算 (初回支払日:　　　日) |

| 9 | ① | ② | ③ | ⑦ |
| | ④※上記「賞与支払年月日(共通)」と同じ場合は、記入不要です。 9.令和　　年　　月　　日 | ⑤ (ア)通貨　　　円　(イ)現物　　　　円 | ⑥(合計(ア)+(イ)) 千円未満は切捨て ,000 円 | ⑧ 1. 70歳以上被用者　2. 二以上勤務 3. 同一月内の賞与合算 (初回支払日:　　　日) |

| 10 | ① | ② | ③ | ⑦ |
| | ④※上記「賞与支払年月日(共通)」と同じ場合は、記入不要です。 9.令和　　年　　月　　日 | ⑤ (ア)通貨　　　円　(イ)現物　　　　円 | ⑥(合計(ア)+(イ)) 千円未満は切捨て ,000 円 | ⑧ 1. 70歳以上被用者　2. 二以上勤務 3. 同一月内の賞与合算 (初回支払日:　　　日) |

7 賞与の源泉徴収と社会保険料について知っておこう

計算方法に注意する

源泉徴収の計算方法

賞与は法律上、支給が義務付けられているものではありませんが、多くの事業所で支給されています。労働者としても賞与をあてにしてローンを組んだり、生活設計を立てているのが現実です。会社などの事業所で賞与を支給する場合には、通常、賞与の支給額や支給額の算定基準について、就業規則や給与規程に定めを置いています。

賞与についても源泉徴収が行われますが、月々の給与とは源泉徴収の計算方法が少し違ってくるため、注意が必要です。ただし、賞与の源泉徴収税額の納付期限は給与と同じです。つまり、賞与を支払った月の、翌月の10日までに納付しなければなりません。

賞与の源泉徴収税額は、課税対象額（賞与の額－社会保険料）に算出率を掛けて算出します。この算出率を求めるには、まず該当する社員の前月分給与から社会保険料を引いた額を求めます。

次にこの額と扶養控除等（異動）申告書に基づいた扶養親族などの数を「賞与に対する源泉徴収税額の算出率の表」に照らし合わせて算出率を出すという方法をとります。

賞与に対する源泉徴収税額の算出率の表では、扶養親族などの数は０人から７人以上までに分類されています。なお、扶養控除等（異動）申告書を提出している場合は、賞与に対する源泉徴収税額の算出率の表の甲欄を、提出していない場合は乙欄を使い算出率を出します。

社会保険料の計算方法

月給とは別に、賞与からも社会保険料を徴収します。この場合は、

標準賞与額（実際に支給された賞与額から1,000円未満を切り捨てた額）に各々の保険料率を掛けたものが社会保険料となります。標準賞与額は賞与が支給されるごとに決定されます。つまり、賞与の保険料は毎月の保険料と違って、賞与の支給額により保険料が変動します。標準賞与額には上限が決められていて、健康保険については年573万円、厚生年金保険については、１回150万円が上限となっています。保険料は、給与についての社会保険料と同様、事業主と被保険者が折半で負担します。保険料率については、給与についての保険料率と同様です。健康保険料率の被保険者負担率は、全国健康保険協会管掌健康保険の東京都の例では、標準賞与額に対して、1000分の50（介護保険第２号被保険者に該当する場合は1000分の59.1）を乗じて算定します（令和５年３月分から）。

また、厚生年金保険料率の被保険者負担率は、標準賞与額に対して1000分の91.5（一般の被保険者の場合）です。

なお、賞与支給月（月末以外）に退職をするような場合には、資格は退職月の前月までのため、賞与から社会保険料は控除されません。

■ 賞与を支払ったら年金事務所に届け出る

会社などの事業所で労働者に賞与を支払ったときは、その金額を年金事務所に届け出る必要があります。年金事務所は、この届出をもとにして、賞与にかかる保険料と毎月の給与にかかる保険料を合算した金額を算出し、事業主に通知します。

事業主が年金事務所に提出する届出を「健康保険厚生年金保険被保険者賞与支払届」といいます。この届出は賞与を支払った日から５日以内に提出しなければなりません。

8 年末調整について知っておこう

1年間に納めるべき所得税額を計算する

1年間に支払った給与と賞与にかかる税額を精算する

10月～12月の時期に事務担当者が行うべきことで、もっとも大変な仕事は年末調整です。

なぜ、年末調整が必要になるのでしょうか。会社などの事業所では、役員や労働者に対して報酬や給与（賞与を含む）を支払う際に所得税の源泉徴収を行っています。しかし、その年1年間に給与などから源泉徴収した所得税の合計額は、労働者などが1年間に納めるべき税額と必ずしも一致するわけではありません。

源泉徴収税額と実際の税額が一致しない理由としては、①税額表の源泉徴収の基準と実際の支給額が異なる、②扶養親族に増減があり、源泉所得税額を変更することが必要になる、③給与からの源泉徴収税額に反映されない生命保険料控除や地震保険料控除のような所得控除を考慮する必要がある、といった理由があります。

そこで、1年間に源泉徴収した所得税の合計額と、本来役員や労働者が1年間に納めるべき所得税額とを一致させる必要があります。この一致させるための手続きが年末調整です。

年末調整の手順を確認する

年末調整は、労働者に1年間に支払う給与（賞与を含む）の額を合計して、次のような手順で計算を行います。

① 給与所得控除後の給与の額を求める

1年間に支払う給与の合計額から給与所得控除後の給与の額を求めます。給与所得控除後の給与の額は、「年末調整等のための給与所得

控除後の給与等の金額の表」で求めます。

② **所得控除を差し引く**

給与所得控除後の給与の額から扶養控除や生命保険料控除などの所得控除を差し引きます。

③ **税額を求める**

②の所得控除を差し引いた金額に所得税の税率をあてはめて税額を求めます。

④ **税額控除をする**

年末調整で住宅借入金等特別控除などの税額控除を行う場合には、

■ 年末調整の対象者と対象となる給与のまとめ ･･･････････････････

年末調整が不要な人

1　1年間に受け取る給与の総額が 2,000 万円を超える人
2　災害減免法の規定により、その年の給与に対する所得税の源泉徴収について徴収猶予や還付を受けた人
これらの人は、いずれも自分で確定申告する必要あり。それ以外の人はすべて年末調整が必要
中途入社で、年内に前職の給与がある人も、前の会社などが発行した源泉徴収票を確認し、合算して年末調整

年の途中で行う年末調整の対象となる人

1　1年以上の予定で海外の支店などに転勤した人
2　死亡によって退職した人
3　著しい心身の障害のために退職した人（退職した後に給与を受け取る見込みのある人は除く）
4　12月に支給されるべき給与などの支払いを受けた後に退職した人
5　パートタイマーとして働いている人などが退職した場合で、本年中に支払いを受ける給与の総額が 103 万円以下である人（退職した後に給与を受ける見込みのある人は除く）

年末調整の対象となる給与

1　その年の1月1日から12月31日まで（退職者は退職時まで）の間に支払いが確定した給与
2　通勤費、旅費、食事代などの特殊な給与で課税扱いとなる部分

求めた税額から控除額を差し引きます。差引後の税額が、その労働者が1年間に納めるべき所得税額になります。

⑤ **還付または徴収をする**

最後に、源泉徴収をした所得税の合計額が1年間に納めるべき所得税額より多い場合には、その差額をそれぞれの労働者に還付します。逆に、源泉徴収をした所得税の合計額が1年間に納めるべき所得税額より少ない場合には、その差額を労働者に支払うべき給与（または賞与）から徴収します。

年末調整の対象となる人

給与所得者であっても、年末調整の対象とならない人もいます。どのような場合に年末調整の対象から外れるのかを確認しておきましょう。

年末調整は、役員や労働者に対する毎月の給与や賞与から源泉徴収をした所得税の合計額と、その人が1年間に納めるべき所得税額との差額を調整するためのものです。年末調整の対象となる人は、年末調整を行う日までに「給与所得者の扶養控除等（異動）申告書」を提出している一定の人です。

年末調整の対象となる人は、12月に年末調整を行う場合と、年の途中で行う場合とで異なりますので、それぞれ分けて見ていきます。

まず、文字通り、年末である12月に行う年末調整の対象となる人は、

■ 年末調整を行う時期 ···

ケース	年末調整を行う時期
①年の途中で死亡したとき	退職時
②著しい身体障害により年の途中で退職し、その年中に新たな職に就いて給与を得ることができないとき	
③12月中に支払期の到来する給与が支給された後に退職したとき	
④年の途中で海外勤務になったなどの理由で、非居住者^(※)となったとき	非居住者となった時

(※)国内に住所や居所をもたないこととなった者

会社などの事業所に12月の末日まで勤務している人です。正確にいうと、1年の最後の給与が支給されるときに行います。給与が支給された後に賞与が支給されることになっている場合は、賞与の支給後に年末調整を行います。

　1年間勤務している人だけでなく、年の途中で就職した人や青色事業専従者（個人事業者の配偶者などで事業を手伝い、給与をもらっている者）も年末調整の対象となります。ただ、以下の①、②に該当する場合などの一定の場合には、年末調整の対象にはなりません。

①　1年間に受け取る給与の総額が2,000万円を超える人

②　災害減免法の規定により、その年の給与に対する所得税の源泉徴収について徴収猶予や還付を受けた人

　次に、年の途中で行う年末調整の対象となる人は、次の5つのいずれかにあてはまる人です。

①　1年以上の予定で海外の支店などに転勤した人

②　死亡によって退職した人

③　著しい心身の障害のために退職した人（退職した後に給与を受け取る見込みのある人は除きます）

④　12月に支給されるべき給与などの支払いを受けた後に退職した人

⑤　パートタイマーとして働いている人などが退職した場合で、本年中に支払いを受ける給与の総額が103万円以下である人（退職した後に給与を受け取る見込みのある人は除きます）

■ 年末調整の対象となる給与について

　年末調整の対象となる給与は、その年の1月1日から12月31日まで（年の途中で退職した人などについては、退職時まで）の間に支払うことが確定した給与です。実際に支払ったかどうかに関係なく未払いの給与も年末調整の対象となります。逆に、前年に未払いになっていた給与を今年になって支払った場合、原則としてその分は含まれません。

また、通勤費、旅費、食事代などの特殊な給与で非課税扱いとならない部分についても年末調整の対象となります。

　なお、年末調整の対象となる給与は、年末調整をする会社などの事業所が支払う給与だけではありません。たとえば、年の途中で就職した人が就職前に他の会社などで給与を受け取っていたケースがあります。このような場合は、前の会社などで「給与所得者の扶養控除等（異動）申告書」を提出していれば前の会社などの給与を含めて年末調整をすることになります。

　前の会社などが支払った給与の支給金額や源泉徴収税額や社会保険料の額は、前の会社などが発行した源泉徴収票によって確認します。もし、源泉徴収票の提出がない場合は、年末調整ができませんので、すぐに労働者にその旨を伝えて提出してもらいましょう。

■ 年末調整の事務手順 ･･････････････････････････････････････

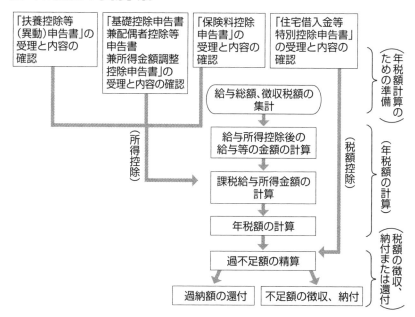

源泉徴収票を作成してみよう

1枚は必ず本人に交付する

年末調整終了後に税務署に提出する書類がある

　年末調整終了後に行う仕事について見ていきましょう。まず、労働者ごとの源泉徴収票を作成しなければなりません。源泉徴収票は年末調整の結果、確定した税額その他について記載したものです。源泉徴収票は一枚を労働者本人に交付します。

源泉徴収票（給与支払報告書）を提出する

　源泉徴収票はもう一枚を税務書に、また源泉徴収票とほぼ同じ内容である給与支払報告書を各市区町村に、いずれも翌年の1月31日までに提出しなければなりません。提出の流れ（次ページ）は、税務署に提出しなければならない人とそうでない人で異なります。源泉徴収票を税務署に提出しなくてもよいのは、次のような場合です。

① 　年末調整をした年分の給与金額が500万円以下のとき

② 　「給与所得者の扶養控除等（異動）申告書」を提出したが、その年中に退職したために年末調整をしなかった人で、その年分の給与金額が250万円以下（法人の役員については50万円以下）のとき

③ 　弁護士、公認会計士、税理士などに給与などを支払い年末調整をした場合にその年分の給与金額が250万円以下のとき

④ 　年末調整をした年分の報酬（給与）で法人の役員に対して支払った報酬（給与）額が150万円以下のとき

⑤ 　「給与所得者の扶養控除等（異動）申告書」を提出しない人に支払った給与で、その年分の給与金額が50万円以下のとき

　また、源泉徴収票や給与支払報告書の提出の他、もう1つの仕事と

して、12月に預かった源泉所得税や年末調整をして預かった源泉所得税を税務署に納付する仕事があります。

■ 源泉徴収票の提出の流れ ⋯⋯⋯⋯⋯⋯⋯⋯⋯⋯⋯⋯⋯⋯⋯⋯⋯⋯

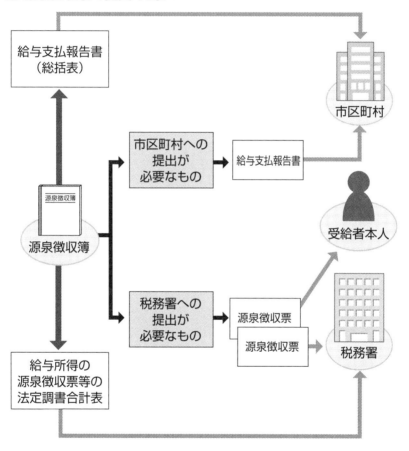

令和4年分　給与所得に対する源泉徴収簿

整理番号 03

氏名　（アオヤマ　ハルオ）青山　晴夫　昭和52年9月16日

所属　営業課　　職名　営業職員

住所　東京都品川区XXXX2-3-9　　郵便番号 142-XXXX

給料・手当等

月区分	支給月日	総支給金額	社会保険料等の控除額	社会保険料等控除後の給与等の金額	扶養親族等の数	算出税額	年末調整による過不足税額	差引徴収税額
1	1 25	362,000	51,864	310,136	2	5,490		5,490
2	2 25	362,000	51,864	310,136	2	5,490		5,490
3	3 25	362,000	51,864	310,136	2	5,490		5,490
4	4 25	366,000	51,858	314,142	2	5,740		5,740
5	5 25	366,000	51,858	314,142	2	5,740		5,740
6	6 24	366,000	51,858	314,142	2	5,740		5,740
7	7 25	366,000	51,858	314,142	2	5,740		5,740
8	8 25	366,000	51,858	314,142	2	5,740		5,740
9	9 22	366,000	51,858	314,142	2	5,740		5,740
10	10 25	366,000	51,858	314,142	2	5,740		5,740
11	11 25	366,000	51,858	314,142	2	5,740		5,740
12	12 23	366,000	51,858	314,142	2	5,740	過納 ▲35,563	▲29,823
計		① 4,380,000	② 622,314	3,757,686		③ 68,130		

賞与等

月区分	支給月日	総支給金額	社会保険料等の控除額	社会保険料等控除後の給与等の金額	扶養親族等の数	（税率）	算出税額	差引徴収税額
7	7 29	660,000	95,040	564,960	2	6.126%	34,609	34,609
12	12 9	830,000	119,520	710,480	2	6.126%	43,524	43,524
計		④ 1,490,000	⑤ 214,560	1,275,440			⑥ 78,133	

年末調整

区分	金額
給料・手当等 ①	4,380,000
賞与等 ④	1,490,000
計 ⑤	5,870,000
給与所得控除後の給与等の金額（給与所得の金額） ⑦	4,154,400
社会保険料等 申告による社会保険料の控除分 ⑨	836,874
小規模企業共済等掛金の控除分 ⑩	0
生命保険料の控除額 ⑬	71,550
地震保険料の控除額 ⑭	45,000
配偶者（特別）控除額 ⑮	380,000
扶養控除額、基礎控除額及び障害者等の控除額の合計額 ⑯	760,000
所得控除額の合計額（⑨＋…＋⑯） ⑰	2,093,424
差引課税給与所得金額（⑧－⑰）及び算出所得税額 ⑱	2,060,000
（特定増改築等）住宅借入金等特別控除額 ⑲	
年調所得税額（⑱－⑲、マイナスの場合は0） ⑳	108,500
年調年税額（⑳×102.1％） ㉑	108,500
差引超過額又は不足額（㉑－⑧） ㉒	110,700
本年最後の給与から徴収する税額に充当する金額 ㉓	35,563
超過額の精算　未払給与に係る未徴収の税額に充当する金額 ㉔	5,740
差引還付する金額（㉒－㉓－㉔） ㉕	29,823
同上のうち本年中に還付する金額 ㉖	29,823
翌年において還付する金額 ㉗	
不足額の精算　本年最後の給与から徴収する金額 ㉘	
翌年に繰り越して徴収する金額 ㉙	

前年の年末調整に基づき繰り越した過不足税額
同上の税額につき還付又は徴収した税額
差引残額（（＋）・（－））

配偶者の合計所得金額 146,263円

旧長期損害保険料支払額
㋑のうち小規模企業共済掛金の金額
㋺のうち国民年金保険料等の金額

書式7　給与支払報告書と源泉徴収票

品川区提出用　総括表　兼　普通徴収切替理由書

令和５年度（令和４年分）給与支払報告書（総括表）

令和５年１月31日までに提出してください。

令和　5　年　1　月　23　日提出

指定番号	12XXX	区分※	

法人番号（又は個人番号）	X X X X X X X X X X X X X	提出区分	（年間分）（circled）　退職者分
郵便番号	141 － XXXX	給与支払方法／期日	20日締 25日払
給与支払者所在地	東京都品川区XXX１－２－３	事業種目	衣料品小売業
		受給者総人員	9　名
税額通知書送付先	東京都品川区XXX１－２－３	品川区への報告人員　特別徴収	9　名
フリガナ	カブシキガイシャ ミドリショウカイ	普通徴収（退職者）	名
名称（氏名）	株式会社　緑商会	普通徴収（退職者除く）	名
代表者の職氏名	代表取締役　鈴木　太郎		
連絡者の係・氏名電話番号	代表取締役　鈴木　太郎	合計	9　名
会計事務所等の名称	電話番号 03（XXXX）XXXX	納入書の送付	1.（circled）必要　2. 不要

「※」欄は記入しないでください。

～『普通徴収』に該当する受給者がいる場合の注意事項～

①下記「普通徴収切替理由書」の「人数」欄を記入してください。

②「個人別明細書」の「摘要」欄に「普通徴収切替理由書」の『符号（普Ａ～Ｆ）』を記入してください。

普通徴収切替理由書

符号	普通徴収切替理由	人数
普Ａ	総従業員数（受給者総人員）が２人以下	名
普Ｂ	他の事業所で特別徴収（乙欄該当者）	名
普Ｃ	給与が少なく税額が引けない	名
普Ｄ	給与の支払が不定期	名
普Ｅ	事業専従者（個人事業主のみ対象）	名
普Ｆ	退職又は退職予定者（５月末日まで）及び休職者	名
普通徴収分　合　計		名

令和　　年分　給与所得の源泉徴収票

支払を受ける者	住所又は居所	東京都品川区XXXX2-3-9			

（受給者番号）03
（個人番号）
（役職名）
氏名　（フリガナ）アオヤマ　ハルオ　　青山　晴夫

種別	支払金額	給与所得控除後の金額（調整控除後）	所得控除の額の合計額	源泉徴収税額
給与・賞与	内　5 870 000	4 154 400	2 093 424	内　110 700

（源泉）控除対象配偶者の有無等		配偶者（特別）控除の額	控除対象扶養親族の数（配偶者を除く。）						16歳未満扶養親族の数	障害者の数（本人を除く。）			非居住者である親族の数
有	従有	老人		特定		老人		その他			特別	その他	
				人 従人	内	人 従人	人 従人	1 人	人	内　人	人	人	人

社会保険料等の金額	生命保険料の控除額	地震保険料の控除額	住宅借入金等特別控除の額
内　836 874	71 550	45 000	

（摘要）

生命保険料の金額の内訳	新生命保険料の金額	旧生命保険料の金額	介護医療保険料の金額	新個人年金保険料の金額	旧個人年金保険料の金額
住宅借入金等特別控除の額の内訳	住宅借入金等特別控除適用数	居住開始年月日（1回目）	年　月　日	住宅借入金等特別控除区分（1回目）	住宅借入金等年末残高（1回目）
	住宅借入金等特別控除可能額	居住開始年月日（2回目）	年　月　日	住宅借入金等特別控除区分（2回目）	住宅借入金等年末残高（2回目）

（源泉・特別）控除対象配偶者	（フリガナ）アオヤマ　ハルコ	区分		配偶者の合計所得		国民年金保険料等の金額	旧長期損害保険料の金額
	氏名　青山　晴子						
	個人番号					基礎控除の額　480,000	所得金額調整控除額

控除対象扶養親族	1	（フリガナ）アオヤマ　イチロウ　氏名　青山　一郎	区分		16歳未満の扶養親族	1		区分	（備考）
		個人番号							
	2	（フリガナ）氏名	区分			2		区分	
		個人番号							
	3	（フリガナ）氏名	区分			3		区分	
		個人番号							
	4	（フリガナ）氏名	区分			4		区分	
		個人番号							

未成年者	外国人	死亡退職	災害者欄	乙欄	本人が障害者		寡婦	ひとり親	勤労学生	中途就・退職				受給者生年月日			
					特別	その他				就職	退職	年	月 日	元号	年	月	日
															52	9	16

支払者	個人番号又は法人番号	XXXXXXXXXXXXX	（右詰で記載してください。）
	住所（居所）又は所在地	東京都品川区XXX1-2-3	
	氏名又は名称	株式会社　緑商会	（電話）03 -XXXX- XXXX

整理欄	

375

10 退職金の税務について知っておこう

2分の1だけを課税対象とする分離課税を適用する

退職所得とは

　退職手当とは、退職手当、一時恩給その他の退職により一時的に受ける給与及びこれらの性質を有する給与（退職手当等といいます）に関する所得をいいます。一時恩給とは、恩給法の規定により公務員が3年以上勤務して普通恩給を受けることができる年数に達しないうちに退職する場合に支給される給与をいいます。

　退職所得の金額は、原則としてその年の退職手当等の収入金額から退職所得控除額を控除した残額の2分の1に相当する金額です。

　これに対して、一定の役員に該当する場合には例外が設けられています。役員としての勤続年数が5年以下の役員のことを特定役員といいますが、この特定役員に該当する場合には上記の2分の1を掛けません。また、特定役員でなくても勤続年数が5年以下の短期退職金について300万円を超える分に関しては2分の1を掛けません。

退職所得控除額の計算方法

　退職所得の場合は、必要経費という概念は一切なく、それに代わるものとして、勤続年数に応じて一定の「退職所得控除額」を退職手当等の収入金額から差し引くことができます。退職所得控除額は、勤続年数20年を区切りとして次の算式により求めます。

① **勤続年数が20年以下の場合**

　40万円×勤続年数

② **勤続年数が20年を超える場合**

　800万円＋70万円×（勤続年数－20年）

勤続年数に1年未満の端数があるときは、その端数は1年に切り上げて計算します。

税負担が軽減されている

　退職所得は、他の所得とは合算せず、分離課税（他の各種所得とは合算せずに分離して課税する方式のこと）して所得税を計算します。その理由は、長年働いてきた成果である退職金に対して、総合課税として他の所得と合算して超過累進税率により多額の所得税を課すのはあまりに酷だからです。退職金は老後の資金としての性格がありますので、税負担が過重にならないような配慮をしているのです。

　なお、退職金を受け取るときまでに「退職所得の受給に関する申告書」を提出していれば、課税退職所得金額に対する所得税が源泉徴収されていますので、原則として確定申告する必要はありません。

　一方、「退職所得の受給に関する申告書」の提出がなかった人の場合は、退職手当等の支払金額の20.42%が源泉徴収されますが、この税額の精算は受給者本人が確定申告をすることにより行うことになります。

■ 退職所得にかかる税金 ・・・・・・・・・・・・・・・・・・・・・・・・・・・・・・・・・・・・

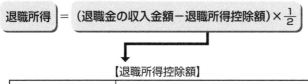

$$退職所得 = (退職金の収入金額 - 退職所得控除額) \times \frac{1}{2}$$

【退職所得控除額】

勤続年数20年以下	40万円×勤続年数（80万円に満たないときは80万円）
勤続年数20年超	800万円+70万円×（勤続年数−20年）

※1　障害退職のときは、上記控除額＋100万円
※2　勤続年数5年以下の特定役員等の役員等勤続年数に対応する部分の退職所得は、「退職所得＝退職金−退職所得控除額」となり1/2を掛ける必要はない。さらに、令和4年以後に生じる退職所得に関しては、特定役員等でなくても、勤続年数が5年以下の短期退職金について300万円を超える分に関しても1/2を掛ける必要はない。

11 役員の報酬・賞与・退職金の処理はどのように行うのか

税務上、役員とは会社経営に従事している人をいう

税法上の役員は会社法上の役員より幅が広い

　法人税法では、役員を「法人の取締役、執行役、会計参与、監査役、理事、監事、清算人及び法人の使用人以外の者でその法人の経営に従事している者」としています。つまり、会社法上の役員はもちろん、使用人以外の相談役、顧問など会社の経営に従事している者、あるいは同族会社の使用人で、その会社の経営に従事している者のうち、一定の条件を満たす者も役員とみなされます。これらの税法独自の役員をみなし役員と呼んでいます。また、会社法上の役員であっても、取締役経理部長のように使用人の地位を併せ持つ者のことを、税法上は特に使用人兼務役員といい、他の役員と区別しています。

損金算入できる役員給与の範囲

　法人がその役員に対して支給する給与（退職給与等を除く）のうち、損金算入されるものの範囲は、次の①～③のようになっています。
① 　支給時期が1か月以下の一定期間ごとで、かつ、その事業年度内の各支給時期における支給額が同額である給与（つまり定期同額の給与）の場合
② 　所定の時期に確定額を支給する届出に基づいて支給する給与など（つまり事前確定届出給与）の場合
③ 　非同族会社または非同族会社の完全子会社の業務執行役員に対する利益連動給与で、算定方法が利益に関する指標を基礎とした客観的なものである場合
　①の定期同額給与は、期首から3か月以内の改定、臨時改定事由や

業績悪化などにより改定した場合には、改定前後が同額であれば定期同額給与に該当します。現金以外のいわゆる現物給与の場合、その額が概ね一定であれば定期同額給与に該当します。

②の事前確定届出給与とは、たとえば、年2回、特定の月だけ通常の月額報酬より増額した報酬（臨時給与、賞与）を支払う場合、支給額、支給時期等を事前に届け出ていれば損金算入が認められます。

なお、これらの給与であっても不相当に高額な部分の金額や不正経理をすることにより支給するものについては、損金の額に算入されません。

一方、役員に対して支給する退職給与については、原則として損金の額に算入されますが、不相当に高額な部分の金額は損金の額に算入されません。

▌役員退職金の損金算入

法人が役員に支給する退職金で適正な額のものは、損金の額に算入されます。その退職金の損金算入時期は、原則として、株主総会の決議等によって退職金の額が具体的に確定した日の属する事業年度となります。ただし、法人が退職金を実際に支払った事業年度において、損金経理をした場合は、その支払った事業年度において損金の額に算入することも認められます。

■ 定期同額給与と事前確定届出給与 ⋯⋯⋯⋯⋯⋯⋯⋯⋯⋯⋯⋯⋯⋯

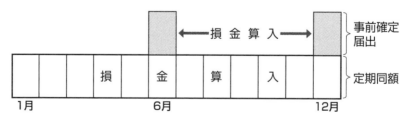

第6章

知っておきたい
社員の採用・退職と
社会保険・税金

採用の際の社会保険・労働保険関係の書類

年金事務所や労働基準監督署などに提出する書類を作成する

会社を設立したときの社会保険の手続き

　会社を設立した場合、労働者が1人もいない場合であっても、会社は社会保険（健康保険と厚生年金保険のこと）に加入する義務があります。本書では、基本的に設立後の会社の事務を想定しているため、設立関係の税金・登記関係の書類は掲載していませんが、社会保険については労働保険の保険関係成立届や雇用保険適用事業所設置届を掲載することとの関係上、社会保険の新規適用届も掲載します。

書式1　健康保険厚生年金保険新規適用届

　加入手続きをするときは、事業所の所在地を管轄する年金事務所（東京都品川区の場合、品川年金事務所）に、「健康保険厚生年金保険新規適用届」を提出します。提出期限は、加入要件を満たした日から5日以内です。会社を新たに設立した場合だけでなく、支店を設置した場合にも、新規適用届を提出します。添付書類は、①法人事業所の場合は法人の登記事項証明書、②強制適用となる個人事業所の場合は事業主の世帯全員の住民票です。保険料の納付を口座振替で希望する場合は、同時に「保険料口座振替納付（変更）申出書」を提出します。

人を採用したときの雇用保険・労災保険の手続き

　労働者を雇用した場合、労災保険の加入手続きと雇用保険関係の届出を行わなければなりません。

書式2　労働保険保険関係成立届

　労働保険には、労災保険と雇用保険の2つがあります。労災保険は、たとえ雇用保険被保険者の要件に該当しない短期バイトであっても、

従業員を雇用した場合は加入しなければなりません。

　保険関係が成立した日（初めて従業員を雇用した日）の翌日から10日以内に「保険関係成立届」を管轄の労働基準監督署に届け出ます。なお、支店を設置し、その支店に人を雇用した場合にも、支店について保険関係成立届を提出します。また、保険関係が成立した日の翌日から50日以内に概算保険料申告書を提出し、概算保険料を納付しなければなりません。会社など法人の場合には登記事項証明書、個人の場合には事業主の住民票の写しを添付書類として提出します。

書式３　雇用保険適用事業所設置届

　雇用保険被保険者の要件に該当する従業員を雇用した場合、雇用保険に加入します。業種や事業規模に関係なく加入の義務があります。ただ、従業員が５人未満の個人経営で農林水産・畜産・養蚕の事業に限って加入が任意となります。手続きとしては、労働基準監督署に労働保険保険関係成立届を提出して労働保険関係を成立させ、その上で雇用保険の加入手続きを行います。事業主が、雇用保険の加入該当者を雇用した日の翌日から10日以内に「雇用保険適用事業所設置届」を管轄公共職業安定所に届け出ます。添付書類は以下のとおりです。

・労働保険の保険関係成立届の控えと雇用保険被保険者資格取得届

・会社などの法人の場合には法人登記簿謄本

・個人の場合には事業主の住民票、開業に関する届出書類

・賃金台帳・労働者名簿・出勤簿等の雇用の事実が確認できる書類など

書式４　雇用保険被保険者資格取得届

　社員を採用すると、その社員は雇用保険の被保険者となりますので、資格取得の手続きを行わなければなりません。社員が正社員以外であっても以下の場合には被保険者となります。

① 　１週間の所定労働時間が20時間以上であり、31日以上雇用される
　　見込みがあるパートタイマー（一般被保険者）

② 　65歳以上で上記一般被保険者に該当する者

③　季節的に雇用される者のうち次のいずれにも該当する者（短期雇用特例被保険者）

　イ　4か月を超える期間を定めて雇用される者

　ロ　1週間の所定労働時間が30時間以上である者

④　日々雇用される者または30日以内の期間を定めて雇用される者（日雇労働被保険者）

　個人事業主、会社など法人の社長、社長と同居する親族は雇用保険の被保険者にはなりませんが、代表者以外の取締役については、部長などの従業員として事業主と使用従属関係があり、労働者としての賃金が支給されていると認められれば、被保険者となる場合があります。

　届出は、従業員採用した日の属する月の翌月10日までに提出する必要があります。添付書類として、労働者名簿、出勤簿（またはタイムカード）、賃金台帳、雇用契約書などの雇用の事実と雇入日が確認できる書類が必要になる場合があります。

▌労働保険料の納付についての手続き

　労働保険料は、人を採用した日より、保険年度の終了日（3月31日）までに支払うはずの賃金総額（賞与を含む）を概算で予測（算定）して申告・納付します（概算保険料申告）。たとえば、4月1日から翌年3月31日までの1年間に支払うことが見込まれる賃金総額が3000万円であれば、3000万円を基準として概算保険料を計算します。

　保険料の納付回数は原則1回ですが、概算保険料額が40万円以上（建設業などについては労災保険、雇用保険のそれぞれで20万円以上）の場合には、3回に分けて納付することができます（延納）。ただし、保険関係成立日が10月1日以降である場合は延納ができません。

書式5　概算保険料申告書

　会社を設立し、初めて人を雇用した日（保険関係成立日）の翌日から50日以内に、事業主が、「概算保険料申告書」を管轄の労働基準監

督署へ届け出ます。会社を新たに設立した場合だけでなく、支店を設置し、その支店に初めて人を雇用した場合にも、支店について「概算保険料申告書」を提出します。なお、書式中の⑰欄の延納の申請には延納回数を記入します。㉒欄の期別納付額について延納により分割した各期の納付額に1円未満の端数が生じた場合には、その端数を1期の納付額にまとめて記入します。

被保険者を雇用したときの社会保険の手続き

社員を採用すると、その社員は社会保険の被保険者となりますので、資格取得の手続きを行わなければなりません。ただ、ⓐ日雇労働者、ⓑ2か月以内の期間を定めて使用される者、ⓒ4か月以内の季節的業務に使用される者、ⓓ臨時的事業の事業所に使用される者、ⓔパートタイマー（1週の所定労働時間または1か月の所定労働日数が正社員の4分の3未満）は、被保険者にはなりません。

なお、会社などの法人の役員・代表者は、社会保険では「会社に使用される人」として被保険者になります。

書式6　健康保険厚生年金保険被保険者資格取得届

事業主は、採用した日から5日以内に「健康保険厚生年金保険被保険者資格取得届」を、事業所を管轄する年金事務所に届け出ます。添付書類は、①健康保険被扶養者（異動）届（被扶養者がいる場合）、②定年再雇用の場合は就業規則、雇用契約書、事業主の証明書等、です。

被扶養者がいる場合の社会保険の手続き

健康保険において「被扶養者になる人」とは、主に被保険者に生計を維持されている人をいいます。生計維持の大まかな基準は、被扶養者の年収が130万円未満（60歳以上・障害者は180万円未満）であり、被保険者の年収の半分未満であることです。また、同一世帯でない場合は、被扶養者の年収が被保険者からの仕送り額より少ないことも必

要基準になります。被扶養者の範囲は、配偶者や子に限られません。直系尊属（父母、祖父母、曾祖父母）、配偶者（内縁関係を含む）、子、孫、兄弟姉妹、同一世帯である上記以外の３親等内の親族、内縁関係の配偶者の父母・配偶者の子も、被扶養者の範囲に含まれます。

書式7　健康保険被扶養者（異動）届

　事業主が「健康保険厚生年金保険被保険者資格取得届」と同時に、「健康保険被扶養者（異動）届（国民年金第３号被保険者関係届）」を管轄の年金事務所に届け出ます。配偶者を扶養する場合、この書類は、配偶者が国民年金第３号被保険者に加入するための関係届も兼ねています。そのため、配偶者の個人番号もしくは基礎年金番号を記載する必要があります。なお、第３号被保険者とは厚生年金加入者（第２号被保険者）が生計を維持する者で、国民年金保険料の納付が免除されます。添付する書類は以下のとおりです。

①　続柄確認のための書類（被扶養者の戸籍謄本、住民票の写）
②　収入要件確認のための書類（雇用保険被保険者離職票など）
　　さらに、被保険者と被扶養者が同一世帯でない場合
③　仕送りの事実と仕送り額の確認書類（預金通帳などの写）

　ただし、②に関しては所得税法上の控除対象配偶者、扶養親族であることの事業主の証明がある場合は添付不要です。

┃ その他必要な場合に行う手続き

　外国人を雇用する場合や、中小企業の事業主自身が労災保険に加入する場合など、ケースに応じて必要な手続きを行うことになります。

・外国人を雇用する場合

　外国人労働者（在留資格「外交」「公用」、特別永住者を除く）を採用したとき、離職のときには、その氏名、在留資格等をハローワークに届け出なければなりません。雇用保険の被保険者の場合は、資格取得届、喪失届の備考欄に在留資格、在留期限、国籍などを記載して届

け出ますが、その他の外国人労働者については「外国人雇用状況届出書」を提出します。具体的には、事業主が、雇用保険の被保険者に該当しない外国人を雇用した場合、「外国人雇用状況届出書」を管轄の公共職業安定所に、雇入れ、離職の場合ともに翌月末日までに提出します。添付書類は特にありませんが、事業主は、①在留カードまたはパスポート、②資格外活動許可書または就労資格証明書を確認する必要があります。一方、雇用する外国人労働者が、雇用保険の被保険者に該当する場合には、外国人雇用状況届出書ではなく、雇用保険被保険者資格取得届を提出し、⑰欄から㉓欄に記載します。

・中小企業の事業主自身が労災保険に加入する場合

　事業主や自営業者の中には業務の実態上、労働者に準じて保護すべき場合もあり、一定規模以下の中小企業の事業主についても、労災保険本来の建前を損なわない範囲で労災保険への加入が認められています。

　労働保険事務組合を通じて、事業所の所在地を管轄する労働基準監督署を経由して都道府県労働局長に「特別加入申請書」を提出します。添付書類については、中小事業主等の特別加入の場合、事務組合ごとに異なるため、提出の際に確認することが必要です。

■ 社員を採用した場合の各種届出 ……………………………………

事　由	書類名	届出期限	提出先
社員を採用したとき（雇用保険）	雇用保険被保険者資格取得届	採用した日の翌月10日まで	所轄公共職業安定所
社員を採用したとき（社会保険）	健康保険厚生年金保険被保険者資格取得届	採用した日から5日以内	所轄年金事務所
採用した社員に被扶養者がいるとき（社会保険）	健康保険被扶養者（異動）届	資格取得届と同時提出	

様式コード	
2 1 0 1	

健康保険
厚生年金保険　**新規適用届**

受付印

令和 5 年 7 月 5 日提出

事業主記入欄

事業所所在地
〒141-0000
（フリガナ）トウキョウト シナガワクゴタンダ
東京都品川区五反田1-2-3

事業所名称
（フリガナ）ミドリショウカイ
株式会社 緑商会

電話番号　03（ 3321 ）1123

社会保険労務士記載欄	
氏 名 等	

事業所情報記入欄

事業主（または代表者）氏名	（フリガナ）スズ　キ（氏）**鈴木**（名）タ ロウ **太郎**	問合せ先担当者（内線）	問合せ先担当者名 **高橋**	内線番号

事業主（または代表者）住所
〒141-0000
東京都品川区五反田本町 2-2-2

事業主代理人氏名（「事業主代理人」有の場合）
（フリガナ）（氏）（名）

事業主代理人住所
〒 　-

事態区分（事業の種類）	2 0	事業の種類 **衣料品の小売**	適用年月日（※記入不要） 9. 令和	年　　月　　日

個人・法人区分	① 法人事業所　2. 個人事業所　3. 国・地方公共団体	法人番号等	① 法人番号　2. 会社法人等番号	9 8 7 6 5 4 3 2 1 0 9 8 7

本店・支店区分	① 本店　2. 支店	内・外国区分	① 内国法人　2. 外国法人	社会保険労務士コード		社会保険労務士コード

健康保険組合名称	（フリガナ）	健康保険組合	厚生年金基金番号	厚生年金基金

給与計算の締切日	**末** 日	昇給月	0 4 月　月　月　月	算定基礎届媒体作成	0. 必要（紙媒体）1. 不要（自社作成）2. 必要（電子媒体）
給与支払日	当月・翌月 **10** 日	賞与支払予定月	0 6 1 2 月　月　月	賞与支払届媒体作成	0. 必要（紙媒体）1. 不要（自社作成）2. 必要（電子媒体）
給与形態	1. 月給　5. 時間給　2. 日給　6. 年俸制　3. 日給月給　7. その他　4. 歩合給	諸手当の種類	1. 家族手当　5. 通勤手当　2. 住宅手当　6. 残業手当　3. 役付手当　7. その他　4. 通勤手当	現物給与の種類	1. 食事　5. その他（　）2. 住宅（　）3. 被服　4. 定期券

従業員情報	1. 従業員数（役員含む） **10** 人		2. 社会保険に加入する従業員数 **9** 人	

3. 社会保険に加入しない従業員について

※ ⑦～⑤については平均的な勤務日数および勤務時間を記入してください。

⑦ 役員　　　人 [報酬（0.無 ／ 1.有 ）・常勤（　人）・非常勤（　人）]
④ 嘱託職員等　　人 [1月　　日・1週　　時間]
⑦ パート　　　人 [1月　　日・1週　　時間]
⑤ アルバイト　**5** 人 [1月 **10** 日・1週 **6** 時間]

所定労働日数所定労働時間	1月 **22** 日・1週 **40** 時間 **00** 分

備考	

書式2　労働保険保険関係成立届

様式第1号（第4条、第64条、附則第2条関係）（1）（表面）

提出用

労働保険
- 0：保険関係成立届（継続）（事務処理委託届）
- 1：保険関係成立届（有期）
- 2：任意加入申請書（事務処理委託届）

令和5年 7月 5日

⑯種別

| 3 | 1 | 6 | 0 | 0 |

品川　労働基準監督署長
　　　公共職業安定所長　殿
※労働保険番号

下記のとおり（イ）労働保険の加入を申請します。（31602のとき）
（ロ）雇用保険

① 住所又は所在地	品川区五反田1-2-3
事業主 氏名又は名称	株式会社 緑商会
② 事業 所在地	141-0000 品川区五反田1-2-3
	電話番号 03-3321-1123 ＊
事業 名称	株式会社 緑商会
事業の概要	衣料品の 小売業
事業の種類	小売業

※修正項目番号　※修正項目番号　※漢字修正項目番号

都道府県	所掌	管轄(1)	基幹番号	枝番号

⑰住所

郵便番号
| 1 | 4 | 1 | - | 0 | 0 | 0 | 0 |

住所 市・区・郡名（カナ）
| シ | ナ | ガ | ワ | ク |

住所（つづき）町村名（カナ）
| コ | ゚ | タ | ン | タ | ゙ |

住所（つづき）丁目・番地
| 1 | - | 2 | - | 3 |

住所（つづき）ビル・マンション名等

住所 市・区・郡名
| 品 | 川 | 区 |

住所（つづき）町村名
| 五 | 反 | 田 |

住所（つづき）丁目・番地
| 1 | - | 2 | - | 3 |

住所（つづき）ビル・マンション名等

名称・氏名（カナ）
| カ | ゙ | シ | キ | カ | イ | シ | ャ |
| ミ | ト | ゙ | リ | シ | ョ | ウ | カ | イ |

電話番号（市外局番）（市内局番）（番号）
| 0 | 3 | - | 3 | 3 | 2 | 1 | - | 1 | 1 | 2 | 3 |

名称・氏名
| 株 | 式 | 会 | 社 |
| 緑 | 商 | 会 |

③加入済の労働保険	（イ）労災保険 （ロ）雇用保険
保険関係成立年月日	（労災）令和5年 7月 1日 （雇用）令和5年 7月 1日
⑦常時使用労働者数	一般・短期 9人 日雇 0人
⑧賃金総額の見込額	25,000 千円
⑨委託事務組合	所在地 名称 代表者氏名
⑪事業開始年月日	年 月 日
⑫事業廃止等年月日	年 月 日
⑬建設の事業の請負金額	円
⑭立木の伐採の事業の素材見込生産量	立方メートル
⑮発注者	所在地又は所在地 氏名又は名称

㉑保険関係成立年月日（31600は31601のとき）
㉑任意加入認可年月日（31602のとき）（元号：令和は9）
| 9 | - | 0 | 5 | - | 0 | 7 | - | 0 | 1 |

㉒事務処理委託年月日（31600と31602のとき）
事業廃止予定年月日（31601のとき）（元号：令和は9）
| 元号 | - | 年 | - | 月 | - | 日 |

㉓常時使用労働者数
| 1 | 0 |

※保険関係等区分（31600又は31602のとき）

㉔雇用保険被保険者数（31600又は31602のとき）
| 十万 | 万 | 千 | 百 | 十 | 9 |人

※片保険理由コード（31600のとき）

都道府県	所掌	管轄(1)	基幹番号	枝番号
				-

㉕適用済労働保険番号1
都道府県	所掌	管轄(1)	基幹番号	枝番号

㉖適用済労働保険番号2
都道府県	所掌	管轄(1)	基幹番号	枝番号

※雇用保険の事業所番号（31600又は31602のとき）
| | - | | |

※府県区分（31600又は31602のとき）
※特掲コード（31600のとき）
※業種
※産業分類（31600又は31602のとき）
※データ指示コード
※再入力区分

※修正項目（英数・カナ）

※修正項目（漢字）

事業主氏名（法人のときはその名称及び代表者の氏名）

株式会社 緑商会
代表取締役 鈴木 太郎

※受付年月日（元号：令和は9）
| 元号 | - | 年 | - | 月 | - | 日 |

㉘法人番号
| 9 | 8 | 7 | 6 | 5 | 4 | 3 | 2 | 1 | 0 | 9 | 8 | 7 |

(3.3)

書式3 雇用保険適用事業所設置届

雇用保険適用事業所設置届 （必ず第2面の注意事項を読んでから記載してください。）

※ 事業所番号

下記のとおり届けます。

公共職業安定所長 殿

令和 5 年 7 月 5 日

帳票種別 `1 2 0 0 1`

1.法人番号（個人事業の場合は記入不要です。） `9 8 7 6 5 4 3 2 1 0 9 8 7`

2.事業所の名称（カタカナ） `カブシキカイシャ`

事業所の名称〔続き（カタカナ）〕 `ミドリショウカイ`

3.事業所の名称（漢字） `株式会社`

事業所の名称〔続き（漢字）〕 `緑商会`

4.郵便番号 `141-0000`

5.事業所の所在地（漢字）※市・区・郡及び町村名 `品川区五反田`

事業所の所在地（漢字）※丁目・番地 `1-2-3`

事業所の所在地（漢字）※ビル、マンション名等

6.事業所の電話番号（項目ごとにそれぞれ左詰めで記入してください。）
市外局番 `03` 市内局番 `3321` 番号 `1123`

7.設置年月日 `5-050701`（3昭和 4平成 5令和）
元号 年 月 日

8.労働保険番号 `13 1 09 654321 000`
府県 所掌 管轄 基幹番号 枝番号

※公共職業安定所記載欄
9.設置区分（1当然 2任意）
10.事業所区分（1個別 2委託）
11.産業分類
12.台帳保存区分（1日雇被保険者のみの事業所 2船舶所有者）

13.事業主
（フリガナ）シナガワクゴタンダ
住所 品川区五反田1-2-3
（法人のときは主たる事務所の所在地）

（フリガナ）カブシキガイシャ ミドリショウカイ
名称 株式会社 緑商会

（フリガナ）ダイヒョウトリシマリヤク スズキ タロウ
氏名 代表取締役 鈴木 太郎
（法人のときは代表者の氏名）

14.事業の概要 衣料品の小売業
（漁業の場合は漁船の総トン数を記入すること）

15.事業の開始年月日 令和5年7月1日
16.廃止年月日 令和 年 月 日

17.常時使用労働者数 10人
18.雇用保険被保険者数 一般 9人 日雇 0人
19.賃金支払関係 賃金締切日 未日 賃金支払日 当・翌月25日
20.雇用保険担当課名 総務課 労務係
21.社会保険加入状況 健康保険 厚生年金保険 労災保険

備考

（この届出は、事業所を設置した日の翌日から起算して10日以内に提出してください。）

2021.9

196

様式第2号（第6条関係）

標準字体 `0 1 2 3 4 5 6 7 8 9`
（必ず第2面の注意事項を読んでから記載してください。）

雇用保険被保険者資格取得届

帳票種別 `1 9 1 0 1`

1.個人番号 `1 2 3 4 5 6 7 8 9 0 1 2`

2.被保険者番号 `3 4 1 2 - 3 4 5 6 7 8 - 9`

3.取得区分 `1`（1 新規 / 2 再取得）

4.被保険者氏名　高橋　瞳　フリガナ（カタカナ）`タカハシ　ヒトミ`

5.変更後の氏名　フリガナ（カタカナ）

6.性別 `2`（1 男 / 2 女）

7.生年月日 `3 - 5 8 0 3 0 4`（元号 2 大正 3 昭和 4 平成 5 令和）

8.事業所番号 `1 3 0 6 - 7 8 9 1 2 3 - 4`

9.被保険者となったことの原因 `2`
（1 新規（学卒）/ 2 新規（その他）/ 3 日雇からの切替 / 4 その他 / 8 出向元への復帰等（65歳以上））

10.賃金（支払の態様－賃金月額:単位千円）`1 - 2 5 6`（1 月給 2 週給 3 日給 4 時間給 5 その他）

11.資格取得年月日 `5 - 0 5 0 7 0 1`（元号 4 平成 5 令和）

12.雇用形態 `3`（1 日雇 2 派遣 3 パートタイム 4 有期契約労働者 5 季節的雇用 6 船員 7 その他）

13.職種 `0 3`（01～11 第2面参照）

14.就職経路 `1`（1 安定所紹介 2 自己就職 3 民間紹介 4 把握していない）

15.1 週間の所定労働時間 `3 0 0 0`（時間　分）

16.契約期間の定め `2`
1 有　契約期間 `-`（元号　年　月　日）から `` （元号 4 平成 5 令和）　年　月　日 まで
契約更新条項の有無 （1 有 / 2 無）
2 無

事業所名 ［株式会社　緑商会］　備考 ［　］

17欄から23欄までは、被保険者が外国人の場合のみ記入してください。

17.被保険者氏名（ローマ字）（アルファベット大文字で記入してください。）

被保険者氏名〔続き（ローマ字）〕

18.在留カードの番号（在留カードの右に記載されている12桁の英数字）

19.在留期間 `` まで（西暦　年　月　日）

20.資格外活動の許可の有無 （1 有 / 2 無）

21.派遣・請負就労区分 （1 派遣・請負労働者としてまとめて当事業所以外で就労する場合　2 1に該当しない場合）

22.国籍・地域（　）

23.在留資格（　）

※公安記載職業所欄

24.取得時被保険者種類 （1 一般 / 2 短期雇用 / 3 季節 / 11 高年齢被保険者（65歳以上））

25.番号複数取得チェック不要（チェック・リストが出力されたが、調査の結果、同一人でなかった場合に「1」を記入。）

26.国籍・地域コード（22欄に対応するコードを記入）

27.在留資格コード（23欄に対応するコードを記入）

雇用保険法施行規則第6条第1項の規定により上記のとおり届けます。

事業主　住所　品川区五反田1－2－3
氏名　株式会社　緑商会　代表取締役　鈴木　太郎
電話番号　03－3321－1123

令和 5 年 7 月 5 日

公共職業安定所長　殿

社会保険労務士記載欄 ｜ 作成年月日・提出代行者・事務代理者の表示 ｜ 氏　名 ｜ 電話番号 ｜

※所長	次長	課長	係長	係	操作者

※備考　確認通知　令和　年　月　日

2021.9

様式第6号（第24条、第25条、第33条関係）（甲）（1）

労働保険　　**概算・増加概算・確定保険料**　申告書
石綿健康被害救済法　**一般拠出金**

下記のとおり申告します。

継続事業
（一括有期事業を含む。）

標準
字体　**0 1 2 3 4 5 6 7 8 9**

第3片「記入に当たっての注意事項」をよく読んでから記入して下さい。
OCR枠への記入は上記の「標準字体」でお願いします。

提出用

種別
3 2 7 0 0　※修正項目番号　※入力整定コード

令和 5 年 7 月 5 日
あて先 〒

都道府県 所掌 管轄 基幹番号 枝番号
1 3 1 0 9 6 5 4 3 2 1 -

※各種区分
管轄② 保険関係 業種 産業分類

※増加年月日（元号令和は9）
- -

※事業廃止等年月日（元号 令和は9）
- -

※事業廃止等理由

④常時使用労働者数　**9**　⑤雇用保険被保険者数　**9**

※保険関係 ※片保険理由コード

東京 労働局
労働保険特別会計歳入徴収官殿

⑦区分 算定期間　年月日 から　年月日 まで

⑦区分	⑧保険料・一般拠出金算定基礎額	⑨保険料・一般拠出金率	⑩確定保険料・一般拠出金額（⑧×⑨）
確定保険料算定内訳 労働保険料	(イ) 千円	1000分の (イ)	(イ) 千円
労災保険分	(ロ) 千円	1000分の (ロ)	(ロ) 千円
雇用保険分	(ホ) 千円	1000分の (ホ)	(ホ) 千円
一般拠出金	(ニ) 千円	1000分の (ヘ)	(ヘ) 千円

⑪区分 算定期間　令和 5 年 7 月 1 日 から　令和 6 年 3 月 31 日 まで

⑪区分	⑫保険料算定基礎額の見込額	⑬保険料率	⑭概算・増加概算保険料額（⑫×⑬）
概算・増加概算保険料算定内訳 労働保険料	(イ) 千円	1000分の (イ)	4 6 2 5 0 0 円
労災保険分	2 5 0 0 0 千円	1000分の 3	7 5 0 0 0 円
雇用保険分	2 5 0 0 0 千円	1000分の 15.5	3 8 7 5 0 0 円

⑮事業主の郵便番号（変更のある場合記入）
-

⑯事業主の電話番号（変更のある場合記入）

⑰延納の申請 納付回数 **3**

⑱⑲⑫⑭⑳の（ロ）欄の金額の前に「¥」記号を付さないで下さい。

⑱申告済概算保険料額　　　円

⑲申告済概算保険料額　　　円

⑳差引額
(イ)充当額　(ロ)⑱-⑲の(イ)　(ハ)不足額　(ロ)の(イ)-⑱
※充当意思
※還付額
⑳増加概算保険料額　　　円
㉑法人番号

㉒期別納付額	第1期	第2期	第3期
概算保険料額	154,168 円	154,166 円	154,166 円

(ロ)不足額(イ)の(ハ)
154,168 円

※今期労働保険料　一般拠出金充当額　不足額充当額　今期納付額(イ)+(ハ)

㉔事業又は作業の種類　**衣料品の小売業（小売業）**

㉕保険関係成立年月日　**5 年 7 月 1 日**

㉖事業廃止等理由
①廃止 ②委託 ③個別 ④労働者なし ⑤その他

㉗加入している労働保険
(イ)労災保険 (ロ)雇用保険

㉘特掲事業
(イ)該当する (ロ)該当しない

郵便番号 **141-0000**　電話番号（ 03 ） 3321 - 1123

㉙事業
(イ)所在地　**品川区五反田 1-2-3**
(ロ)名称　**株式会社 緑商会**

㉚事業主
(イ)住所（法人のときは主たる事務所の所在地）　**品川区五反田 1-2-3**
(ロ)名称　**株式会社 緑商会**
(ハ)氏名（法人のときは代表者の氏名）　**代表取締役 鈴木 太郎**

社会保険労務士記載欄	作成年月日・提出代行者・事務代理者の表示	氏　名	電話番号

きりとり線（1枚目はきりはなさないで下さい。）

| 様式コード 2 2 0 0 | 健康保険 厚生年金保険 厚生年金保険 | 被保険者資格取得届 70歳以上被用者該当届 | |||

令和 5 年 11 月 5 日提出

提出者記入欄

| 事業所整理記号 | 00・アイウ | 事業所番号 | 98765 |

上記記入の個人番号に誤りがないことを確認しました。

事業所所在地　〒141-0000
東京都品川区五反田1-2-3

事業所名称　株式会社 緑商会

事業主氏名　代表取締役　鈴木　太郎

電話番号　03（3321）1123

受付印

社会保険労務士記載欄
氏名等

被保険者1

| 被保険者整理番号 | 氏名 | （フリガナ）ホンジョウ　タカシ （氏）本上　（名）貴志 | 生年月日 | 5.昭和 7.平成 9.令和 | 5 5 0 1 1 4 | 種別 | 1.男 5.男(基金) 2.女 6.女(基金) 3.坑内員 7.坑内員(基金) |

| 取得区分 | 健保・厚年 共済出向 船保任継 | 個人番号 基礎年金番号 | 1 2 3 4 5 6 7 8 9 0 1 2 | 取得(該当)年月日 | 9.令和 | 0 5 1 1 0 1 | 被扶養者 | 0.無 1.有 |

| 報酬月額 | (通貨) 300,000 円 | (現物) (合計 ㋒+㋓) 300000 円 | 備考 | 該当する項目を○で囲んでください。 1. 70歳以上被用者該当 2. 二以上事業所勤務者の取得 | 3. 短時間労働者(特定適用事業所等) 4. 退職後の継続再雇用者の取得 5. その他 |

日本年金機構に提出する際、個人番号を記入した場合は、住所記入は不要です。

住所　〒111-0001　（フリガナ）トウキョウト　メグロクヒガシ
東京都目黒区東7-3-19

理由：1. 海外在住 2. 短期在留 3. その他

被保険者2

| 被保険者整理番号 | 氏名 | （フリガナ） （氏）　（名） | 生年月日 | 5.昭和 7.平成 9.令和 | | 種別 | 1.男 5.男(基金) 2.女 6.女(基金) 3.坑内員 7.坑内員(基金) |

| 取得区分 | 健保・厚年 共済出向 船保任継 | 個人番号 基礎年金番号 | | 取得(該当)年月日 | 9.令和 | | 被扶養者 | 0.無 1.有 |

| 報酬月額 | (通貨) 円 | (現物) (合計 ㋒+㋓) 円 | 備考 | 該当する項目を○で囲んでください。 1. 70歳以上被用者該当 2. 二以上事業所勤務者の取得 | 3. 短時間労働者(特定適用事業所等) 4. 退職後の継続再雇用者の取得 5. その他 |

日本年金機構に提出する際、個人番号を記入した場合は、住所記入は不要です。

住所　〒　（フリガナ）

理由：1. 海外在住 2. 短期在留 3. その他

被保険者3

| 被保険者整理番号 | 氏名 | （フリガナ） （氏）　（名） | 生年月日 | 5.昭和 7.平成 9.令和 | | 種別 | 1.男 5.男(基金) 2.女 6.女(基金) 3.坑内員 7.坑内員(基金) |

| 取得区分 | 健保・厚年 共済出向 船保任継 | 個人番号 基礎年金番号 | | 取得(該当)年月日 | 9.令和 | | 被扶養者 | 0.無 1.有 |

| 報酬月額 | (通貨) 円 | (現物) (合計 ㋒+㋓) 円 | 備考 | 該当する項目を○で囲んでください。 1. 70歳以上被用者該当 2. 二以上事業所勤務者の取得 | 3. 短時間労働者(特定適用事業所等) 4. 退職後の継続再雇用者の取得 5. その他 |

日本年金機構に提出する際、個人番号を記入した場合は、住所記入は不要です。

住所　〒　（フリガナ）

理由：1. 海外在住 2. 短期在留 3. その他

被保険者4

| 被保険者整理番号 | 氏名 | （フリガナ） （氏）　（名） | 生年月日 | 5.昭和 7.平成 9.令和 | | 種別 | 1.男 5.男(基金) 2.女 6.女(基金) 3.坑内員 7.坑内員(基金) |

| 取得区分 | 健保・厚年 共済出向 船保任継 | 個人番号 基礎年金番号 | | 取得(該当)年月日 | 9.令和 | | 被扶養者 | 0.無 1.有 |

| 報酬月額 | (通貨) 円 | (現物) (合計 ㋒+㋓) 円 | 備考 | 該当する項目を○で囲んでください。 1. 70歳以上被用者該当 2. 二以上事業所勤務者の取得 | 3. 短時間労働者(特定適用事業所等) 4. 退職後の継続再雇用者の取得 5. その他 |

日本年金機構に提出する際、個人番号を記入した場合は、住所記入は不要です。

住所　〒　（フリガナ）

理由：1. 海外在住 2. 短期在留 3. その他

協会けんぽご加入の事業所様へ
※ 70歳以上被用者該当届のみ提出の場合は、「⑩備考」欄の「1.70歳以上被用者該当」
　および「5.その他」に○をし、「5.その他」の（ ）内に「該当届のみ」とご記入ください(この場合、
　健康保険被保険者証の発行はありません)。

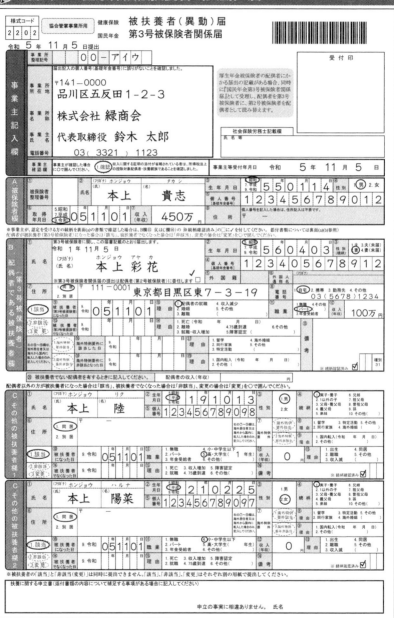

2 人を採用する際に必要な税金関係の書類

住民税に関する手続きが必要になる

▮ 特別徴収のための書類を提出する

　事業主（給与を支払う者）は、毎月、すべての従業員の給与から、所得税の源泉徴収と同じように、従業員（納税の義務のある者）に代わり住民税を引き（給与天引き）、住民税を市区町村に特別徴収により納める義務があります。

書式8　給与支払報告・特別徴収にかかる給与所得者異動届出書

　従業員が納付すべき住民税を、会社が従業員へ給与を支払う際に天引きし、従業員に代わって市区町村へ納付するしくみを特別徴収といいます。会社が中途採用した従業員が、前職でも特別徴収されており、そのまま特別徴収を継続する意思がある場合に提出が必要な書類として「給与支払報告・特別徴収にかかる給与所得者異動届出書」があります。前勤務先にこの届出書の上段、給与支払報告の欄を記入してもらい、採用した会社へ提出してもらいます。採用した会社は報告書の下段にある特別徴収届出書を記入します。この届出書は異動があった月、つまり入社した月の翌月10日までに、従業員の1月1日時点での所在地である市区町村の役所へ提出します。

書式9　市民税・都民税の特別徴収への切替申請書

　新たに採用した従業員が、採用するまでは自身で住民税を納付（普通徴収）していたような場合の手続きです。採用後、入社するにあたってそれまでと異なり特別徴収での納付を希望する場合は、「特別徴収への切替届出書」を提出する必要があります。

　提出先は従業員が住民票を有する市区町村の役所です。届出に際しては、切替申請書の他に、普通徴収の納税通知書が必要です。普通徴

収の納税通知書は納税義務者である従業員が保管していますので、提出してもらいましょう。

　届出に提出期限はありませんが、一般的には毎月20日までに市区町村の役所に届出をすれば、提出した翌月には市区町村から、特別徴収する税額を記載した税額決定通知書が会社に届き、その月の給与から特別徴収できます。税額決定通知書が会社に到着しないことには、給与から特別徴収する金額もわかりませんので、特別徴収するまでの間、納付すべき住民税については、普通徴収として従業員が自身で納付する必要があります。

●住民税について

　住民税は、都道府県に納める道府県民税と市区町村に納める市区町村民税の総称です。住民税は、前年の所得を基に税額を算出する「賦課課税方式」をとっています。会社などの事業所では、毎年1月31日までに前年1年間に支払った給与や賞与の額につき、支給人員ごとの「給与支払報告書」を作成します。住民税は給与支払報告書を基にして計算し、徴収されます。住民税を徴収する方法として、①普通徴収と②特別徴収の2つの方法があります。

①　普通徴収

　自営業者などが住民税を納める場合にとられる方法が普通徴収です。普通徴収の場合、納税者が直接、市区町村に住民税を納付します（原則として年4回の納付期限までに納付します）。給与所得者であっても、普通徴収の方法によって住民税を徴収することがあります。

②　特別徴収

　会社員などの給与所得者の場合の一般的な徴収方法です。特別徴収とは、市区町村に代わって会社などの事業所が社員から住民税を徴収し、市区町村に納付する方法です。特別徴収の場合、事業所が社員の毎月の給与から住民税を天引きすることによって徴収します。

書式8　給与支払報告・特別徴収にかかる給与所得者異動届出書

給与支払報告・特別徴収に係る給与所得者異動届出書

第十八号様式
（第一条関係）
用紙日本産業規格A4
1. 現年度　2. 新年度　3. 同年度

令和5年10月3日提出

市町村長殿

給与支払報告　特別徴収	特別徴収義務者 指定番号	00054×××　XX
	宛名番号	
	所属 氏名	経理課　山田 和子
	電話	03-××××-×××× 内線（　　）

給与支払報告　特別徴収（に係る給与所得者異動届出書）

	所　在　地	〒140-××××　東京都品川区XXX3-2-1
特別徴収義務者（給与支払者）	フリガナ 氏名又は名称	カブシキガイシャ グリーンコーポレーション ヤマダ イチロウ 株式会社 グリーンコーポレーション 山田 一郎
	個人番号 又は法人番号	××××××××××××

所得者

フリガナ	イシカワ　サクラコ
氏　名	石川　桜子
生年月日	平成2年10月15日
個人番号	××××××××××××
1月1日現在の住所 又は法人番号	東京都江東区XXX1-2-1
異動後の住所	同上

給与所得	（ア）特別徴収税額（年税額）	60,000 円
	（イ）徴収済額	20,000 円
	（ウ）未徴収税額（ア）-（イ）	40,000 円

（ア）～より	6 月から
（イ）まで	9 月まで

異動年月日	5 年 10 月 1 日

異動の事由
1. 退職
2. 転勤
3. 死亡
4. 休職
5. 支払額が少額
6. 長期欠勤
7. 解雇　その他（　　　　）

異動後の未徴収 税額の徴収方法
1. 特別徴収継続　2. 一括徴収　3. 普通徴収（本人納付）

1. 特別徴収継続の場合

新しい勤務先へは、月割額	5,000 円を
徴収し、納入するよう連絡済です。	

新しい勤務先に、
1. 必要　2. 不要

特別徴収継続の指定番号	
新特別徴収義務者	所在地 〒141-××××　東京都品川区XXX1-2-3
	フリガナ 氏名又は名称 カブシキガイシャ ドリシヨウカイ 株式会社　縁商会
	法人番号（新規）
	担当者　所属 氏名 経理課　高橋　瞳
	連絡先　電話 03-××××-×××× 内線（　　）

2. 一括徴収の場合
1. 異動が令和　年1月1日以後で、一括徴収の申出又は退職手当等の額が未徴収税額（ウ）以下であるため
2. 異動が令和　年12月31日までで、一括徴収の申出がないため

左記の（ウ）の額を
月分（翌月10日納入期限分）で
徴収予定月日　　月　　日

徴収予定額	
（上記（ウ）と同額） 円	

3. 普通徴収の場合
1. 異動が令和　年1月1日以後で、特別徴収の継続のため
2. 異動が令和　年5月31日までに支払われるべき給与又は退職手当等の額が未徴収税額（ウ）以下であるため
3. 死亡による退職であるため

市町村記入欄

左記の（ウ）の額を一括徴収した税額を、
月分（翌月10日納入期限分）から
納入します。
1. 特別徴収継続
2. 一括徴収
3. 普通徴収

特別徴収切替届出（依頼）書

			江東区使用欄	
		特別徴収義務者 指定番号	00012XXX	（要・不要）
			新規の場合、加入書	・新規

令和 5 年 10 月 17 日 提出

（宛先）　江東区長

特別徴収義務者
所在地（住所）　〒141-XXXX　東京都品川区XXX1-2-3
フリガナ　カブシキガイシャ　ミドリショウカイ
名称（氏名）　株式会社　緑商会
代表者職氏名　代表取締役　鈴木　太郎
法人番号　XXXXXXXXXXXXX

担当者連絡先
　係　経理課
　氏名　高橋　瞳
　電話　03 - XXXX - XXXX

給与所得者

フリガナ	イシイ　サクラコ	
氏　名	石井　桜子	旧姓
生年月日	昭和・平成・令和　2 年 10 月 15 日	
1月1日現在の住所	〒 ―　東京都江東区XXX1-2-1　※1月1日現在の住所と違う場合に記入してください。	
現在の住所	〒 ―　同　上	

	江東区使用欄
普通徴収切替期別 ※普通徴収の納期限を過ぎたものは、特別徴収への切替ができません。	期別を○で囲んでください。 〔 1・2・③・4 〕期　以降を特別徴収希望 （○納期（　　分）から特別徴収を開始します。〕
特別徴収開始予定月	10 月分（　　月　　日納付分）から 特別徴収を開始します。
届出理由	①入社　2.その他（　　　　　　　　） ○入社　　　月　　　日 必要な場合のみ記入してください。
割額の連絡	月　　日　までに通知書を連絡します。 ※通知書に間に合わない場合のみ電話連絡します。

【注意事項】
1. 普通徴収の納付書をお持ちの場合に納付書の提出は不要ですが、二重納付防止のため、後日区役所が発送する特別徴収の税額通知受領後に破棄してください。
2. 普通徴収の納期限を過ぎたものは、特別徴収への切替ができません。本人が納めいただくようお伝えください。
3. 税額通知書は月2回（15日前後と月末）発送で、おおよそ発送の1週間前がその締切りとなります。
　つきましては、特別徴収開始予定月は、税額通知の発送する給与計算の締切月等を考慮の上、ご記入ください。
4. 65歳以上の方については、年金所得に係る税額を給与からの特別徴収に追加することはできません。

3 退職時の社会保険・労働保険の書類

社員は退職すると社会保険・労働保険の資格を喪失する

作成しなければならない書類はたくさんある

社員が離職した場合には、健康保険・厚生年金保険の社会保険及び労働保険の資格喪失の手続きをしなければなりません。また、離職した人が雇用保険の失業等給付を受けられるようにするための手続きも、本人の希望などにより必要になる場合があります。

なお、離職した人が雇用保険の失業等給付を受けるためには、離職票が必要になります。離職票の交付を受けるために作成しなければならない書類が離職証明書です。離職証明書の書き方についての詳細は、第8章を参照してください。

書式10　健康保険厚生年金保険被保険者資格喪失届

社員が離職したときは健康保険と厚生年金保険の資格も喪失します。資格の喪失日は原則として離職した日の翌日になります。

事業主は、労働者が社会保険の資格を喪失した日（離職した日の翌日）から5日以内に管轄の年金事務所へ「健康保険厚生年金保険被保険者資格喪失届」を提出します。

添付書類としては、健康保険被保険者証が必要になります。離職した者と連絡がつかない場合などには被保険者証を回収できないこともあります。そのようなときは、「資格喪失届」の他に「健康保険被保険者証回収不能届」を提出します。

会社の社会保険事務という観点から注意すべき点は「月末退職」の問題です。資格の喪失日は原則として「離職した日の翌日」になることを前述しましたが、社会保険料は喪失した日（退職日の翌日）の属する月の前月まで発生します。たとえば、10月に退職する場合で考え

ると以下のようになります。

> 10/30退職→10/31資格喪失→10月の前月である９月まで保険料発生
>
> 10/31退職→11/1資格喪失→11月の前月である10月まで保険料発生

　このように、退職日が１日違うだけで会社が負担する社会保険料が１か月分増加するため、月末退職を避ける方向で従業員と調整することもあるようです。従業員から見れば、月途中で退職すると、その月は新たに国民年金および国民健康保険に加入しなければならず、新たな勤務先が決まっていないような場合では従業員の手続き負担や費用負担が増えることもあります。

　会社としては社会保険の制度を説明した上で、従業員と退職日の調整をするのがよいでしょう。

書式11　雇用保険被保険者資格喪失届

　社員が離職したときに雇用保険の資格を喪失させる手続きを行います。主な離職理由には、①自己都合、②契約期間満了、③定年、④取締役就任、⑤移籍出向、⑥解雇があります。

　事業主が、離職した日の翌日から10日以内に「雇用保険被保険者資格喪失届」を、管轄の公共職業安定所へ届け出ます。添付書類として、離職者が希望した場合には「雇用保険被保険者離職証明書」を添付します。また、退職届などの離職理由が分かる書類を求められる場合があります。

　資格喪失届は、氏名変更届と同じ様式のため、⑩欄は空白のまま提出してかまいません。

●法定３帳簿とは

　①労働者名簿、②賃金台帳、③出勤簿またはタイムカードは、事業所の規模や労働者数に関係なく、事業所において労務管理をする上で必要な３つの書類です。これを法定３帳簿といいます。労働基準法で事業主に作成と保存が義務付けられています。

様式コード	
2 2 0 1	

健康保険
厚生年金保険　**被保険者資格喪失届**
厚生年金保険　70歳以上被用者不該当届

令和 5 年 3 月 21 日提出

事業所整理記号	0 0 - ア イ ウ	事業所番号	1 2 3 4 5

届書記入の個人番号に誤りがないことを確認しました。

提出者記入欄

事業所所在地
〒 141 - 0000
品川区五反田1-2-3

事業所名称
株式会社　緑商会

事業主氏名
代表取締役　鈴木　太郎

電話番号
03 (3321)1123

在職中に70歳に到達された方の厚生年金保険被保険者喪失届は、この用紙ではなく「70歳到達届」を提出してください。

受付印

社会保険労務士記載欄
氏　名　等

被保険者1

① 被保険者整理番号	12	② 氏名 (フリガナ) かとう　さとし (氏) 加藤　(名) 聡	③ 生年月日	5. 昭和 7. 平成 9. 令和　49 10 03 年 月 日

④ 個人番号 (基礎年金番号)　2 1 1 7 5 0 0 1 3 5 6 7

⑤ 喪失年月日　令和　05 03 21

⑥ 喪失(不該当)原因
4. 退職等 (令和 5 年 3 月 20 日退職等)
9. 死亡 (令和　年　月　日死亡)
7. 75歳到達(健康保険のみ喪失)
9. 障害認定(健康保険のみ喪失)
11. 社会保障協定

⑦ 備考
該当する項目を○で囲んでください。
1. 二以上事業所勤務者の喪失
2. 退職後の継続再雇用者の喪失
3. その他

保険証回収　添付 1 枚　返不能 _ 枚

70歳不該当
□ 70歳以上被用者不該当
(退職日または死亡日を記入してください)
不該当年月日　令和 _ 年 _ 月 _ 日

被保険者2

① 被保険者整理番号		② 氏名 (フリガナ) (氏) (名)	③ 生年月日	5. 昭和 7. 平成 9. 令和　年 月 日

④ 個人番号 (基礎年金番号)

⑤ 喪失年月日　令和

⑥ 喪失(不該当)原因
4. 退職等 (令和　年　月　日退職等)
5. 死亡 (令和　年　月　日死亡)
7. 75歳到達(健康保険のみ喪失)
9. 障害認定(健康保険のみ喪失)
11. 社会保障協定

⑦ 備考
該当する項目を○で囲んでください。
1. 二以上事業所勤務者の喪失
2. 退職後の継続再雇用者の喪失
3. その他

保険証回収　添付 _ 枚　返不能 _ 枚

70歳不該当
□ 70歳以上被用者不該当
(退職日または死亡日を記入してください)
不該当年月日　令和 _ 年 _ 月 _ 日

被保険者3

① 被保険者整理番号		② 氏名 (フリガナ) (氏) (名)	③ 生年月日	5. 昭和 7. 平成 9. 令和　年 月 日

④ 個人番号 (基礎年金番号)

⑤ 喪失年月日　令和

⑥ 喪失(不該当)原因
4. 退職等 (令和　年　月　日退職等)
5. 死亡 (令和　年　月　日死亡)
7. 75歳到達(健康保険のみ喪失)
9. 障害認定(健康保険のみ喪失)
11. 社会保障協定

⑦ 備考
該当する項目を○で囲んでください。
1. 二以上事業所勤務者の喪失
2. 退職後の継続再雇用者の喪失
3. その他

保険証回収　添付 _ 枚　返不能 _ 枚

70歳不該当
□ 70歳以上被用者不該当
(退職日または死亡日を記入してください)
不該当年月日　令和 _ 年 _ 月 _ 日

被保険者4

① 被保険者整理番号		② 氏名 (フリガナ) (氏) (名)	③ 生年月日	5. 昭和 7. 平成 9. 令和　年 月 日

④ 個人番号 (基礎年金番号)

⑤ 喪失年月日　令和

⑥ 喪失(不該当)原因
4. 退職等 (令和　年　月　日退職等)
5. 死亡 (令和　年　月　日死亡)
7. 75歳到達(健康保険のみ喪失)
9. 障害認定(健康保険のみ喪失)
11. 社会保障協定

⑦ 備考
該当する項目を○で囲んでください。
1. 二以上事業所勤務者の喪失
2. 退職後の継続再雇用者の喪失
3. その他

保険証回収　添付 _ 枚　返不能 _ 枚

70歳不該当
□ 70歳以上被用者不該当
(退職日または死亡日を記入してください)
不該当年月日　令和 _ 年 _ 月 _ 日

様式第4号（第7条関係）（第1面）（移行処理用）

雇用保険被保険者資格喪失届

標準字体 0123456789
（必ず第2面の注意事項を読んでから記載してください。）

（この用紙は、このまま機械で処理しますので、汚さないようにしてください。）

帳票種別 17191

1.個人番号 234567890123

2.被保険者番号 5018-135246-1

3.事業所番号 1306-789123-4

4.資格取得年月日 4-260801 （3昭和 4平成 5令和）
元号 年 月 日

5.離職等年月日 5-050320 （3昭和 4平成 5令和）
元号 年 月 日

6.喪失原因 2 （1 離職以外の理由 2 3以外の離職 3 事業主の都合による離職）

7.離職票交付希望 1 （1有 2無）

8.1週間の所定労働時間 4000 時間 分

9.補充採用予定の有無 1 （空白 無 1 有）

10. 新氏名 フリガナ（カタカナ）

※公共職業安定所欄	11.喪失時被保険者種類 （3季節）	12.国籍・地域コード 18欄に対応するコードを記入	13.在留資格コード 19欄に対応するコードを記入

14欄から19欄までは、被保険者が外国人の場合のみ記入してください。

14.被保険者氏名（ローマ字）又は新氏名（ローマ字）（アルファベット大文字で記入してください。）

被保険者氏名（ローマ字）又は新氏名（ローマ字）（続き）

15.在留カードの番号 （在留カードの右上に記載されている12桁の英数字）

16.在留期間 まで 西暦 年 月 日

17.派遣・請負就労区分 （1 派遣・請負労働者として主として当該事業所以外で就労していた場合 2 1に該当しない場合）

18.国籍・地域 （　　　　　　　）　　**19.在留資格** （　　　　　　　）

20.（フリガナ） 被保険者氏名	カトウ サトシ 加藤 聡	21.性別 男・女	22.生年月日 大正 昭和 平成 令和 49年 10月 3日

23. 被保険者の住所又は居所 足立区足立1-2-3

24. 事業所名称 株式会社 緑商会

25. 氏名変更年月日 令和　年　月　日

26. 被保険者でなくなったことの原因 転職希望による退職

雇用保険法施行規則第7条第1項の規定により、上記のとおり届けます。

〒141-0000
住 所 品川区五反田1-2-3

令和5年3月27日

事業主 氏 名 株式会社 緑商会
代表取締役 鈴木 太郎

電話番号 03-3321-1123

品川 公共職業安定所長 殿

社会保険労務士記載欄	作成年月日・提出代行者・事務代理者の表示	氏 名	電話番号	安定所 備考欄

※所長	次長	課長	係長	係	操作者	確認通知年月日 令和 年 月 日

2021.9

208

4 退職時の税金関係の書類

所得税や住民税についての手続きが必要になる

退職時に必要な税金関係の届出

　従業員や取締役・監査役などの役員へ退職金を支給する場合には、所得税や住民税関連の手続きを行う必要が生じることがあります。従業員や役員などの退職時には、通常、以下の手続きを行います。

書式12　退職所得の受給に関する申告書

　退職金は金額次第では所得税と住民税が徴収され、差し引いた残りを受給することになります。この退職金を受給する際には、退職者である受給者は受給する日の前日までに、「退職所得の受給に関する申告書」を会社に提出することで、適切な税負担後の退職金を受給できます。つまり、申告書の提出によって会社は徴収すべき税額を計算し、その税額分を退職金から徴収し、残額を退職者へ支払います。しかし、会社への申告書の提出がない場合は、一定の税額つまり20.42％の所得税の源泉徴収と10％の住民税の特別徴収をします。

書式13　特別徴収に係る給与所得者異動届出書

　従業員が退職する際は、従業員が所在する市区町村の役所に退職した月の翌月10日までに「特別徴収に係る給与所得者異動届出書」を提出する必要があります。退職者が退職後は、自ら直接住民税を納付する普通徴収での住民税納付を希望する場合も同じです。届出書には、異動後の未納付税額の徴収方法を選択する箇所があります。ここで普通徴収を選択することで、住民税が普通徴収に切り替わります。給与所得者異動届出書で普通徴収を選択すると、市区町村から元従業員へ納税通知書が送付され、それに基づき直接納付していくことになります。

　しかし、未納付税額についての徴収方法の切り替えは、退職した日

の属する月がいつかによって、その扱いが異なるため、注意が必要です。退職日が1月1日から4月30日までの間である場合は、退職する従業員の意思にかかわらず、5月末日までに支払う給与または退職金から、未納税額を一括して徴収します。退職日が6月1日から12月31日である場合は、一括して未納税額を徴収することも可能ですし、普通徴収に切り替えることも可能です。退職日が5月中である場合は、5月分の給与で5月分の住民税を特別徴収し、6月以降は市区町村から退職者へ届いた納税通知書に基づいて直接納付します。

書式14　退職所得についての特別徴収納入書・申告書

退職所得に対する住民税が課税される場合には特別徴収しなければなりません。退職金に基づく特別徴収税額については、「退職所得についての特別徴収納入書」を使用して納付します。退職者が退職する年の1月1日時点で居住していた市区町村の役所へ、特別徴収した月の翌月10日までに納付します。特別徴収納入書と申告書は通常セットになっています。申告書についても、同市区町村の役所へ同期限内に申告します。納入書と申告書については直接、該当する市区町村へ問い合わせて取り寄せます。

書式15　退職所得の源泉徴収票

従業員が退職した際に退職金を支給した場合は、退職金の支払額や所得税を源泉徴収した金額、住民税を特別徴収した金額を記入した退職所得の源泉徴収票と特別徴収票を作成します。源泉徴収票と特別徴収票はセットになっており、作成後、源泉徴収票を受給者である退職者に交付します。

しかし、取締役や監査役などの会社役員に退職金を支払った場合は、退職者だけでなく、税務署等にも提出しなければなりません。税務署に対しては退職所得の源泉徴収票と、それをとりまとめた法定調書合計表を提出します。市区町村に対しては、退職所得の特別徴収票を提出します。いずれも提出期限は、退職後1か月以内です。

書式12　退職所得の受給に関する申告書

○○ 税務署長 殿	令和 4 年 10 月 7 日	
	市町村長 殿	

令和4年分　退職所得の受給に関する申告書 兼 退職所得申告書

退職手当の支払者の	所 在 地（住所）〒141-XXXX	東京都品川区XXX1-2-3	あなたの	現 住 所〒152-XXXX	東京都目黒区XXX7-7-6
	名 称（氏 名）	株式会社 緑商会		氏 名	本上貴志
	法 人 番 号（個人番号）※提出を受けた退職手当の支払者が記載してください。	X｜X｜X｜X｜X｜X｜X｜X｜X｜X｜X｜X｜X		個 人 番 号	X｜X｜X｜X｜X｜X｜X｜X｜X｜X｜X｜X
				その年1月1日現在の住所	同上

このA欄には、全ての人が、記載してください。（あなたが、前に退職手当等の支払を受けたことがない場合には、下のB以下の各欄には記載する必要がありません。）

A

① 退職手当等の支払を受けることとなった年月日　令和4 年 9 月 30 日

② 退職の区分等
　＜一般・障害の区分＞
　　一般 ・ 障害 ［　　　　　　］
　＜生活扶助の有無＞
　　有 ・ 無

③ この申告書の提出先から受ける退職手当等についての勤続期間
　自 平成25 年 4 月 1 日　至 令和4 年 9 月 30 日　10 年

　うち 特定役員等勤続期間　有・無
　うち 一般勤続期間との重複勤続期間　有・無
　うち 短期勤続期間との重複勤続期間　有・無
　うち 短期勤続期間　有・無

B

あなたが本年中に他にも退職手当等の支払を受けたことがある場合には、このB欄に記載してください。

④ 本年中に支払を受けた他の退職手当等についての勤続期間
　自 年 月 日　至 年 月 日

　うち 特定役員等勤続期間　有・無
　うち 短期勤続期間　有・無

⑤ ③と④の通算勤続期間
　自 年 月 日　至 年 月 日
　うち 一般勤続期間との重複勤続期間　有・無
　うち 短期勤続期間との重複勤続期間　有・無
　うち 全重複勤続期間　有・無
　うち 短期勤続期間　有・無
　うち 一般勤続期間との重複勤続期間　有・無

C

あなたが前年以前4年内（その年に確定拠出年金法に基づく老齢給付金として支給される一時金の支払を受ける場合には、19年内）に退職手当等の支払を受けたことがある場合には、このC欄に記載してください。

⑥ 前年以前4年内（その年に確定拠出年金法に基づく老齢給付金として支給される一時金の支払を受ける場合には、19年内）の退職手当等についての勤続期間
　自 年 月 日　至 年 月 日

⑦ ③又は⑤の勤続期間のうち、⑥の勤続期間と重複している期間
　自 年 月 日　至 年 月 日
　⑦ うち 特定役員等勤続期間との重複勤続期間　有・無
　⑩ うち 短期勤続期間との重複勤続期間　有・無

D

A又はBの退職手当等についての勤続期間のうちに、前に支払を受けた退職手当等についての勤続期間の全部又は一部が通算されている場合には、その通算された勤続期間等について、このD欄に記載してください。

⑧ Aの退職手当等についての勤続期間（③）に通算された前の退職手当等についての勤続期間
　自 年 月 日　至 年 月 日
　うち 特定役員等勤続期間　有・無
　うち 短期勤続期間　有・無

⑨ Bの退職手当等についての勤続期間（④）に通算された前の退職手当等についての勤続期間
　自 年 月 日　至 年 月 日
　うち 特定役員等勤続期間　有・無
　うち 短期勤続期間　有・無

⑩ ③又は⑤の勤続期間のうち、⑧又は⑨の勤続期間だけからなる部分の期間
　自 年 月 日　至 年 月 日
　うち 特定役員等勤続期間　有・無
　うち 短期勤続期間　有・無

⑪ ⑦と⑩の通算期間
　自 年 月 日　至 年 月 日
　うち ⑦と⑥の通算期間　自 年 月 日　至 年 月 日
　うち ⑩と⑨の通算期間　自 年 月 日　至 年 月 日

E

B又はCの退職手当等がある場合には、このE欄に記載してください。

区分		退職手当等の支払を受けることとなった年月日	収 入 金 額（円）	源泉徴収税額（円）	特別徴収税額市町村民税（円）	特別徴収税額道府県民税（円）	支払を受けた年月日	退職の区分	支払者の所在地（住所）・名称（氏名）
B	一般	・　・					・　・	一般障害	
	特定役員	・　・					・　・	一般障害	
	短期	・　・					・　・	一般障害	

03.12改正　　　　　　　　　　　　　　　　　　　　　　　　　　　　　　　　（規格A4）

目黒　市区町村長　宛て

●異動があった場合は、速やかに提出してください。

令和4年10月3日提出

給与支払報告・特別徴収 に係る給与所得者異動届出書

給与支払報告 特別徴収	受付番号	
	給与支払者	個人番号又は法人番号
	代表者の職氏名印	東京都品川区XXX1-2-3
	氏名又は名称	株式会社　緑商会
	（フリガナ） カブシキガイシャ ミドリショウカイ	
	住所（居所）又は所在地	〒141-XXXX
	代表者	鈴木　太郎 印

給与所得者

フリガナ　キノシタ タカシ

氏名　本上　貴志（旧姓）

個人番号　XXXX XXXX XXXX

生年月日　昭和 55 年 1 月 14 日

1月1日現在の住所　東京都目黒区XXX7-7-6

給与の支払を受けなくなった後の住所　同上

受給者番号　XXXXXXXXX

特別徴収税額（年税額）88,900円

徴収済額（イ）-（ロ）29,700（6月から9月まで）

未徴収税額（ア）-（イ）59,200（月から月まで）

異動年月日　4・9・30

異動の事由
1. 退職
2. 転勤
3. 合併
4. 休職
5. 死亡
6. 長期欠勤
7. 会社解散
8. 住所誤報
9. その他

（特別徴収継続）

①退職

1.現年度 2.新年度 3.両年度

特別徴収義務者 指定番号　00012XXX

整理番号　XX

連絡先の氏名及び所属課、係名並びに電話番号
電話　03-XXXX-XXXX

課・係　氏名

退職した年の1月から退職時までの給与支払金額　2,500,000

控除社会保険料額　341,334

異動後の未徴収税額の徴収
1. 一括徴収（必要）
2. 一括徴収（1月以降は必要）
3. ③普通徴収（本人が納付）　月で納入（月割分／日割納付）
理由（　）

●給与の支払を受けなくなった後の月割額（未徴収税額）を一括徴収する場合は、次の欄にも記入してください。

一括徴収の理由
1. 異動が
2. 異動が

徴収予定
徴収予定月日

相続人の氏名等

転勤（転職）等による特別徴収届出書
（※新規事業所の特別徴収義務者指定番号）

新しい勤務先の住所（居所）又は所在地　〒
フリガナ
氏名又は名称
代表者の職氏名印
個人番号又は法人番号

新しい勤務先では
月割額　　円を
月分から徴収し、納入します。
納入書の要・不要

✎ 書式14　退職所得についての特別徴収納入書・申告書

領収証書

△△県　○○市　個人市民税　個人県民税　領収証書

市町村コード　1 2 3 X X X

口座番号　00170-7-XXXXXX　加入者名　○○市会計管理者

令和 4 年 9 月分

納入金額	給与分	
	給与分の変更欄（一括徴収分を含む）	
	退職所得分	
	延滞金	
	督促手数料	
	合計額	

納期限

特別徴収義務者　〒141-XXXX　所在地　東京都品川区XX　名称　株式会社

上記のとおり領収しました。　領収日付印

納入書

△△県　○○市　個人市民税　個人県民税　納入書

市町村コード　1 2 3 X X X

口座番号　00170-7-XXXXXX　加入者名　○○市会計管理者　指定番号　00012XXX

令和 4 年 9 月分

納入金額	給与分	
	給与分の変更欄（一括徴収分を含む）	
	退職所得分	50,000
	延滞金	
	督促手数料	
	合計額	¥50,000

納期限　令和4年10月10日

特別徴収義務者　〒141-XXXX　所在地　東京都品川区XXX1-2-3　名称　株式会社 緑商会　様納

上記のとおり納入します。　領収日付印

※印は郵便官署において使用する欄です。　（金融機関又は郵便局保管）

納入済通知書

個人市民税　個人県民税　納入済通知書

○○市会計管理者　指定番号　00012XXX

9 月分　50,000　¥50,000　令和4年10月10日　都品川区XXX1-2-3

義務者　名称　株式会社 緑商会　様納

取りまとめ局　東京貯金事務センター（〒330-9794）　領収日付印

上記のとおり通知します。（取りまとめ店）○×銀行 ○△支店　（市保管）

納入申告書

市民税　県民税　納入申告書

○○市長 あて　（受付印）

令和 4 年 10 月 7 日 提出

（特別徴収義務者）　所在地　東京都品川区XXX1-2-3　名称　株式会社 緑商会

地方税法第50条の5および第328条の5第2項の規定により、下記のとおり分離課税に係る所得割の納入について申告します。

令和 4 年 9 月分	人員	1 人
退職支払等の支払金額		5,000,000 円
特別徴収税額	市民税	円
	県民税	円

1月1日の住所	○○市	
氏名		
勤続年数	10年	退職金 5,000,000円
特別徴収税額	市民税 30,000円	県民税 20,000円

1月1日の住所	○○市	
氏名	本上 貴志	
勤続年数	年	退職金 円
特別徴収税額	市民税 円	県民税 円

1月1日の住所	○○市	
氏名		
勤続年数	年	退職金 円
特別徴収税額	市民税 円	県民税 円

書式15　退職所得の源泉徴収票

令和 　4　年分　　退職所得の源泉徴収票・特別徴収票

支払を受ける者	個人番号	X X X X X X X X X X X X					
	住所又は居所	東京都目黒区XXX7－7－6					
	令和 4 年 1月1日の住所	同上					
	氏　　　名	（役職名）　本上　貴志					

区　　　　　　　分	支 払 金 額	源泉徴収税額	特　別　徴　収　税　額	
			市町村民税	道府県民税
所得税法第 201 条第1項第1号並びに地方税法第 50 条の6第1項第1号及び第 328 条の6第1項第1号適用分	5,000,000	25,525	30,000	20,000
所得税法第 201 条第1項第2号並びに地方税法第 50 条の6第1項第2号及び第 328 条の6第1項第2号適用分				
所得税法第 201 条第3項並びに地方税法第 50 条の6第2項及び第 328 条の6第2項適用分				

退職所得控除額	勤　続　年　数	就 職 年 月 日	退 職 年 月 日
400 万円	10 年	25 年 4 月 1 日	4 年 9 月 30 日

（摘要）

支払者	個人番号又は法人番号	X X X X X X X X X X X X X	（右詰で記載してください。）
	住所（居所）又は所在地	東京都品川区XXX1－2－3	
	氏 名 又 は 名　　　称	株式会社 緑商会　　　　　（電話）　03-XXXX-XXXX	

（税務署提出用）

整　　理　　欄	①		②	

令和　　　　年分　　退職所得の源泉徴収票・特別徴収票

支払を受ける者	個人番号						
	住所又は居所						
	平成　　年 1月1日の住所						
	氏　　　名	（役職名）					

区　　　　　　　分	支 払 金 額	源泉徴収税額	特　別　徴　収　税　額	
			市町村民税	道府県民税
所得税法第 201 条第1項第1号並びに地方税法第 50 条の6第1項第1号及び第 328 条の6第1項第1号適用分				
所得税法第 201 条第1項第2号並びに地方税法第 50 条の6第1項第2号及び第 328 条の6第1項第2号適用分				
所得税法第 201 条第3項並びに地方税法第 50 条の6第2項及び第 328 条の6第2項適用分				

退職所得控除額	勤　続　年　数	就 職 年 月 日	退 職 年 月 日
万円	年	年 月 日	年 月 日

（摘要）

支払者	個人番号又は法人番号		（右詰で記載してください。）
	住所（居所）又は所在地		
	氏 名 又 は 名　　　称	（電話）	

（税務署提出用）

整　　理　　欄	①		②	

○個人番号又は法人番号欄に個人番号（12桁）を記載する場合には、右詰で記載します。

214

第 7 章

ケース別
算定基礎届・月額変更届の
書き方

1 ケース別 算定基礎届の作成方法と書式

手当や遡り昇給がある場合には注意が必要

算定基礎届の役割

　定時決定時には算定基礎届を事業所管轄の年金事務所に提出します。算定基礎届は個々の労働者の標準報酬月額を決定し、毎月の保険料額を決定する際に使用します。

　「算定基礎届」提出の際に忘れてはならないのが、「70歳以上被用者算定基礎届」です。70歳以上被用者算定基礎届とは、原則として70歳以上の人は厚生年金保険の被保険者として対象とはなりませんが、在職老齢年金の対象者であることに変わりはなく、70歳以降も60歳後半の場合と同じ計算方法で収入により、年金の支給が停止されることになります。ところが、年金事務所に「算定基礎届」を提出するのは、75歳になるまで（健康保険組合加入の会社であれば70歳になるまで）ですので、その後は、年金事務所が厚生年金保険の加入対象とならなくなった70歳以上の人の報酬額を把握することができないため、年金の支給停止をするための情報がありません。そこで提出することになるのが、「70歳以上被用者算定基礎届」です。75歳以上（健康保険組合加入の会社は70歳以上）の人がいる会社で「算定基礎届」を提出する際は、忘れずに記入した上で、提出しましょう。

ケース1　正社員とパートタイム労働者がいる場合

　書式は、以下のケースで会社の担当者が作成する算定基礎届（書式1）、です。

被保険者数：8人（社長山田一郎の他、労働者佐藤二恵・鈴木三

佳・田中美四子・伊藤啓五・山本豊六・小林七海・加藤八重の計
8人）

従業員の労働形態：山田一郎・佐藤二恵・鈴木三佳については大
卒後入社。正社員（10年勤務）。田中美四子・伊藤啓五について
は大卒後入社。正社員（5年勤務）、山本豊六・小林七海・加藤
八重については中途採用。パートタイム労働者（3年勤務）。

報酬：田中美四子・伊藤啓五については月20万円、山本豊六・小
林七海・加藤八重については時間給1,100円（1日8時間勤務）。

従業員への支払形態：20日締め、25日支払い、現金払い。

その他の手当等：時間外労働はないため残業代や休日出勤手当の
支払いはない。また、通勤手当や資格手当など諸手当の支給もない。

出勤日数：山本豊六については4月＝15日、5月＝16日、6月＝
17日、小林七海については4月＝16日、5月＝15日、6月＝14日、
加藤八重については4月＝14日、5月＝17日、6月＝13日。

書式の作成ポイント

　支払基礎日数が17日以上ある月の報酬の平均額を算出します。

　②③の欄には取得手続きがデータに反映されている者はすべてプリ
ントされていますが、その内容が間違っている場合は、年金事務所へ
の確認が必要です。

　山本豊六、小林七海、加藤八重のようなパートタイム労働者など、日
給や時給で報酬額を決定する者については、⑩欄には出勤日数を記入
します。また、⑭欄の報酬月額の総計や⑮欄の平均額の算定の方法も
正社員と異なります。支払基礎日数が17日以上の月がまったくなかった
場合でも、15日以上の月が1か月でもあれば、その月だけで算定します。

　そして本ケースにはいませんが、15日以上の月が1か月もない場合に
は、従前の標準報酬額を基に保険者が決定しますので⑭欄や⑮欄は記
入を省略します。また、⑱欄には、「7、パート」を○で囲みましょう。

ケース２　手当や残業代、賞与の支給がある場合

　書式は、以下のケースで会社の担当者が作成する算定基礎届（書式２）、です。

被保険者数：５人（ケース１の山田一郎・佐藤二恵・鈴木三佳・田中美四子・伊藤啓五）

従業員の労働形態：山田一郎・佐藤二恵・鈴木三佳については大卒後入社。

報酬：月額報酬として、山田一郎に月50万円、佐藤二恵・鈴木三佳に月25万円、田中美四子・伊藤啓五に月20万円支給。それに加えて、佐藤二恵については業績手当４月＝１万円、５月＝5,000円、６月＝3,000円、鈴木三佳については現物支給５月＝8,000円、６月＝4,000円、田中美四子については残業手当４月＝6,000円、６月＝9,000円、伊藤啓五については賞与（年４回以上）支給実績あり（令和４年８月＝10万円、令和４年11月＝25万円、令和５年２月＝10万円、令和５年５月＝15万円）。

従業員への支払形態：20日締め、25日支払い、現金払い。

その他の手当等：上記以外なし。

書式の作成ポイント

　佐藤二恵の業績手当、田中美四子の残業手当であっても、基本給同様、支給のあった月の報酬月額に算入します。手当で忘れがちなのが通勤手当ですが、これも報酬の一部として同様に算入します。鈴木三佳への支給のように昼食などの現物給与を支給しているときは、事業所の所在する都道府県の標準価格により算定した額を⑫欄に記入します。なお、本人負担がある場合は、その分を差し引いて算出しますが、本人負担が３分の２を超えると報酬とはみなされません。

　伊藤啓五については、７月１日を基準に過去１年間に４回以上賞与

の支給実績があった場合の記載ですが、賞与の総額を12で割った額を各月の報酬月額に加えて処理します。また、備考には、「賞与」、支給月、12等分した額を記載しておきます。

ケース３　昇給、遡り昇給、保険者算定の申立てがある場合

　書式は、以下のケースで会社の担当者が作成する算定基礎届（書式３）、年間報酬の平均で算定することの申立書（書式４）、被保険者の同意等に関する書面（書式５）です。

被保険者数：４人（山田一郎、佐藤二恵、鈴木三佳、田中美四子）

従業員の労働形態：山田一郎、佐藤二恵、鈴木三佳は、大卒後入社。正社員（10年勤務）。田中美四子については、大卒後入社。正社員（５年勤務）。

報酬：山田一郎については月50万円、佐藤二恵については月25万円が４月１日付昇給により月26万円に変更。鈴木三佳については月25万円が２月１日付昇給により月26万円になるものの、５月の支給日に過月分の昇給差額を合わせて溯って支給する（遡り昇給）。

田中美四子の業務については、４月〜６月の３か月間は、例年繁忙のため、支給額が36万円となるが、その他の月については支給月額20万円となる。

従業員への支払形態：末日締め、翌月10日支払い、現金払い

その他の手当等：山田一郎、佐藤二恵、鈴木三佳については残業・手当なし。田中美四子については、４〜６月の３か月間は残業代が支払われている。

書式の作成ポイント

①　算定基礎届

　本書式は、ケース１〜２と異なり、支払形態が「末日締め、翌月10

日支払い」ですが、4月分の報酬算定の基礎となるのは3月1日〜31日であるため、4月分の報酬支払基礎日数は「31日」となります。同様に、5月分は「30日」、6月分は「31日」となります。佐藤二恵は、4月1日付で昇給しているのですが、実際の昇給額の支給は5月10日となることから、4月の報酬月額は、昇給前の額となります。

　昇給があった場合に、昇給分を昇給月から支給せずに、実際に昇給分を支給する月に過去の昇給差額を上乗せして支給することを遡り昇給（遡り支給）といいます。本ケースの鈴木三佳は、2月1日付、つまり3月支給分から昇給されるものの、5月の支給時に3月、4月の2か月の昇給分も支給されたという遡り昇給が行われた事例です。算定基礎届には、3月と4月の2か月の昇給分（合計2万円）を5月の報酬月額に算入します（26万円＋2万円＝28万円）。その上で⑯欄の修正平均額には、遡及支払額（本ケースでは3月分の10,000円）を除いた平均額を記入します。また、⑧欄には「遡及支払額」（本ケースでは「10,000円」）を記載します。なお、⑮と⑯欄の平均額に小数点以下の端数が生じた場合には、切り捨てます。

　田中美四子については、後述する保険者算定を申し立てるため、⑯欄に年間の報酬に基づく標準報酬月額（修正平均額、本ケースでは24万円）を記載し、備考欄（⑱欄）の「8．年間平均」を○で囲みます。

②　申立書、同意書

　4〜6月の3か月間の報酬額で社会保険料を算定することが困難な場合や著しく不当な結果が生じる場合、保険者が報酬月額を算定し、標準報酬月額を決定します。これを保険者算定といいます。

　「当年の4月、5月、6月の3か月間に受けた報酬の月平均額から算出した標準報酬月額」と「前年の7月から当年の6月までの間に受けた報酬の月平均額から算出した標準報酬月額」の間に2等級以上の差を生じた場合で、その差が業務の性質上例年発生することが見込まれる場合に保険者算定の申立てを行うことができます。申立てを行う

場合、算定基礎届に、該当する労働者についての申立書と同意書を添付します。本ケースでは、決算後の事務処理や法人税の事務処理で4～6月が例年繁忙期であることを想定して記載をしていますが、例年4～6月が閑散期で報酬額が格段に低いといったような場合にもこの手続きを利用することができます。

　申立書には、業務の内容や労働時間の状況を記載し、年間平均の申立てを行うことができるケースであることを示します。同意書には、前年7月～当年6月までの報酬金額を記載し、前年7月～当年6月までの報酬金額に基づく社会保険料の等級と、当年4月～6月までの報酬金額に基づく社会保険料の等級を記載し、両者の間に2等級以上の差があることがわかるようにします。末尾の同意欄には、手続きを利用する労働者に記名をしてもらいます。

■ 定時決定による標準報酬月額の求め方 …………………………

〈例1〉3か月ともに支払基礎日数が17日以上あるとき

月	支払基礎日数	支給額
4月	31日	305,000円
5月	30日	320,000円
6月	31日	314,000円

→ 3か月間の合計　　　　939,000円
（平均額　939,000円÷3 =313,000円
　標準報酬月額　　　　320,000円

〈例2〉3か月のうち支払基礎日数が17日未満の月があるとき

月	支払基礎日数	支給額
4月	31日	312,000円
5月	16日	171,000円
6月	31日	294,000円

→ 2か月間の合計　　　　606,000円
（平均額　606,000円÷2 =303,000円
　標準報酬月額　　　　300,000円

※支払基礎日数は暦日数ではなく、給与支払いの対象となった日数を記載する。たとえば、「20日締め25日支払い」の場合、4月25日に支払われる給与についての基礎日数は3月21～4月20日までの31日間となるため、4月の支払基礎日数は31日となる。

書式1　正社員とパートタイム労働者がいる場合

様式コード　2 2 2 5

健康保険
厚生年金保険

厚生年金保険

被保険者報酬月額算定基礎届

70歳以上被用者算定基礎届

令和 5 年 7 月 10 日提出

事業所整理記号	5 5 ヤケサ

受付印

届書記入の個人番号に誤りがないことを確認しました。

提出者記入欄

〒160-0000
東京都新宿区○○1-1-1

事業所名称　株式会社　山田印刷

事業主氏名　代表取締役　山田　一郎

電話番号　03（5555）5555

社会保険労務士記載欄

氏　名　欄

項目名	① 被保険者整理番号	② 被保険者氏名	③ 生年月日	④ 適用年月	⑤ 個人番号［基礎年金番号］※70歳以上被用者の場合のみ
	⑤ 従前の標準報酬月額	⑥ 従前改定月	⑦ 昇（降）給	⑧ 遡及支払額	
給与支給月	⑨ 給与計算の基礎日数	⑩ 通貨によるものの額	⑪ 現物によるものの額	⑫ 合計（⑩＋⑪）	⑬ 備考
				総計（一定の基礎日数以上の月のみ） 平均額 修正平均額	

1

① 1	② 山田 一郎	③ 5-450605	④ 5 年 9 月	⑤
健 500 千円　厚 500 千円	4 年 9 月	⑦昇（降）給 1.昇給 2.降給 月	⑧遡及支払額 月 円	
⑨支給月 ⑩日数	⑩通貨	⑪現物	⑫合計（⑩＋⑪）	1.70歳以上被用者算定（算定基礎月 月 月）2.二以上勤務 3.月額変更予定 4.途中入社 5.病休・育休・休職等 6.短時間労働者（特定適用事業所等）7.パート 8.年間平均 9.その他（ ）
4 月 31 日	500,000 円	円	総計 500,000 円	1,500,000 円
5 月 30 日	500,000 円	円	平均額 500,000 円	500,000 円
6 月 31 日	500,000 円	円	修正平均額 500,000 円	円

2

① 2	② 佐藤 二恵	③ 5-551220	④ 5 年 9 月	⑤
健 260 千円　厚 260 千円	4 年 9 月	⑦昇（降）給 1.昇給 2.降給 月	⑧遡及支払額 月 円	
⑨支給月 ⑩日数	⑩通貨	⑪現物	⑫合計（⑩＋⑪）	1.70歳以上被用者算定（算定基礎月 月 月）2.二以上勤務 3.月額変更予定 4.途中入社 5.病休・育休・休職等 6.短時間労働者（特定適用事業所等）7.パート 8.年間平均 9.その他（ ）
4 月 31 日	250,000 円	円	総計 250,000 円	750,000 円
5 月 30 日	250,000 円	円	平均額 250,000 円	250,000 円
6 月 31 日	250,000 円	円	修正平均額 250,000 円	円

3

① 3	② 鈴木 三佳	③ 5-551010	④ 5 年 9 月	⑤
健 260 千円　厚 260 千円	4 年 9 月	⑦昇（降）給 1.昇給 2.降給 月	⑧遡及支払額 月 円	
⑨支給月 ⑩日数	⑩通貨	⑪現物	⑫合計（⑩＋⑪）	1.70歳以上被用者算定（算定基礎月 月 月）2.二以上勤務 3.月額変更予定 4.途中入社 5.病休・育休・休職等 6.短時間労働者（特定適用事業所等）7.パート 8.年間平均 9.その他（ ）
4 月 31 日	250,000 円	円	総計 250,000 円	750,000 円
5 月 30 日	250,000 円	円	平均額 250,000 円	250,000 円
6 月 31 日	250,000 円	円	修正平均額 250,000 円	円

4

① 4	② 田中 美四子	③ 5-600430	④ 5 年 9 月	⑤
健 200 千円　厚 200 千円	4 年 9 月	⑦昇（降）給 1.昇給 2.降給 月	⑧遡及支払額 月 円	
⑨支給月 ⑩日数	⑩通貨	⑪現物	⑫合計（⑩＋⑪）	1.70歳以上被用者算定（算定基礎月 月 月）2.二以上勤務 3.月額変更予定 4.途中入社 5.病休・育休・休職等 6.短時間労働者（特定適用事業所等）7.パート 8.年間平均 9.その他（ ）
4 月 31 日	200,000 円	円	総計 200,000 円	600,000 円
5 月 30 日	200,000 円	円	平均額 200,000 円	200,000 円
6 月 31 日	200,000 円	円	修正平均額 200,000 円	円

5

① 5	② 伊藤 啓五	③ 5-610215	④ 5 年 9 月	⑤
健 200 千円　厚 200 千円	4 年 9 月	⑦昇（降）給 1.昇給 2.降給 月	⑧遡及支払額 月 円	
⑨支給月 ⑩日数	⑩通貨	⑪現物	⑫合計（⑩＋⑪）	1.70歳以上被用者算定（算定基礎月 月 月）2.二以上勤務 3.月額変更予定 4.途中入社 5.病休・育休・休職等 6.短時間労働者（特定適用事業所等）7.パート 8.年間平均 9.その他（ ）
4 月 31 日	200,000 円	円	総計 200,000 円	600,000 円
5 月 30 日	200,000 円	円	平均額 200,000 円	200,000 円
6 月 31 日	200,000 円	円	修正平均額 200,000 円	円

※ ⑨支給月とは、給与の対象となった計算月ではなく実際に給与の支払いを行った月となります。

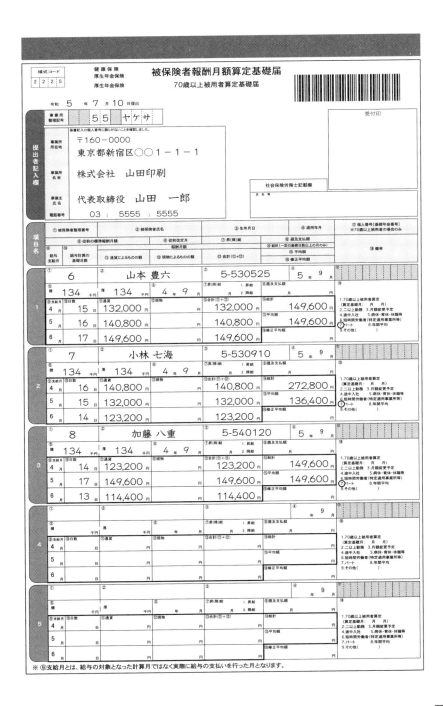

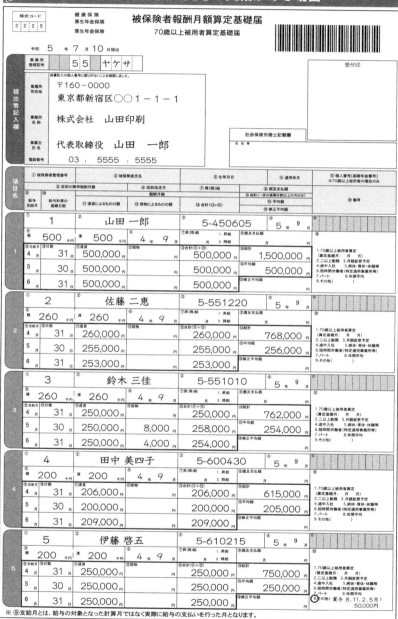

被保険者報酬月額算定基礎届
70歳以上被用者算定基礎届

様式コード　2 2 2 5

健康保険　厚生年金保険　厚生年金保険

令和　5　年　7　月　10　日提出

事業所整理記号　55　ヤケサ

届書記入の個人番号に誤りがないことを確認しました。

事業所所在地　〒160-0000　東京都新宿区○○1-1-1

事業所名称　株式会社　山田印刷

事業主氏名　代表取締役　山田　一郎

電話番号　03（5555）5555

受付印

社会保険労務士記載欄　氏名等

項目名	① 被保険者整理番号	② 被保険者氏名	③ 生年月日	④ 適用年月	⑩ 個人番号［基礎年金番号］※70歳以上被用者の場合のみ
	⑤ 従前の標準報酬月額	⑥ 従前改定月	⑦ 昇（降）給	⑧ 遡及支払額	
給与支給月	給与計算の基礎日数	報酬月額 ⑨通貨によるものの額 ⑩現物によるものの額 ⑪合計（⑨+⑩）		⑫総計（一定の基礎日数以上の月のみ）⑬平均額⑭修正平均額	⑮ 備考

1　② 山田 一郎　③ 5-450605　④ 5年9月

⑤健 500千円　厚 500千円　⑥ 4年9月　⑦昇（降）給　⑧遡及支払額

⑨支給月	⑩日数	⑪通貨	現物	⑪合計（⑨+⑩）	⑫総計	
4月	31日	500,000円	円	500,000円	1,500,000円	1.70歳以上被用者算定（算定基礎月：月月）2.二以上勤務　3.月額変更予定 4.途中入社　5.病休・育休・休職等 6.短時間労働者（特定適用事業所等）7.パート　8.年間平均 9.その他（ ）
5月	30日	500,000円	円	500,000円	⑬平均額 500,000円	
6月	31日	500,000円	円	500,000円	⑭修正平均額 円	

2　② 佐藤 二恵　③ 5-551220　④ 5年9月

⑤健 260千円　厚 260千円　⑥ 4年9月

⑨支給月	⑩日数	⑪通貨	現物	⑪合計（⑨+⑩）	⑫総計	
4月	31日	260,000円	円	260,000円	768,000円	1.70歳以上被用者算定（算定基礎月：月月）2.二以上勤務　3.月額変更予定 4.途中入社　5.病休・育休・休職等 6.短時間労働者（特定適用事業所等）7.パート　8.年間平均 9.その他（ ）
5月	30日	255,000円	円	255,000円	⑬平均額 256,000円	
6月	31日	253,000円	円	253,000円	⑭修正平均額 円	

3　② 鈴木 三佳　③ 5-551010　④ 5年9月

⑤健 260千円　厚 260千円　⑥ 4年9月

⑨支給月	⑩日数	⑪通貨	現物	⑪合計（⑨+⑩）	⑫総計	
4月	31日	250,000円	円	250,000円	762,000円	1.70歳以上被用者算定（算定基礎月：月月）2.二以上勤務　3.月額変更予定 4.途中入社　5.病休・育休・休職等 6.短時間労働者（特定適用事業所等）7.パート　8.年間平均 9.その他（ ）
5月	30日	250,000円	8,000円	258,000円	⑬平均額 254,000円	
6月	31日	250,000円	4,000円	254,000円	⑭修正平均額 円	

4　② 田中 美四子　③ 5-600430　④ 5年9月

⑤健 200千円　厚 200千円　⑥ 4年9月

⑨支給月	⑩日数	⑪通貨	現物	⑪合計（⑨+⑩）	⑫総計	
4月	31日	206,000円	円	206,000円	615,000円	1.70歳以上被用者算定（算定基礎月：月月）2.二以上勤務　3.月額変更予定 4.途中入社　5.病休・育休・休職等 6.短時間労働者（特定適用事業所等）7.パート　8.年間平均 9.その他（ ）
5月	30日	200,000円	円	200,000円	⑬平均額 205,000円	
6月	31日	209,000円	円	209,000円	⑭修正平均額 円	

5　② 伊藤 啓五　③ 5-610215　④ 5年9月

⑤健 200千円　厚 200千円　⑥ 4年9月

⑨支給月	⑩日数	⑪通貨	現物	⑪合計（⑨+⑩）	⑫総計	
4月	31日	250,000円	円	250,000円	750,000円	1.70歳以上被用者算定（算定基礎月：月月）2.二以上勤務　3.月額変更予定 4.途中入社　5.病休・育休・休職等 6.短時間労働者（特定適用事業所等）7.パート　8.年間平均 ⑨その他（賞与 8.11.2.5月）50,000円
5月	30日	250,000円	円	250,000円	⑬平均額 250,000円	
6月	31日	250,000円	円	250,000円	⑭修正平均額 円	

※ ⑨支給月とは、給与の対象となった計算月ではなく実際に給与の支払いを行った月となります。

様式コード		
2 2 2 5	健康保険 厚生年金保険 厚生年金保険	被保険者報酬月額算定基礎届 70歳以上被用者算定基礎届

令和　5　年　7　月　10　日提出

	事業所整理記号	5 5　ヤケサ		受付印

提出者記入欄

保険者記入の個人番号に誤りがないことを確認しました。

事業所所在地　〒160-0000
東京都新宿区○○1-1-1

事業所名称　株式会社　山田印刷

事業主氏名　代表取締役　山田　一郎

電話番号　03（5555）5555

社会保険労務士記載欄　氏名等

項目名	①被保険者整理番号	②被保険者氏名	③生年月日	④適用年月	⑪個人番号【基礎年金番号】※70歳以上被用者の場合のみ
	③従前の標準報酬月額	⑥従前改定月	⑦昇（降）給	⑧遡及支払額	
⑨給与支給月	⑩給与計算の基礎日数	報酬月額		⑫総計（一定の基礎日数以上の月のみ）	⑬備考
		⑪通貨によるものの額	⑫現物によるものの額	⑬合計（⑪+⑫）	
				⑭平均額	
				⑮修正平均額	

1

	① 1	② 山田　一郎		③ 5-450605	④ 5年 9月	⑪
⑤健 500千円	⑥厚 500千円	⑥ 4年 9月	⑦昇（降）給 月 1.昇給 2.降給	⑧遡及支払額 月 円		
⑨支給月	⑩日数	⑪通貨	⑫現物	⑬合計（⑪+⑫）	⑭総計	⑬
4月	31日	500,000円	円	500,000円	1,500,000円	1.70歳以上被用者算定（算定基礎月　月　月） 2.二以上勤務　3.月額変更予定 4.途中入社　5.病休・育休・休職等 6.短時間労働者（特定適用事業所等） 7.パート　8.年間平均 9.その他（　）
5月	30日	500,000円	円	500,000円	⑭平均額 500,000円	
6月	31日	500,000円	円	500,000円	⑮修正平均額 円	

2

	① 2	② 佐藤　二恵		③ 5-551220	④ 5年 9月	⑪
⑤健 260千円	⑥厚 260千円	⑥ 4年 9月	⑦昇（降）給 月 1.昇給 2.降給	⑧遡及支払額 月 円		
⑨支給月	⑩日数	⑪通貨	⑫現物	⑬合計（⑪+⑫）	⑭総計	⑬
4月	31日	250,000円	円	250,000円	770,000円	1.70歳以上被用者算定（算定基礎月　月　月） 2.二以上勤務　3.月額変更予定 4.途中入社　5.病休・育休・休職等 6.短時間労働者（特定適用事業所等） 7.パート　8.年間平均 9.その他（　）
5月	30日	260,000円	円	260,000円	⑭平均額 256,666円	
6月	31日	260,000円	円	260,000円	⑮修正平均額 円	

3

	① 3	② 鈴木　三佳		③ 5-551010	④ 5年 9月	⑪
⑤健 260千円	⑥厚 260千円	⑥ 4年 9月	⑦昇（降）給 5月 1.昇給 2.降給	⑧遡及支払額 5月 10,000円		
⑨支給月	⑩日数	⑪通貨	⑫現物	⑬合計（⑪+⑫）	⑭総計	⑬
4月	31日	250,000円	円	250,000円	790,000円	1.70歳以上被用者算定（算定基礎月　月　月） 2.二以上勤務　3.月額変更予定 4.途中入社　5.病休・育休・休職等 6.短時間労働者（特定適用事業所等） 7.パート　8.年間平均 9.その他（　）
5月	30日	280,000円	円	280,000円	⑭平均額 263,333円	
6月	31日	260,000円	円	260,000円	⑮修正平均額 260,000円	

4

	① 4	② 田中　美四子		③ 5-600430	④ 5年 9月	⑪
⑤健 200千円	⑥厚 200千円	⑥ 4年 9月	⑦昇（降）給 月 1.昇給 2.降給	⑧遡及支払額 月 円		
⑨支給月	⑩日数	⑪通貨	⑫現物	⑬合計（⑪+⑫）	⑭総計	⑬
4月	31日	360,000円	円	360,000円	1,080,000円	1.70歳以上被用者算定（算定基礎月　月　月） 2.二以上勤務　3.月額変更予定 4.途中入社　5.病休・育休・休職等 6.短時間労働者（特定適用事業所等） 7.パート　⑧年間平均 9.その他（　）
5月	30日	360,000円	円	360,000円	⑭平均額 360,000円	
6月	31日	360,000円	円	360,000円	⑮修正平均額 240,000円	

5

	①	②		③	④ 9月	⑪
⑤健 千円	⑥厚 千円	⑥ 年 月	⑦昇（降）給 月 1.昇給 2.降給	⑧遡及支払額 月 円		
⑨支給月	⑩日数	⑪通貨	⑫現物	⑬合計（⑪+⑫）	⑭総計	⑬
4月	日	円	円	円	円	1.70歳以上被用者算定（算定基礎月　月　月） 2.二以上勤務　3.月額変更予定 4.途中入社　5.病休・育休・休職等 6.短時間労働者（特定適用事業所等） 7.パート　8.年間平均 9.その他（　）
5月	日	円	円	円	⑭平均額 円	
6月	日	円	円	円	⑮修正平均額 円	

※ ⑨支給月とは、給与の対象となった計算月ではなく実際に給与の支払いを行った月となります。

新宿年金事務所長　様

年間報酬の平均で算定することの申立書

　当事業所は**印刷業**を行っており、（当事業所内の**経理**部門では、）毎年、３月から５月までの間は、**決算後の業務整理、法人税の申告に関する事務処理**の理由により繁忙期となることから、健康保険及び厚生年金保険被保険者の報酬月額算定基礎届を提出するにあたり、健康保険法第４１条及び厚生年金保険法第２１条の規定による定時決定の算定方法によると、年間報酬の平均により算出する方法より、標準報酬月額等級について２等級以上の差が生じ、著しく不当であると思料するため、健康保険法第４４条第１項及び厚生年金保険法第２４条第１項における「報酬月額の算定の特例」（年間）にて決定するよう申立てします。

　なお、当事業所における例年の状況、標準報酬月額の比較及び被保険者の同意等の資料を添付します。

令和　５年　７月　１０日

　　　　　事業所所在地　　東京都新宿区○○ 1-1-1
　　　　　事業所名称　　　株式会社 山田印刷
　　　　　事業主氏名　　　代表取締役　山田一郎
　　　　　連絡先　　　　　03-5555-5555

※業種等は正確に、理由は具体的に記入いただくようお願いします。

書式5　被保険者の同意等に関する書面

保険者算定申立に係る例年の状況、標準報酬月額の比較及び被保険者の同意等

【申請にあたっての注意事項】
- この用紙は、算定基礎届をお届けいただくにあたって、年間報酬の平均で決定することを申し立てる場合に必ず提出してください。
- この用紙は、定時決定にあたり、4、5、6月の報酬の月平均と年間報酬の月平均に2等級以上差があり、年間報酬の平均で決定することに同意する方のみ記入してください。
- また、被保険者の同意を得ている必要がありますので、同意欄に被保険者の氏名を記入してください。
- なお、標準報酬月額は、年金や傷病手当金など、被保険者が受ける保険給付の額にも影響を及ぼすことにご留意下さい。

事業所整理記号	55 ヤケサ	事業所名称	株式会社山田印刷

被保険者整理番号	被保険者の氏名	生 年 月 日	種別
5-600430	田中美四子	昭和60年4月30日	2

【前年7月～当年6月の報酬額等の欄】

算定基礎月の報酬支払基礎日数			通貨によるものの額	現物によるものの額	合計
令和4年　7月	30	日	200,000 円	0 円	200,000 円
令和4年　8月	31	日	200,000 円	0 円	200,000 円
令和4年　9月	31	日	200,000 円	0 円	200,000 円
令和4年　10月	30	日	200,000 円	0 円	200,000 円
令和4年　11月	31	日	200,000 円	0 円	200,000 円
令和4年　12月	30	日	200,000 円	0 円	200,000 円
令和5年　1月	31	日	200,000 円	0 円	200,000 円
令和5年　2月	31	日	200,000 円	0 円	200,000 円
令和5年　3月	28	日	200,000 円	0 円	200,000 円
令和5年　4月	31	日	360,000 円	0 円	360,000 円
令和5年　5月	30	日	360,000 円	0 円	360,000 円
令和5年　6月	31	日	360,000 円	0 円	360,000 円

【標準報酬月額の比較欄】※全て事業主が記入してください。

従前の標準報酬月額	健 康 保 険	厚 生 年 金 保 険
	200 千円	200 千円

前年7月～本年6月の合計額(※)	前年7月～本年6月の平均額(※)	健 康 保 険		厚 生 年 金 保 険	
		等級	標準報酬月額	等級	標準報酬月額
2,880,000円	240,000 円	19	240 千円	16	240 千円

本年4月～6月の合計額(※)	本年4月～6月の平均額(※)	健 康 保 険		厚 生 年 金 保 険	
		等級	標準報酬月額	等級	標準報酬月額
1,080,000円	360,000 円	25	360 千円	22	360 千円

2等級以上(○又は×)	修 正 平 均 額(※)	健 康 保 険		厚 生 年 金 保 険	
		等級	標準報酬月額	等級	標準報酬月額
○	240,000 円	19	240 千円	16	240 千円

【標準報酬月額の比較欄】の(※)部分を算出する場合は、以下にご注意ください。
① 支払基礎日数17日未満(短時間労働者は11日未満)の月の報酬額は除く。
② 短時間就労者の場合は、「通常の方法で算出した標準報酬月額」(当年4月～6月)の支払基礎日数を17日以上の月の報酬の平均額とした場合には、「年間平均で算出した標準報酬月額」(前年7月～当年6月)を17日以上の月の報酬の平均額。
「通常の方法で算出した標準報酬月額」の支払基礎日数が11日以上15日未満の月があれば、その月も年間平均での算定の対象とする。
ただし、被保険者区分が短時間労働者で支払基礎日数が15日以上ないので、15日以上17日未満の月の報酬とした場合には、「年間平均で算出した標準報酬月額」は、支払基礎日数が15日以上の月の報酬の平均額。
③ 低額の休職給を受けた月、ストライキによる賃金カットを受けた月など、その月も標準報酬月額の算定の対象から除く。
④ 給与の支払いに遅配がある場合は
ア 前年6月分以前に支払うべきであった給与の遅配分を前年7月～当年6月に受けた場合は、その遅配分に当たる報酬の額を除く。
イ 前年7月～当年6月までの間に本来支払うはずの報酬の一部が、当年7月以降に支払われることになった場合は、その支払うはずだった月を除く。
⑤ この標準報酬算定の要件に該当する場合は、「修正平均額」には、「前年7月～本年6月の平均」を記入。
⑥ 上記①～④に該当した場合は、その旨を「備考欄」に記入。

【被保険者の同意欄】

私は本年の定時決定にあたり、年間報酬額の平均で決定することを希望しますので、当事業所が申立てすることに同意します。

　　　　　　　　　　　　　　被保険者氏名　　　　田中美四子

【備考欄】

ケース別 月額変更届の作成方法と書式

契約の見直しなどを行うときには注意が必要

標準報酬月額に2等級以上の差が生じたときの手続き

　固定的賃金の増減、給与体系の変更などがあった月以降の3か月間の平均給与額による標準報酬月額が、それまでの標準報酬月額と比べて2等級以上の差が生じた場合に行うのが随時改定です。たとえば、従来の標準報酬月額が「260千円（26万円）」だった被保険者について、1月に昇給が行われた結果、1月〜3月の平均給与額が300,000円となった場合、標準報酬月額は「300千円（30万円）」となります。

　この場合、標準報酬月額が2等級上がったことになるため（健康保険の場合、260千円は20等級で、300千円は22等級）、随時改定を行うことが必要です。随時改定のために所轄年金事務所（所轄事務センター）に提出する届出は「健康保険厚生年金保険被保険者報酬月額変更届」です。変動があった月から3か月を経過した後、速やかに提出する必要があります。

ケース4　基本給・時給の昇給があった場合

　書式は、以下のケースで会社の担当者が作成する健康保険厚生年金保険被保険者報酬月額変更届（書式6）です。

被保険者数：3人（社長馬田一美、正社員猫川慎二、パート社員犬岡三太）

報酬額の変動：馬田一美については昇給により月58万円から64万円に変更（1月21日付）。猫川慎二については、昇給により月30万円から33万円に変更（1月21日付）。犬岡三太については、昇

給により時間給1,072円から1,150円に変更（1月21日付）。勤務時形態は1日8時間、月17日出勤として変更なし。

支払形態：20日締め、25日支払い、通貨払い。

報酬の構成：基本給のみによる。残業手当、賞与等はなし。

書式の作成ポイント

馬田一美については、健康保険の場合、標準報酬33等級（590,000円）から35等級（650,000円）への2等級の差となり随時改定を行います。また、猫川慎二と犬岡三太においても、昇給により固定的賃金に変動が生じ2等級以上の差が生じたため随時改定となります。犬岡三太のように時給や日給で賃金が決定されている場合は、時給や日給あるいはその他の固定的賃金の額の変動が随時改定の要件となります。④欄は、標準報酬月額が改定される年月を記入します（ケースの場合は「4年5月」）。

ケース5　非固定的賃金の変動や遡り昇給がある場合

書式は、以下のケースで会社の担当者が作成する健康保険厚生年金保険被保険者報酬月額変更届（書式7）です。

被保険者数：2人（正社員猫川慎二の他、正社員猿渡四郎）

報酬額の変動：猫川慎二については昇給により月30万円から31万円に変更（1月21日付）。ただし、期間中に残業手当の支給あり。猿渡四郎については昇給により月24万円から27万円に変更（11月21日付。ただし、2月の支給日に過月分の遡り支給）。

支払形態：20日締め、25日支払い、通貨払い。

報酬の構成：基本給、残業手当による。賞与等はなし。

　猫川慎二は、固定的賃金の変動だけでは１等級の差となるが、期間内に支給された非固定的賃金を合わせると２等級の差が生じることから、随時改定が行われます。猿渡四郎においては、11月21日付つまり12月支給分から昇給されるものの、２月の支給時に12月、１月の２か月の昇給分も支給されたというケースですが、その分も含めた額を２月の報酬月額に算入します。その上で⑯欄の修正平均額には、遡及支払額（本ケースでは60,000円）を除いた平均額を記入します。また、⑧欄にはその「遡及支払額」を忘れずに記入しましょう。

ケース６　諸手当や現物支給による賃金の変動がある場合

　書式は、以下のケースで会社の担当者が作成する健康保険厚生年金保険被保険者報酬月額変更届（書式８）です。

> **被保険者数**：２人（正社員猫川慎二、猿渡四郎）
> **報酬額の変動**：猫川慎二については昇給により月30万円から31万5,000円に変更（１月21日付）。ただし、期間中に現物報酬の支給あり。猿渡四郎については、役職手当３万円が加わり月24万円から27万円に変更（１月21日付）。
> **支払形態**：20日締め、25日支払い、通貨ならびに現物払い。
> **報酬の構成**：基本給、役職手当による残業手当、賞与等はなし。

　猫川慎二のように住宅などの現物給与を支給しているときは、事業所の所在する都道府県の標準価格により算定した額から本人負担額を除いた額を⑫欄に記入します。

　猿渡四郎では、役職手当が加わり、結果として昇給となったわけですが、役職手当も固定的賃金であることから随時改定が行われます。

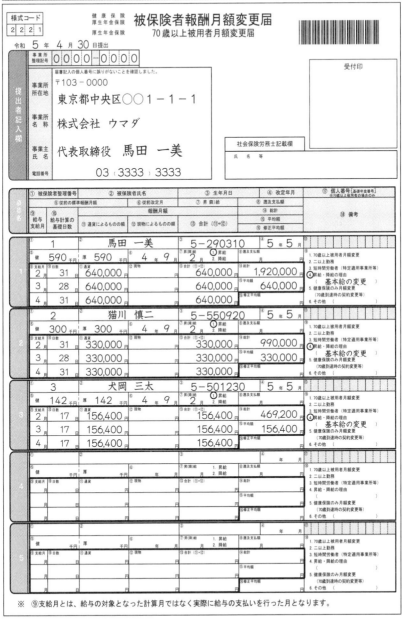

書式6　基本給・時給の昇給があった場合

健康保険
厚生年金保険

様式コード
2 2 2 1

被保険者報酬月額変更届
70歳以上被用者月額変更届

令和 5 年 4 月 30 日提出

事業所
整理記号　0000 - 0000

届書記入の個人番号に誤りがないことを確認しました。

事業所
所在地　〒103-0000
　　　　東京都中央区○○1-1-1

事業所
名　称　株式会社 ウマダ

事業主
氏　名　代表取締役　馬田 一美

電話番号　03 (3333) 3333

受付印

社会保険労務士記載欄

氏　名　等

① 被保険者整理番号	② 被保険者氏名	③ 生年月日	④ 改定年月	⑪ 個人番号[基礎年金番号] ※70歳以上被用者の場合のみ
⑤ 従前の標準報酬月額	⑥ 従前改定月	⑦ 昇(降)給	⑧ 遡及支払額	
⑨ 給与支給月	⑩ 給与計算の基礎日数	報酬月額	⑬ 総計	⑱ 備考
		⑪ 通貨によるものの額	⑫ 現物によるものの額	⑬ 合計 (⑪+⑫)

1
① 1　② 馬田 一美　③ 5-290310　④ 5年5月
健 590千円　厚 590千円　⑥ 4年9月　⑦ 2月 1.昇給 2.降給　⑧ 遡及支払額
⑨支給月	⑩日数	⑪通貨	⑫現物	⑬合計(⑪+⑫)	⑭総計 1,920,000
2	31	640,000		640,000	⑮平均額 640,000
3	28	640,000		640,000	⑯修正平均額
4	31	640,000		640,000	

⑱備考
1.70歳以上被用者月額変更
2.二以上勤務
3.短時間労働者(特定適用事業所等)
④昇給・降給の理由
　（　基本給の変更　）
5.健康保険のみ月額変更
　（70歳到達時の契約変更等）
6.その他

2
① 2　② 猫川 慎二　③ 5-550920　④ 5年5月
健 300千円　厚 300千円　⑥ 4年9月　⑦ 2月 1.昇給 2.降給　⑧ 遡及支払額
⑨支給月	⑩日数	⑪通貨	⑫現物	⑬合計(⑪+⑫)	⑭総計 990,000
2	31	330,000		330,000	⑮平均額 330,000
3	28	330,000		330,000	⑯修正平均額
4	31	330,000		330,000	

⑱備考
1.70歳以上被用者月額変更
2.二以上勤務
3.短時間労働者(特定適用事業所等)
④昇給・降給の理由
　（　基本給の変更　）
5.健康保険のみ月額変更
　（70歳到達時の契約変更等）
6.その他

3
① 3　② 犬岡 三太　③ 5-501230　④ 5年5月
健 142千円　厚 142千円　⑥ 4年9月　⑦ 2月 1.昇給 2.降給　⑧ 遡及支払額
⑨支給月	⑩日数	⑪通貨	⑫現物	⑬合計(⑪+⑫)	⑭総計 469,200
2	17	156,400		156,400	⑮平均額 156,400
3	17	156,400		156,400	⑯修正平均額
4	17	156,400		156,400	

⑱備考
1.70歳以上被用者月額変更
2.二以上勤務
3.短時間労働者(特定適用事業所等)
④昇給・降給の理由
　（　基本給の変更　）
5.健康保険のみ月額変更
　（70歳到達時の契約変更等）
6.その他

4
⑱備考
1.70歳以上被用者月額変更
2.二以上勤務
3.短時間労働者(特定適用事業所等)
4.昇給・降給の理由
　（　　　　）
5.健康保険のみ月額変更
　（70歳到達時の契約変更等）
6.その他

5
⑱備考
1.70歳以上被用者月額変更
2.二以上勤務
3.短時間労働者(特定適用事業所等)
4.昇給・降給の理由
　（　　　　）
5.健康保険のみ月額変更
　（70歳到達時の契約変更等）
6.その他

※　⑨支給月とは、給与の対象となった計算月ではなく実際に給与の支払いを行った月となります。

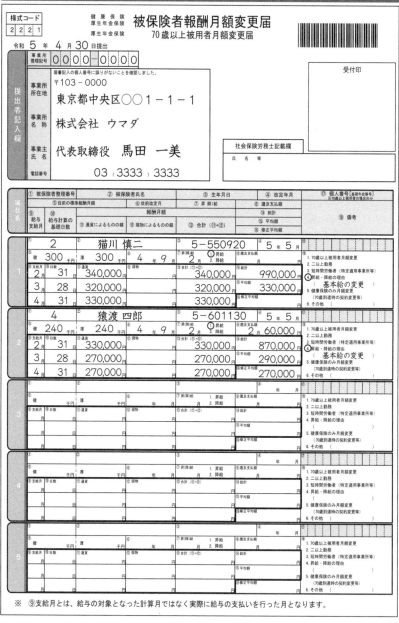

様式コード 2 2 2 1	健康保険 厚生年金保険 厚生年金保険	被保険者報酬月額変更届 70歳以上被用者月額変更届		

令和 5 年 4 月 30 日提出

事業所整理記号　0000－0000

提出者記入欄

届書記入の個人番号に誤りがないことを確認しました。

事業所所在地　〒103-0000　東京都中央区○○1－1－1

事業所名称　株式会社　ウマダ

事業主氏名　代表取締役　馬田　一美

電話番号　03（3333）3333

受付印

社会保険労務士記載欄

氏名等

① 被保険者整理番号	② 被保険者氏名	③ 生年月日	④ 改定年月	⑰ 個人番号［基礎年金番号］ ※70歳以上被用者の場合のみ

	2	猫川 慎二	5-550920	5 年 5 月	

項目名

⑤ 従前の標準報酬月額　⑥ 従前改定月　⑦ 昇（降）給　⑧ 遡及支払額

⑨給与支給月　⑩給与計算の基礎日数　報酬月額　⑬ 合計（⑪+⑫）　⑭総計／⑮平均額／⑯修正平均額

⑪通貨によるものの額　⑫現物によるものの額

⑱備考

1

健 300 千円　厚 300 千円　4 月 9 月　2 月（①昇給・2降給）　遡及支払額

⑨支給月	⑩日数	⑪通貨	⑫現物	⑬合計(⑪+⑫)	⑭総計
2月	31	340,000	現物	340,000	990,000
3月	28	320,000		320,000	平均額 330,000
4月	31	330,000		330,000	修正平均額

1. 70歳以上被用者月額変更
2. 二以上勤務
3. 短時間労働者（特定適用事業所等）
④昇給・降給の理由
　（　基本給の変更　）
5. 健康保険のみ月額変更
　（70歳到達時の契約変更等）
6. その他（　）

	4	猿渡 四郎	5-601130	5 年 5 月	

2

健 240 千円　厚 240 千円　4 月 9 月　2 月（①昇給・2降給）　遡及支払額 60,000

⑨支給月	⑩日数	⑪通貨	⑫現物	⑬合計(⑪+⑫)	⑭総計
2月	31	330,000	現物	330,000	870,000
3月	28	270,000		270,000	平均額 290,000
4月	31	270,000		270,000	修正平均額 270,000

1. 70歳以上被用者月額変更
2. 二以上勤務
3. 短時間労働者（特定適用事業所等）
④昇給・降給の理由
　（　基本給の変更　）
5. 健康保険のみ月額変更
　（70歳到達時の契約変更等）
6. その他（　）

3

			年 月	

健 千円　厚 千円　月 月　月（1.昇給・2降給）　遡及支払額

1. 70歳以上被用者月額変更
2. 二以上勤務
3. 短時間労働者（特定適用事業所等）
4. 昇給・降給の理由
5. 健康保険のみ月額変更
　（70歳到達時の契約変更等）
6. その他（　）

4

			年 月	

健 千円　厚 千円　月 月　月（1.昇給・2降給）　遡及支払額

1. 70歳以上被用者月額変更
2. 二以上勤務
3. 短時間労働者（特定適用事業所等）
4. 昇給・降給の理由
5. 健康保険のみ月額変更
　（70歳到達時の契約変更等）
6. その他（　）

5

			年 月	

健 千円　厚 千円　月 月　月（1.昇給・2降給）　遡及支払額

1. 70歳以上被用者月額変更
2. 二以上勤務
3. 短時間労働者（特定適用事業所等）
4. 昇給・降給の理由
5. 健康保険のみ月額変更
　（70歳到達時の契約変更等）
6. その他（　）

※　⑨支給月とは、給与の対象となった計算月ではなく実際に給与の支払いを行った月となります。

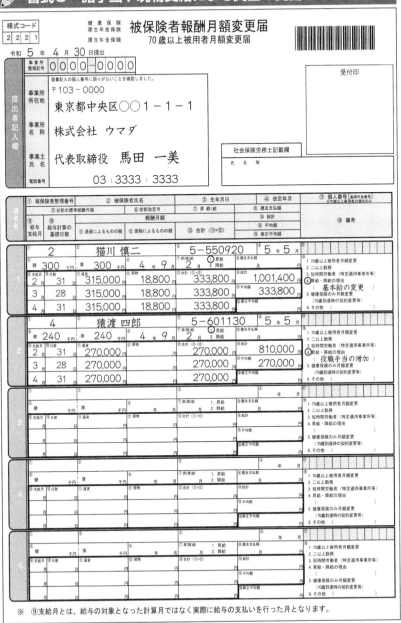

書式8　諸手当や現物支給による賃金の変動がある場合

様式コード
2 2 2 1

健康保険
厚生年金保険
厚生年金保険

被保険者報酬月額変更届
70歳以上被用者月額変更届

令和 5 年 4 月 30 日提出

届書記入の個人番号に誤りがないことを確認しました。

事業所整理記号 0000 - 0000

提出者記入欄

事業所所在地 〒103 - 0000
東京都中央区○○1 - 1 - 1

事業所名称 株式会社　ウマダ

事業主氏名 代表取締役　馬田　一美

電話番号 03（3333）3333

受付印

社会保険労務士記載欄
氏名等

※ ⑨支給月とは、給与の対象となった計算月ではなく実際に給与の支払いを行った月となります。

年金事務所が行う社会保険の定時決定調査

　事業所調査とは、日本年金機構が行う定期的な調査です。調査のねらいは、事業所で行う社会保険の手続きが「適正か」を調べるためです。そのうち、特に念入りに調べられるのが、パートやアルバイトなどの非正規雇用者の社会保険加入状況です。

　事業所調査の対象となった場合、事業所所在地を管轄する年金事務所より書類が届きます。その中には、調査を実施する日時（または年金事務所へ郵送、電子申請する期限）と必要書類が記載されています。

　限られた日程内で必要書類をそろえる必要があるため、日頃からの社内体制の整備具合が問われるでしょう。

　なお、指定された日時に出頭（または提出期限までに郵送、電子申請）しなかった場合は、後日に年金事務所より電話がかかってくることがあります。それでも応じない場合は年金事務所の担当者が事務所へ出向くという事態にもなりかねないため、注意が必要です。単に用事で指定された日程に出頭（または提出期限までに郵送、電子申請）するのが難しい場合は、書類に記載された年金事務所へ電話をして、変更の依頼をすることができます。

　調査の際に必要となる書類は、事業主宛に届いた「健康保険及び厚生年金保険被保険者の資格及び報酬等調査の実施について」という通知書に記されています。具体的には、以下の書類が必要となります。
① 　報酬・雇用に関する調査票（同封された用紙に記入）
② 　源泉所得税領収証書
③ 　就業規則および給与規程
④ 　賃金台帳または賃金支給明細書
⑤ 　出勤簿（タイムカードも可）
※⑤の出勤簿は、賃金台帳等において出勤日数および労働時間が
　確認できる場合は省略可

第 8 章

ケース別
離職証明書の書き方

社員が退職したときに作成する離職証明書

離職日の翌日から10日以内に届け出る

退職者が希望したときに交付する離職証明書

　離職した人が雇用保険の失業等給付を受けるためには、離職票が必要になります。つまり、すぐに再就職する予定のない社員が退職する場合は、必ず離職票を交付することになります。そして、離職票の交付を受けるために作成しなければならない書類が離職証明書です。

　離職票に記載されている離職前の賃金額や離職理由は、離職証明書を作成したときの内容がそのまま記載されており、失業等給付の受給額に影響してきます。そのため、誤った内容を記載しないように、作成時には細心の注意が必要です。なお、離職票の交付を本人が希望しないとき（転職先が決まっているときなど）は作成・届出の必要はありませんが、離職者が離職の日において59歳以上のときは本人の希望にかかわらず作成・届出をしなければなりません。

【届出と添付書類】

　離職日の翌日から10日以内に事業所の所在地管轄の公共職業安定所に届け出ます。添付書類は以下のとおりです。

> 雇用保険被保険者資格喪失届、労働者名簿、賃金台帳、出勤簿、退職届のコピー、解雇通知書など（離職理由が確認できる書類）

事業主と離職者で離職理由に相違がある場合はどうするのか

　離職証明書は、３枚複写になっており、離職証明書（事業主控）、離職証明書（安定所提出用）、離職票－２に分かれています。

離職理由を判断する際には、まず、事業主が主張する離職理由を3枚複写の離職証明書に記載し、公共職業安定所に提出します。そして、離職者が求職手続き時に、その離職理由に相違がないかということを公共職業安定所が把握し、最終的には公共職業安定所の権限によって離職理由を確定させます。

　労働者が一身上の都合などにより退職する場合には、事業主と離職者で離職理由の相違は少ないと考えられますが、会社都合で退職する場合には離職理由に相違があり、トラブルの原因になることがあります。

　たとえば、一身上の都合と記載した退職届によって、事業主がその理由で離職証明書を作成し、提出したとしても、労働者が実際の退職理由は賃金の減額やハラスメント行為であったと主張した場合には、賃金台帳の提出や公共職業安定所の聞き取り調査などが行われることもあります。そして、離職者の主張が認められれば、離職者は特定受給資格者（事業の倒産、縮小、廃止などによって離職した者、解雇などにより離職した者）などに該当することになります。

　離職証明書の2枚目には、事業主が主張する離職理由に異議がないか離職者が記名する欄が設けられています。ただし、退職後、離職者に記名をしてもらえない理由（離職者が帰郷しているなど）がある場合には、事業主が記名をすることになっています。なお、離職証明書は電子申請で行うこともでき、ハローワークへ提出する時間や書き間違いなどによる手間を省くことができます。

主な離職理由について

　会社都合で労働者を退職させる場合には、離職理由の相違が生じやすいため、離職理由欄の記載方法を知っておく必要があります。離職証明書の賃金額などの記載方法については238ページ以下に記載しています。また、離職証明書では、⑦欄の離職理由欄（243ページ参照）に記載する離職理由を6種類に分類しています（254ページ図表参照）。

離職証明書の書き方（正社員の退職）

賃金台帳を見て賃金額を記入する

退職者が交付を希望しないときを除き、離職証明書を交付する

　離職証明書の記載方法の一般的な注意点について書式１（242ページ）を参考に見ていきましょう。

　離職証明書の⑧欄の被保険者期間算定対象期間は、離職日の翌日から溯って記入します。⑧、⑨欄は離職の日以前２年間についての期間のうち、被保険者期間が通算して12か月になるように記入します。⑩欄の賃金支払対象期間は、⑧欄に対応する賃金計算期間を記入します（退職日と賃金計算締切日が同じ場合は⑧欄と同じ日付を記入することになります）。⑨欄と⑪欄の基礎日数を記入する際に、日給者や時間給者の場合、出勤した日数を記入します。月給者の場合、欠勤による減額などがなければ、出勤日数でなく暦日を記入します。欠勤による減額がある場合は備考欄に欠勤日数を記載します。

　⑩、⑪、⑫欄は、基礎日数が11日以上の完全月が６か月になるまで記入します。被保険者期間は、⑧欄の期間に賃金支払の基礎となる日数が11日以上ある月、または賃金支払の基礎となった労働時間数が80時間以上ある月を１か月とします。

　⑫欄は月給者であればⒶ欄に記入し、日給・時間給者であればⒷ欄に記入します。賃金額は、賃金台帳を見ながら記入し、時間外手当、通勤手当も含めます。時間外手当のみが翌月払いとなる場合にはその額は当月分に記載します。また、通勤手当を複数月分まとめて支払っている場合には、それぞれの月ごとに記載します。⑦欄は240ページの説明のとおり記載します。

　なお、離職証明書を提出する時点で給料計算を行っていない場合に

は備考欄に「未計算」と記入します。最後の給料計算が終わるのを待っていると離職証明書の提出が遅くなってしまうこともあるため、このような処理をすることも認められていますが、「未計算」と記入して提出した場合、賃金額を確認するため、後日ハローワークから問い合わせを受ける可能性があります。

ケース1　月給労働者が転職により自己都合退職する場合

書式1は、以下のケースで会社の担当者が作成する離職証明書です。

> **労働形態**：大卒後入社、正社員（10年勤務）
> **給与**：月給（総支給額）25万円（離職日前3年間変動なし）、残業なし
> **賞与等**：年2回、その他手当なし
> **給与形態**：20日締め、25日支払い
> **離職日**：令和5年3月20日
> **離職理由**：転職による自己都合退職

書式の作成ポイント

書式1は、令和5年3月20日に自己都合で離職した場合の離職証明書です。もっともシンプルなパターンの離職証明書だと考えてください。⑧欄の「被保険者期間算定対象期間」には、離職日から1か月ずつ溯り区分日付を記入していきます。溯る月数は、⑨欄の「支払基礎日数」が11日以上ある月が12か月になるまでです。

その⑨欄には、月給者では、暦日数または欠勤控除がある場合は、所定出勤日数から欠勤控除された日数を除いた日数を記入します。⑩欄の「賃金支払対象期間」には、離職日から直前における賃金締切日の翌日まで一区分として溯り、後は賃金締切日ごとに1か月ずつ溯り区分日付を記入していきます。

⑪欄には、賃金支払対象期間ごとに⑨欄と同様の方法で算出した日数を記入します。

⑫欄の「賃金額」には、その支払対象期間に基づき支給されたすべての賃金の総額を記入します。通勤手当も含んだ金額になります。

本ケースは自己都合での離職であることから、⑦欄には「労働者の個人的事情による離職（一身上の都合、転職希望等）」に○をつけます。

ケース2　業績不振による賃金カットにより賃金額の変動があった正社員が自己都合退職する場合

書式2は、以下のケースで会社の担当者が作成する離職証明書です。

> **労働形態**：大卒後入社、正社員（10年勤務）
>
> **給与**：月給（総支給額）22万円（令和4年10月21日付で23万円から減額）、残業なし
>
> **賞与等**：年2回、その他手当なし
>
> **給与形態**：20日締め、25日支払い
>
> **離職日**：令和5年3月20日
>
> **離職理由**：転職による自己都合退職

書式の作成ポイント

ケースは、記載期間中に業績不振により減給処分がなされたため、基本給が大きく減ったケースです。

⑦欄では、「労働条件に係る問題（賃金低下、賃金遅配、時間外労働、採用条件との相違等）があったと労働者が判断したため」にするか迷うところですが、退職届における理由（「一身上」など）からしか判断できないときには、それに基づいて○をつける箇所を判断します。

⑮欄は⑦欄を除く離職証明書の内容を、⑯欄は⑦欄の離職理由を離職者が確認の上、自筆による署名をする欄です。本人の確認が得られ

ない場合には、その理由を記載し、事業主の氏名を記入します。

ケース3　正社員がリストラにより退職する場合

書式3は、以下のケースで会社の担当者が作成する離職証明書です。

労働形態：大卒後入社、正社員（10年勤務）

給与：月給（総支給額）25万円（離職日前3年間変動なし）、残業なし

賞与等：年2回、その他手当なし

給与形態：20日締め、25日支払い

離職日：令和5年3月20日

離職理由：退職勧奨による退職

書式の作成ポイント

　整理解雇により退職する場合、⑦欄では、「事業の縮小又は一部休廃止に伴う人員整理を行うためのもの」に○をつけます。また「具体的事情記載欄」にも、離職に至った簡単な経緯を記しておくようにします。なお、経営不振ということになると、本ケースにはありませんが、離職に至るまでの間に一時帰休（一時的にすべての事業または一部の事業を停止し、労働者を就業時間中に一定期間継続して、あるいは断続して休業させること）が生じることもあるでしょう。休業手当が支給されれば、出勤がなくても⑨、⑪欄には、その日数を算入します。そして⑬備考欄には、「休業」との記載に合わせて休業日数、休業手当の額を記載しておきます。雇用調整助成金の支給を受けたときは、「雇調金」と記載の上、支給決定を受けた年月日を記載します。

　また、解雇等の離職理由の場合は、⑧、⑨欄は離職の日以前1年間についての期間のうち、被保険者期間が通算して6か月になるように記入します。

様式第５号（第７条関係）　　**雇用保険被保険者離職証明書（安定所提出用）**

①被保険者番号	1234 - 567890 - 1	③フリガナ 離職者氏名	カトウサトシ 加藤 聡	④離職年月日 令和	年 5	月 3	日 20
②事業所番号	1111 - 111111 - 1						

⑤名称 事業所所在地 電話番号	株式会社 佐藤商事 品川区○○1-1-1 03-1111-1111	⑥離職者の 住所又は居所	〒 120-0123 足立区○○1-2-3 電話番号（ 03 ）1234-5678

この証明書の記載は、事実に相違ないことを証明します。　　※離職票交付　令和　　年　　月　　日
事業主	住所	品川区○○1-1-1	（交付番号　　　番）
	氏名	代表取締役　佐藤清	

離職の日以前の賃金支払状況等

⑧ 被保険者期間算定対象期間 ⓐ 一般被保険者等	⑨ ⑧の期間 における賃金支払基礎日数	⑩ 賃金支払対象期間	⑪ ⑩の基礎日数	⑫ 賃金額 ⓐ	ⓑ	計	⑬ 備考
離職日の翌日 3月21日							
2月21日～離職日 離職月	28日	2月21日～離職日	28日	250,000			
1月21日～2月20日 月	31日	1月21日～2月20日	31日	250,000			
12月21日～1月20日 月	31日	12月21日～1月20日	31日	250,000			
11月21日～12月20日 月	30日	11月21日～12月20日	30日	250,000			
10月21日～11月20日 月	31日	10月21日～11月20日	31日	250,000			
9月21日～10月20日 月	30日	9月21日～10月20日	30日	250,000			
8月21日～9月20日 月	31日	月　日～　月　日	日				
7月21日～8月20日 月	31日	月　日～　月　日	日				
6月21日～7月20日 月	30日	月　日～　月　日	日				
5月21日～6月20日 月	31日	月　日～　月　日	日				
4月21日～5月20日 月	30日	月　日～　月　日	日				
3月21日～4月20日 月	31日	月　日～　月　日	日				
月　日～　月　日	日	月　日～　月　日	日				

⑭ 賃金に関する特記事項		⑮この証明書の記載内容（⑦欄を除く）は相違ないと認めます。 （離職者氏名） 加藤 聡

※公共職業安定所記載欄
⑮欄の記載　　有・無
⑯欄の記載　　有・無
　　資・聴

本手続きは電子申請による申請も可能です。本手続きについて、電子申請により行う場合には、被保険者が離職証明書の内容について確認したことを証明することができるものを本離職証明書の提出と併せて送信することをもって、当該被保険者の電子署名に代えることができます。
　また、本手続きについて、社会保険労務士が電子申請による本届書の提出に関する手続を事業主に代わって行う場合には、当該社会保険労務士が当該事業主の提出代行者であることを証明することができるものを本届書の提出と併せて送信することをもって、当該事業主の電子署名に代えることができます。

社会保険労務士記載欄	作成年月日・提出代行者・事務代理者の表示	氏　　　名	電話番号		※	所長	次長	課長	係長	係

⑦

⑦離職理由欄…事業主の方は、離職者の主たる離職理由が該当する理由を1つ選択し、左の事業主記入欄の□の中に○印を記入の上、下の具体的事情記載欄に具体的事情を記載してください。

【離職理由は所定給付日数・給付制限の有無に影響を与える場合があり、適正に記載してください。】

事業主記入欄	離　職　理　由	※離職区分
□	1　事業所の倒産等によるもの …（1）倒産手続開始、手形取引停止による離職	1 A
□	…（2）事業所の廃止又は事業活動停止後事業再開の見込みがないため離職	
□	2　定年によるもの …定年による離職（定年　　歳） 定年後の継続雇用　{　を希望していた（以下のaからcまでのいずれかを1つ選択してください） 　　　　　　　　　　{　を希望していなかった	1 B
	a　就業規則に定める解雇事由又は退職事由（年齢に係るものを除く。以下同じ。）に該当したため 　　　　　（解雇事由又は退職事由と同一の事由として就業規則又は労使協定に定める「継続雇用しないことができる事由」に該当して離職した場合を含む。） 　　　b　平成25年3月31日以前に労使協定により定めた継続雇用制度の対象となる高年齢者に係る基準に該当しなかったため 　　　c　その他（具体的な理由：　　　　　　　　　　　　　　　　　　　　　　　　　　　　　　）	2 A
□	3　労働契約期間満了等によるもの …（1）採用又は定年後の再雇用時等にあらかじめ定められた雇用期限到来による離職 　　（1回の契約期間　　箇月、通算契約期間　　箇月、契約更新回数　　回） 　　（当初の契約締結後に更新回数の上限を短縮し、その上限到来による離職に該当　する・しない） 　　（当初の契約締結後に契約期間や更新回数の上限を設け、その上限到来による離職に該当　する・しない） 　　（定年後の再雇用時にあらかじめ定められた雇用期限到来による離職で　ある・ない） 　　（4年6箇月以上5年以下の通算契約期間の上限が定められ、この上限到来による離職で　ある・ない） 　　→ある場合（同一事業所の有期雇用労働者に一律に4年6箇月以上5年以下の通算契約期間の上限が平成24年8月10日前から定められて　いた・いなかった）	2 B
□	…（2）労働契約期間満了による離職 　　①　下記②以外の労働者 　　（1回の契約期間　　箇月、通算契約期間　　箇月、契約更新回数　　回） 　　（契約を更新又は延長することの確約・合意の　有・無（更新又は延長しない旨の明示の　有・無）） 　　（直前の契約更新時に雇止め通知の　有　・　無　） 　　（当初の契約締結後に不更新条項の追加が　ある・ない） 　　　　　　　　　　　　　　　{　を希望する旨の申出があった 　　労働者から契約の更新又は延長　{　を希望しない旨の申出があった 　　　　　　　　　　　　　　　{　の希望に関する申出はなかった	2 C 2 D 2 E 3 A 3 B 3 C 3 D 4 D 5 E
	②　労働者派遣事業に雇用される派遣労働者のうち常時雇用される労働者以外の者 　　（1回の契約期間　　箇月、通算契約期間　　箇月、契約更新回数　　回） 　　（契約を更新又は延長することの確約・合意の　有・無（更新又は延長しない旨の明示の　有・無）） 　　　　　　　　　　　　　　　{　を希望する旨の申出があった 　　労働者から契約の更新又は延長　{　を希望しない旨の申出があった 　　　　　　　　　　　　　　　{　の希望に関する申出はなかった 　　　a　労働者が適用基準に該当する派遣就業の指示を拒否したことによる場合 　　　b　事業主が適用基準に該当する派遣就業の指示を行わなかったことによる場合（指示した派遣就業が取りやめになったことによる場合を含む。） 　　（aに該当する場合は、更に下記の5のうち、該当する主たる離職理由を更に1つ選択し、○印を記入してください。該当するものがない場合は下記の6に○印を記入した上、具体的な理由を記載してください。）	
□	…（3）早期退職優遇制度、選択定年制度等により離職	
□	…（4）移籍出向	
□	4　事業主からの働きかけによるもの …（1）解雇（重責解雇を除く。）	
□	…（2）重責解雇（労働者の責めに帰すべき重大な理由による解雇）	
□	…（3）希望退職の募集又は退職勧奨 …①　事業の縮小又は一部休廃止に伴う人員整理を行うためのもの	
□	…②　その他（理由を具体的に　　　　　　　　　　　　　　　　　　）	
□	5　労働者の判断によるもの …（1）職場における事情による離職 …①　労働条件に係る問題（賃金低下、賃金遅配、時間外労働、採用条件との相違等）があったと労働者が判断したため	
□	…②　事業主又は他の労働者から就業環境が著しく害されるような言動（故意の排斥、嫌がらせ等）を受けたと労働者が判断したため	
□	…③　妊娠、出産、育児休業、介護休業等に係る問題（休業等の申出拒否、妊娠、出産、休業等を理由とする不利益取扱い）があったと労働者が判断したため	
□	…④　事業所での大規模な人員整理があったことを考慮した離職	
□	…⑤　職種転換等に適応することが困難であったため（教育訓練の　有・無）	
□	…⑥　事業所移転により通勤困難となった（なる）ため（旧（新）所在地：　　　　）	
○	…⑦　その他（理由を具体的に　　　　　　　　　　　　　　　　　）	
	…（2）労働者の個人的な事情による離職（一身上の都合、転職希望等）	
□	6　その他（1－5のいずれにも該当しない場合） 　（理由を具体的に　　　　　　　　　　　　　　　　　　　　）	

具体的事情記載欄（事業主用）
転職希望による自己都合退職

⑯

⑯離職者本人の判断（○で囲むこと）
事業主が○を付けた離職理由に異議　有り・無し

加藤　聡

様式第5号（第7条関係）　　**雇用保険被保険者離職証明書（安定所提出用）**

①被保険者番号	5678-901234-5	③フリガナ	ナカムラオサム	④離職 令和	年	月	日
②事業所番号	1111-111111-1	離職者氏名	中村 修	年月日	5	3	20

⑤ 事業所 所在地 名称	株式会社佐藤商事 品川区○○1-1-1 電話番号 03-1111-1111	⑥ 離職者の 住所又は居所	〒120-4567 足立区○○5-6-7 電話番号（ 03 ）5678-9012

この証明書の記載は、事実に相違ないことを証明します。　　※離職票交付 令和　　年　　月　　日

事業主　住所　品川区○○1-1-1　　　　　　　　　　　（交付番号　　　　　番）

氏名　代表取締役　佐藤清

離職の日以前の賃金支払状況等

⑧被保険者期間算定対象期間		⑨⑧の期間における賃金支払基礎日数	⑩賃金支払対象期間	⑪⑩の基礎日数	⑫賃金額			⑬備考
Ⓐ一般被保険者等	Ⓑ短期雇用特例被保険者				Ⓐ	Ⓑ	計	
離職日の翌日 3月2日								
2月21日～離職	離職月	28日	2月21日～離職	28日	220,000			
1月21日～2月20日	月	31日	1月21日～2月20日	31日	220,000			
12月21日～1月20日	月	31日	12月21日～1月20日	31日	220,000			
11月21日～12月20日	月	30日	11月21日～12月20日	30日	220,000			
10月21日～11月20日	月	31日	10月21日～11月20日	31日	220,000			
9月21日～10月20日	月	30日	9月21日～10月20日	30日	230,000			
8月21日～9月20日	月	31日	月 日～ 月 日	日				
7月21日～8月20日	月	31日	月 日～ 月 日	日				
6月21日～7月20日	月	30日	月 日～ 月 日	日				
5月21日～6月20日	月	31日	月 日～ 月 日	日				
4月21日～5月20日	月	30日	月 日～ 月 日	日				
3月21日～4月20日	月	31日	月 日～ 月 日	日				
月 日～ 月 日		日	月 日～ 月 日	日				

⑭賃金に関する特記事項		⑮この証明書の記載内容（⑦欄を除く）は相違ないと認めます。 （離職者 氏名）　中村 修

※公共職業安定所記載欄
⑮欄の記載　有・無
⑯欄の記載　有・無
資・聴

本手続きは電子申請による申請も可能です。本手続きについて、電子申請により行う場合には、被保険者が離職証明書の内容について確認したことを証明することができるものを本離職証明書の提出と併せて送信することをもって、当該被保険者の電子署名に代えることができます。
また、本手続きについて、社会保険労務士が電子申請による本届書の提出に関する手続を事業主に代わって行う場合には、当該社会保険労務士が当該事業主の提出代行者であることを証明することができるものを本届書の提出と併せて送信することをもって、当該事業主の電子署名に代えることができます。

社会保険労務士記載欄	作成年月日・提出代行者・事務代理者の表示	氏　名	電話番号

※	所長	次長	課長	係長	係

⑦

⑦離職理由欄…事業主の方は、離職者の主たる離職理由が該当する理由を1つ選択し、左の事業主記入欄の□の中に○印を記入の上、下の具体的事情記載欄に具体的事情を記載してください。

【離職理由は所定給付日数・給付制限の有無に影響を与える場合があり、適正に記載してください。】

事業主記入欄	離　　職　　理　　由	※離職区分
□ ………	1　事業所の倒産等によるもの （1）倒産手続開始、手形取引停止による離職	1 A
□ ………	（2）事業所の廃止又は事業活動停止後事業再開の見込みがないため離職 2　定年によるもの	1 B
□ ………	定年による離職（定年　　歳） 　　定年後の継続雇用 { を希望していた（以下のaからcまでのいずれかを1つ選択してください） 　　　　　　　　　　　 { を希望していなかった	2 A
	a　就業規則に定める解雇事由又は退職事由（年齢に係るものを除く。以下同じ。）に該当したため 　　　　　（解雇事由又は退職事由と同一の事由として就業規則又は労使協定に定める「継続雇用しないことができる事由」に該当して離職した場合も含む。）	2 B
	b　平成25年3月31日以前に労使協定により定めた継続雇用制度の対象となる高年齢者に係る基準に該当しなかったため 　　　c　その他（具体的な理由：　　　　　　　　　　　　　　　　　　　　　　　　）	2 C
□ ………	3　労働契約期間満了等によるもの （1）採用又は定年後の再雇用時等にあらかじめ定められた雇用期限到来による離職 　　（1回の契約期間　　箇月、通算契約期間　　箇月、契約更新回数　　回） 　　（当初の契約締結後に契約期間や更新回数の上限を短縮し、その上限到来による離職に該当　する・しない）	2 D
	（当初の契約締結後に契約期間や更新回数の上限を設け、その上限到来による離職に該当　する・しない） 　　（定年後の再雇用時にあらかじめ定められた雇用期限到来による離職で　ある・ない） 　　（4年6箇月以上5年以下の通算契約期間の上限が定められ、この上限到来による離職で　ある・ない）	2 E
	（ある場合（同一事業所の有期雇用労働者に一様に4年6箇月以上5年以下の通算契約期間の上限が平成24年8月10日前から定められて　いた・いなかった）	
□ ………	（2）労働契約期間満了による離職 　　①　下記②以外の労働者 　　　　（1回の契約期間　　箇月、通算契約期間　　箇月、契約更新回数　　回） 　　　　（契約を更新又は延長することの確約・合意の　有・無　（更新又は延長しない旨の明示の　有・無　））	3 A
	（直前の契約更新時に雇止め通知の　有　・　無　） 　　　　（当初の契約締結時に不更新条項の追加が　ある・ない）	3 B
	労働者から契約の更新又は延長 { を希望する旨の申出があった 　　　　　　　　　　　　　　　　　　 { を希望しない旨の申出があった 　　　　　　　　　　　　　　　　　　 { の希望に関する申出はなかった	3 C
	②　労働者派遣事業に雇用される派遣労働者のうち常時雇用される労働者以外の者 　　　　（1回の契約期間　　箇月、通算契約期間　　箇月、契約更新回数　　回） 　　　　（契約を更新又は延長することの確約・合意の　有・無　（更新又は延長しない旨の明示の　有・無　））	3 D
	労働者から契約の更新又は延長 { を希望する旨の申出があった 　　　　　　　　　　　　　　　　　　 { を希望しない旨の申出があった 　　　　　　　　　　　　　　　　　　 { の希望に関する申出はなかった	4 D
	a　労働者が適用基準に該当する派遣就業の指示を拒否したことによる場合 　　　　b　事業主が適用基準に該当する派遣就業の指示を行わなかったことによる場合（指示した派遣就 　　　　　　業が取りやめになったことによる場合を含む。） 　　　　（aに該当する場合は、更に下記5のうち、該当する主たる離職理由を更に1つ選択し、○印を 　　　　記入してください。該当するものがない場合は下記の6に○印を記入した上、具体的な理由を記載 　　　　してください。）	5 E
□ ………	（3）早期退職優遇制度、選択定年制度等により離職	
□ ………	（4）移籍出向	
□ ………	4　事業主からの働きかけによるもの （1）解雇（重責解雇を除く。）	
□ ………	（2）重責解雇（労働者の責めに帰すべき重大な理由による解雇）	
□ ………	（3）希望退職の募集又は退職勧奨 　　①　事業の縮小又は一部休廃止に伴う人員整理を行うためのもの	
□ ………	②　その他（理由を具体的に　　　　　　　　　　　　　　　　　　　　　　）	
□ ………	5　労働者の判断によるもの （1）職場における事情による離職 　　①　労働条件に係る問題（賃金低下、賃金遅配、時間外労働、採用条件との相違等）があったと 　　　　労働者が判断したため	
□ ………	②　事業主又は他の労働者から就業環境が著しく害されるような言動（故意の排斥、嫌がらせ等）を 　　　　受けたと労働者が判断したため	
□ ………	③　妊娠、出産、育児休業、介護休業等に係る問題（休業等の申出拒否、妊娠、出産、休業等を理由とする 　　　　不利益取扱い）があったと労働者が判断したため	
□ ………	④　事業所での大規模な人員整理があったことを考慮した離職	
□ ………	⑤　職種転換等に適応することが困難であったため（教育訓練の　有・無）	
□ ………	⑥　事業所移転により通勤困難となった（なる）ため（旧（新）所在地：　　　　　　　）	
□ ………	⑦　その他（理由を具体的に　　　　　　　　　　　　　　　　　　　　　　）	
○ ………	（2）労働者の個人的な事情による離職（一身上の都合、転職希望等）	
□ ………	6　その他（1−5のいずれにも該当しない場合） 　（理由を具体的に　　　　　　　　　　　　　　　　　　　　　　　）	

具体的事情記載欄（事業主用）　　　一身上による自己都合退職

⑯

⑯離職者本人の判断（○で囲むこと）
　事業主が○を付けた離職理由に異議　　有り・無し

中村　修

様式第5号（第7条関係）　　**雇用保険被保険者離職証明書（安定所提出用）**

① 被保険者番号	1234-567890-1	③ フリガナ	マツモトユウコ	④ 離職 令和	年 5	月 3	日 20
② 事業所番号	1111-111111-1	離職者氏名	松本裕子	年月日			

⑤ 名称	株式会社鈴木工業	⑥ 離職者の	〒120-8765
事業所 所在地	品川区○○2-2-2	住所又は居所	足立区○○7-6-5
電話番号	03-2222-2222		電話番号（ 03 ）8765-4321

この証明書の記載は、事実に相違ないことを証明します。　　※離職票交付 令和　　年　　月　　日
　　　　　　　　　　　　　　　　　　　　　　　　　　　　（交付番号　　　　番）

事業主　住所　品川区○○2-2-2
　　　　氏名　代表取締役　鈴木勇

⑩　⑨　⑧　⑪　⑫

離職の日以前の賃金支払状況等

⑧ 被保険者期間算定対象期間		⑨ ⑧の期間における賃金支払基礎日数	⑩ 賃金支払対象期間		⑪ ⑩の基礎日数	⑫ 賃金額			⑬ 備考
④ 一般被保険者等	⑥ 短期雇用特例被保険者					Ⓐ	Ⓑ	計	
離職日の翌日 3月21日									
2月21日~離職日	離職日	28日	2月21日~離職日	28日	250,000				
1月21日~2月20日	月	31日	1月21日~2月20日	31日	250,000				
12月21日~1月20日	月	31日	12月21日~1月20日	31日	250,000				
11月21日~12月20日	月	30日	11月21日~12月20日	30日	250,000				
10月21日~11月20日	月	31日	10月21日~11月20日	31日	250,000				
9月21日~10月20日	月	30日	9月21日~10月20日	30日	250,000				
月 日~ 日	月	日	月 日~ 月 日	日					
月 日~ 日	月	日	月 日~ 月 日	日					
月 日~ 日	月	日	月 日~ 月 日	日					
月 日~ 日	月	日	月 日~ 月 日	日					
月 日~ 日	月	日	月 日~ 月 日	日					

⑪　⑫　⑮　備考欄

⑭ 賃金に関する特記事項		⑮ この証明書の記載内容（⑦欄を除く）は相違ないと認めます。 （離職者 氏名） 松本 裕子

※公共職業安定所記載欄
⑮欄の記載　有・無
⑯欄の記載　有・無
資・聴

本手続きは電子申請による申請も可能です。本手続きについて、電子申請により行う場合には、被保険者が離職証明書の内容について確認したことを証明することができるものを本離職証明書の提出と併せて送信することをもって、当該被保険者の電子署名に代えることができます。
　また、本手続について、社会保険労務士が電子申請による本届書の提出に関する手続を事業主に代わって行う場合には、当該社会保険労務士が当該事業主の提出代行者であることを証明することができるものを本届書の提出と併せて送信することをもって、当該事業主の電子署名に代えることができます。

社会保険労務士記載欄	作成年月日・提出代行者・事務代理者の表示	氏　名	電話番号		※	所長	次長	課長	係長	係

⑦ ⑦離職理由欄…事業主の方は、離職者の主たる離職理由が該当する理由を1つ選択し、左の事業主記入欄の□の中に○印を記入の上、下の具体的事情記載欄に具体的事情を記載してください。

【離職理由は所定給付日数・給付制限の有無に影響を与える場合があり、適正に記載してください。】

事業主記入欄	離　　職　　理　　由	※離職区分
□ ……	1　事業所の倒産等によるもの	
□ ……	（1）倒産手続開始、手形取引停止による離職	1 A
□ ……	（2）事業所の廃止又は事業活動停止後事業再開の見込みがないため離職	1 B
	2　定年によるもの	
□ ……	定年による離職（定年　　歳）	
	定年後の継続雇用 ｛ を希望していた（以下のａからｃまでのいずれかを1つ選択してください）｛ を希望していなかった	2 A
	a　就業規則に定める解雇事由又は退職事由（年齢に係るものを除く。以下同じ。）に該当したため（解雇事由又は退職事由と同一の事由として就業規則又は労使協定に定める「継続雇用しないことができる事由」に該当して離職した場合も含む。）	2 B
	b　平成25年3月31日以前に労使協定により定めた継続雇用制度の対象となる高年齢者に係る基準に該当しなかったため	2 C
	c　その他（具体的理由：　　　　　　　　　　　　　　　　　　　）	
	3　労働契約期間満了等によるもの	
□ ……	（1）採用又は定年後の再雇用時等にあらかじめ定められた雇用期限到来による離職	2 D
	（1回の契約期間　　箇月、通算契約期間　　箇月、契約更新回数　　回）	
	（当初の契約締結後に契約期間や更新回数の上限を短縮し、その上限到来による離職に該当　する・しない）	
	（当初の契約締結後に契約期間や更新回数の上限を設け、その上限到来による離職に該当　する・しない）	2 E
	（定年後の再雇用時にあらかじめ定められた雇用期限到来による離職で　ある・ない）	
	（4年6箇月以上5年以下の通算契約期間の上限が定められ、この上限到来による離職で　ある・ない）→ある場合（同一事業所の有期雇用労働者に一律に4年6箇月以上5年以下の通算契約期間の上限が平成24年8月10日前から定められて　いた・いなかった	
□ ……	（2）労働契約期間満了による離職	
	①　下記②以外の労働者	3 A
	（1回の契約期間　　箇月、通算契約期間　　箇月、契約更新回数　　回）	
	（契約を更新又は延長することの確約・合意の　有・無（更新又は延長しない旨の明示の　有・無））	3 B
	（直前の契約更新時に雇止め通知の　有・無）	
	（当初の契約締結後に不更新条項の追加が　ある・ない）	3 C
	労働者から契約の更新又は延長 ｛ を希望する旨の申出があった ｛ を希望しない旨の申出があった ｛ の希望に関する申出はなかった	3 D
	②　労働者派遣事業に雇用される派遣労働者のうち常時雇用される労働者以外の者	4 D
	（1回の契約期間　　箇月、通算契約期間　　箇月、契約更新回数　　回）	
	（契約を更新又は延長することの確約・合意の　有・無（更新又は延長しない旨の明示の　有・無））	
	労働者から契約の更新又は延長 ｛ を希望する旨の申出があった ｛ を希望しない旨の申出があった ｛ の希望に関する申出はなかった	5 E
	a　労働者が適用基準に該当する派遣就業の指示を拒否したことによる場合	
	b　事業主が適用基準に該当する派遣就業の指示を行わなかったことによる場合（指示した派遣就業が取りやめになったことによる場合を含む。）	
	（aに該当する場合は、更に下記の5のうち、該当する主たる離職理由を更に1つ選択し、○印を記入してください。該当するものがない場合は下記の6に○印を記入した上、具体的な理由を記載してください。）	
□ ……	（3）早期退職優遇制度、選択定年制度等により離職	
□ ……	（4）移籍出向	
	4　事業主からの働きかけによるもの	
□ ……	（1）解雇（重責解雇を除く。）	
□ ……	（2）重責解雇（労働者の責めに帰すべき重大な理由による解雇）	
	（3）希望退職の募集又は退職勧奨	
○ ……	①　事業の縮小又は一部休廃止に伴う人員整理を行うためのもの	
□ ……	②　その他（理由を具体的に　　　　　　　　　　　　　　　　　　　）	
	5　労働者の判断によるもの	
	（1）職場における事情による離職	
□ ……	①　労働条件に係る問題（賃金低下、賃金遅配、時間外労働、採用条件との相違等）があったと労働者が判断したため	
□ ……	②　事業主又は他の労働者から就業環境が著しく害されるような言動（故意の排斥、嫌がらせ等）を受けたと労働者が判断したため	
□ ……	③　妊娠、出産、育児休業、介護休業等に係る問題（休業等の申出拒否、妊娠、出産、休業等を理由とする不利益取扱い）があったと労働者が判断したため	
□ ……	④　事業所での大規模な人員整理があったことを考慮した離職	
□ ……	⑤　職種転換等に適応することが困難であったため（教育訓練の　有・無）	
□ ……	⑥　事業所移転により通勤困難となった（なる）ため（旧（新）所在地：　　　　　　　）	
□ ……	⑦　その他（理由を具体的に　　　　　　　　　　　　　　　　　　　）	
□ ……	（2）労働者の個人的な事情による離職（一身上の都合、転職希望等）	
□ ……	6　その他（1－5のいずれにも該当しない場合）（理由を具体的に　　　　　　　　　　　　　　　　　　　）	

具体的事情記載欄（事業主用）
経営不振による人員整理のため退職勧奨に応じてもらう。

⑯ ⑯離職者本人の判断（○で囲むこと）
事業主が○を付けた離職理由に異議　有り・無し
松本　裕子

離職証明書の書き方（非正規社員の退職）

該当する離職理由について記入欄に印をつける

ケース４　契約期間満了による場合（月給制契約社員）

> 書式４は、以下のケースで会社の担当者が作成する離職証明書です。
> **労働形態**：大卒30歳中途入社、契約社員（３年勤務）
> **給与**：月給（総支給額）30万円（離職日前３年間変動なし）、残業なし
> **賞与等**：年４回、その他手当なし
> **給与形態**：20日締め、25日支払い
> **離職日**：令和５年３月20日
> **離職理由**：契約期間満了による離職

書式の作成ポイント

　本ケースでは⑦欄で、「労働契約期間満了による離職」に○をつけます。その上で、該当欄に○をつけ、具体的な記入が必要な箇所については、詳細事項を事実に沿って記します。書式では、12か月契約で２回更新計36か月勤続、契約を更新・延長することの確約・合意はなし、更新又は延長しない旨の明示もなかったが、１年前の契約更新時に今期で雇止めとなる通知はあったとしています。

　また、離職者からは契約の更新・延長を希望する旨の申し出はなかったとしています。

　なお、⑭欄には、毎月決まって支払われる賃金以外の賃金のうち、３か月以内ごとに支払われる賃金がある場合に、賃金の支給日、名称、支給額を記載します。たとえば、賞与が、１年間に４回以上支給され

ていたとすると、⑭欄の賃金に関する特記事項に、⑧欄記載期間内に支給されたすべての賞与について記載することになります。なお、この額は、⑫欄には算入されません。

ケース5　時給労働者が雇止めにより会社都合で退職する場合

書式5は、以下のケースで会社の担当者が作成する離職証明書です。

労働形態：高卒30歳中途入社、契約社員（3年勤務）

給与：時給1,250円（離職日前3年間変動なし）、残業なし

賞与等：なし、その他手当なし

給与形態：20日締め、25日支払い

離職日：令和5年3月20日

離職理由：雇止めによる会社都合退職

書式の作成ポイント

　会社から契約を更新しない旨申し出たケースですので、⑦欄では、「労働契約期間満了による離職」に○をつけるものの、「労働者から契約の更新又は延長」については希望があったかどうかに応じて○をつけることになります。

　しかし、同欄記載内容のように1回以上更新され継続して3年以上引き続き雇用された場合、離職者の本心としては更新を期待していたとすると、特定受給資格者（一般の離職者に比べて基本手当の所定給付日数が多くなる者）に分類される可能性もありますので、判断には慎重を期してもらいたいところです。また、「具体的事情記載欄」には、更新をしなかった理由をできるだけ具体的に記載しておくようにします。また、⑨、⑪欄は出勤日数、⑫欄は時給者のため⑬欄に記載します。

様式第５号（第７条関係）　雇用保険被保険者離職証明書（安定所提出用）

① 被保険者番号	4321-198765-4	③ フリガナ	タカハシコウイチ	④ 離職年月日	令和	年 5	月 3	日 20
② 事業所番号	3333-333333-3		離職者氏名 高橋浩一					

⑤ 名称	株式会社 高橋物流	⑥ 離職者の	〒120-5432 足立区○○4-3-2
事業所 所在地	品川区○○3-3-3	住所又は居所	
電話番号	03-3333-3333		電話番号（ 03 ）5432-1098

この証明書の記載は、事実に相違ないことを証明します。　　※離職票交付 令和 年 月 日 （交付番号 番）

事業主 住所 品川区○○3-3-3
氏名 代表取締役 高橋博

離職の日以前の賃金支払状況等

⑧ 被保険者期間算定対象期間		⑨ ⑧の期間における賃金支払基礎日数	⑩ 賃金支払対象期間	⑪ ⑩の基礎日数	⑫ 賃金額			⑬ 備考
④ 一般被保険者等 離職日の翌日 3月21日	⑧ 短期雇用特例被保険者 離職月日				Ⓐ	Ⓑ	計	
2月21日～離職日	離職日	28日	2月21日～離職日	28日	300,000			
1月21日～2月20日	月	31日	1月21日～2月20日	31日	300,000			
12月21日～1月20日	月	31日	12月21日～1月20日	31日	300,000			
11月21日～12月20日	月	30日	11月21日～12月20日	30日	300,000			
10月21日～11月20日	月	31日	10月21日～11月20日	31日	300,000			
9月21日～10月20日	月	30日	9月21日～10月20日	30日	300,000			
8月21日～9月20日	月	31日	月 日～ 月 日	日				
7月21日～8月20日	月	31日	月 日～ 月 日	日				
6月21日～7月20日	月	30日	月 日～ 月 日	日				
5月21日～6月20日	月	31日	月 日～ 月 日	日				
4月21日～5月20日	月	31日	月 日～ 月 日	日				
3月21日～4月20日	月	31日	月 日～ 月 日	日				
月 日～ 月 日	月	日	月 日～ 月 日	日				

⑭ 賃金に関する特記事項	1.3.25 賞与 100,000円	1.6.25 賞与 100,000円	1.9.25 賞与 100,000円	1.12.25 賞与 100,000円

⑮この証明書の記載内容（⑦欄を除く）は相違ないと認めます。
（離職者）氏名 高橋 浩一

※公共職業安定所記載欄
⑮欄の記載　有・無
⑯欄の記載　有・無
資・聴

本手続きは電子申請による申請も可能です。本手続きについて、電子申請により行う場合には、被保険者が離職証明書の内容について確認したことを証明することができるものを本離職証明書の提出と併せて送信することをもって、当該被保険者の電子署名に代えることができます。
また、本手続きについて、社会保険労務士が電子申請による本届書の提出に関する手続を事業主に代わって行う場合には、当該社会保険労務士が当該事業主の提出代行者であることを証明することができるものを本届書の提出と併せて送信することをもって、当該事業主の電子署名に代えることができます。

社会保険労務士記載欄	作成年月日・提出代行者・事務代理者の表示	氏 名	電話番号	※ 所長	次長	課長	係長	係

250

⑦ ⑦離職理由欄…事業主の方は、離職者の主たる離職理由が該当する理由を1つ選択し、左の事業主記入欄の□の中に○印を記入の上、下の具体的事情記載欄に具体的事情を記載してください。

【離職理由は所定給付日数・給付制限の有無に影響を与える場合があり、適正に記載してください。】

事業主記入欄	離　　　　職　　　　理　　　　由	※離職区分
□ ………	1　事業所の倒産等によるもの （1）倒産手続開始、手形取引停止による離職	1 A
□ ………	（2）事業所の廃止又は事業活動停止後事業再開の見込みがないため離職	1 B
□ ………	2　定年によるもの 定年による離職（定年　　　歳） 定年後の継続雇用 { を希望していた（以下のaからcまでのいずれかを1つ選択してください） 　　　　　　　　　{ を希望していなかった 　　a　就業規則に定める解雇事由又は退職事由（年齢に係るものを除く。以下同じ。）に該当したため 　　　（解雇事由又は退職事由と同一の事由として就業規則又は労使協定に定める「継続雇用しないことができる事由」に該当して離職した場合も含む。） 　　b　平成25年3月31日以前に労使協定により定めた継続雇用制度の対象となる高年齢者に係る基準に該当しなかったため 　　c　その他（具体的な理由 　　　）	2 A 2 B 2 C
□ ………	3　労働契約期間満了等によるもの （1）採用又は定年後の再雇用時等にあらかじめ定められた雇用期限到来による離職 　　（1回の契約期間　　　箇月、通算契約期間　　　箇月、契約更新回数　　　回） 　　（当初の契約締結後に契約期間や更新回数の上限を短縮し、その上限到来による離職に該当　する・しない） 　　（当初の契約締結後に契約期間や更新回数の上限を設け、その上限到来による離職に該当　する・しない） 　　（定年後の再雇用時にあらかじめ定められた雇用期限到来による離職で　ある・ない） 　　（4年6箇月以上5年以下の通算契約期間の上限が定められ、この上限到来による離職で　ある・ない） 　　→ある場合（同一事業所の有期雇用労働者に一様に4年6箇月以上5年以下の通算契約期間の上限が平成24年8月10日前から定められて　いた・いなかった）	2 D 2 E
○ ………	（2）労働契約期間満了による離職 　　① 下記②以外の労働者 　　　（1回の契約期間 12 箇月、通算契約期間 36 箇月、契約更新回数 2 回） 　　　（契約を更新又は延長することの確約・合意の　有・(無)（更新又は延長しない旨の明示の・有・(無)）） 　　　（直前の契約更新時に雇止め通知の(有)・無） 　　　（当初の契約締結後に不更新条項の追加が　ある・(ない)） 　　　　　　　　　　　　　　　　　{ を希望する旨の申出があった 　　　労働者から契約の更新又は延長 { を希望しない旨の申出があった 　　　　　　　　　　　　　　　　　(の希望に関する申出はなかった) 　　② 労働者派遣事業に雇用される派遣労働者のうち常時雇用される労働者以外の者 　　　（1回の契約期間　　　箇月、通算契約期間　　　箇月、契約更新回数　　　回） 　　　（契約を更新又は延長することの確約・合意の　有・無（更新又は延長しない旨の明示の　有・無）） 　　　　　　　　　　　　　　　　　{ を希望する旨の申出があった 　　　労働者から契約の更新又は延長 { を希望しない旨の申出があった 　　　　　　　　　　　　　　　　　{ の希望に関する申出はなかった 　　　a　労働者が適用基準に該当する派遣就業の指示を拒否したことによる場合 　　　b　事業主が適用基準に該当する派遣就業の指示を行わなかったことによる場合（指示した派遣就業が取りやめになったことによる場合を含む。） 　　　（aに該当する場合は、更に下記の5のうち、該当する主たる離職理由を更に1つ選択し、○印を記入してください。該当するものがない場合は下記の6に○印を記入した上、具体的な理由を記載してください。）	3 A 3 B 3 C 3 D 4 D 5 E
□ ………	（3）早期退職優遇制度、選択定年制度等により離職	
□ ………	（4）移籍出向	
□ ………	4　事業主からの働きかけによるもの （1）解雇（重責解雇を除く。）	
□ ………	（2）重責解雇（労働者の責めに帰すべき重大な理由による解雇）	
□ ………	（3）希望退職の募集又は退職勧奨 　　① 事業の縮小又は一部休廃止に伴う人員整理を行うためのもの	
□ ………	② その他（理由を具体的に　　　　　　　　　　　　　　　　　　　　　　　　）	
□ ………	5　労働者の判断によるもの （1）職場における事情による離職 　　① 労働条件に係る問題（賃金低下、賃金遅配、時間外労働、採用条件との相違等）があったと労働者が判断したため	
□ ………	② 事業主又は他の労働者から就業環境が著しく害されるような言動（故意の排斥、嫌がらせ等）を受けたと労働者が判断したため	
□ ………	③ 妊娠、出産、育児休業、介護休業等に係る問題（休業等の申出拒否、妊娠、出産、休業等を理由とする不利益取扱い）があったと労働者が判断したため	
□ ………	④ 事業所での大規模な人員整理があったことを考慮した離職	
□ ………	⑤ 職種転換等に適応することが困難であったため（教育訓練の　有・無）	
□ ………	⑥ 事業所移転により通勤困難となった（なる）ため（旧（新）所在地：　　　　　）	
□ ………	⑦ その他（理由を具体的に　　　　　　　　　　　　　　　　　　　　　　　）	
□ ………	（2）労働者の個人的な事情による離職（一身上の都合、転職希望等）	
□ ………	6　その他（1－5のいずれにも該当しない場合） 　　（理由を具体的に　　　　　　　　　　　　　　　　　　　　　　　　　　　）	

具体的事情記載欄（事業主用）
　　　　　　　契約期間満了による離職。

⑯ ⑯離職者本人の判断（○で囲むこと）
　　事業主が○を付けた離職理由に異議　有り・(無し)
　　〔離職者氏名〕　　　高橋　浩一

様式第5号（第7条関係）　**雇用保険被保険者離職証明書（安定所提出用）**

① 被保険者番号	1234 - 321098 - 9	③ フリガナ	サイトウキョウコ	④ 離職	年	月	日
② 事業所番号	3333 - 333333 - 3	離職者氏名	斎藤京子	令和 年月日	5	3	20

⑤	名称	株式会社高橋物流	⑥ 離職者の	〒 120-0198
事業所	所在地	品川区○○3-3-3	住所又は居所	足立区○○1-3-5
	電話番号	03-3333-3333		電話番号 (03)1098-7654

この証明書の記載は、事実に相違ないことを証明します。

※離職票交付　令和　　年　　月　　日
（交付番号　　　　番）

	住所	品川区○○3-3-3
事業主	氏名	代表取締役　高橋博

⑩ ⑨ ⑧

離職の日以前の賃金支払状況等

備考欄

⑪ ⑫ ⑬ ⑮

⑧ 被保険者期間算定対象期間		⑨ ⑧の期間	⑩ 賃金支払対象期間	⑪ ⑩の 基礎	⑫ 賃　金　額			⑬ 備考
Ⓐ 一般被保険者等	Ⓑ 短期雇用特例被保険者	における賃金支払基礎日数		日数	Ⓐ	Ⓑ	計	
離職日の翌日 3月2日								
2月21日～離職日	離職月	19日	2月21日～離職日	19日		190,000		
1月21日～2月20日	月	22日	1月21日～2月20日	22日		220,000		
12月21日～1月20日	月	15日	12月21日～1月20日	15日		150,000		
11月21日～12月20日	月	21日	11月21日～12月20日	21日		210,000		
10月21日～11月20日	月	22日	10月21日～11月20日	22日		220,000		
9月21日～10月20日	月	20日	9月21日～10月20日	20日		200,000		
8月21日～9月20日	月	22日	月　日～　月　日	日				
7月21日～8月20日	月	21日	月　日～　月　日	日				
6月21日～7月20日	月	21日	月　日～　月　日	日				
5月21日～6月20日	月	23日	月　日～　月　日	日				
4月21日～5月20日	月	17日	月　日～　月　日	日				
3月21日～4月20日	月	23日	月　日～　月　日	日				
月　日～　月　日	月	日	月　日～　月　日	日				

⑭ 賃金に関する特記事項	⑮この証明書の記載内容（⑦欄を除く）は相違ないと認めます。 （離職者） 氏名　斎藤京子

※公共職業安定所記載欄
⑮欄の記載　　有・無
⑯欄の記載　　有・無
資・聴

本手続きは電子申請による申請も可能です。本手続きについて、電子申請により行う場合には、被保険者が離職証明書の内容について確認したことを証明することができるものを本離職証明書の提出と併せて送信することをもって、当該被保険者の電子署名に代えることができます。
また、本手続きについて、社会保険労務士が電子申請による本届書の提出に関する手続を事業主に代わって行う場合には、当該社会保険労務士が当該事業主の提出代行者であることを証明することができるものを本届書の提出と併せて送信することをもって、当該事業主の電子署名に代えることができます。

社会保険労務士記載欄	作成年月日・提出代行者・事務代理者の表示	氏　名	電話番号	※	所長	次長	課長	保長	係

⑦ ⑦離職理由欄…事業主の方は、離職者の主たる離職理由が該当する理由を1つ選択し、左の事業主記入欄の□の中に○印を記入の上、下の具体的事情記載欄に具体的事情を記載してください。

【離職理由は所定給付日数・給付制限の有無に影響を与える場合があり、適正に記載してください。】

事業主記入欄	離　職　理　由	※離職区分
□ ………	1　事業所の倒産等によるもの (1) 倒産手続開始、手形取引停止による離職	1 A
□ ………	(2) 事業所の廃止又は事業活動停止後事業再開の見込みがないため離職	1 B
□ ………	2　定年によるもの 定年による離職（定年　　歳） 定年後の継続雇用 {を希望していた（以下のaからcまでのいずれかを1つ選択してください） 　　　　　　　　　 {を希望していなかった	2 A
	a　就業規則に定める解雇事由又は退職事由（年齢に係るものを除く。以下同じ。）に該当したため （解雇事由又は退職事由と同一の事由として就業規則又は労使協定に定める「継続雇用しないことができる事由」に該当して離職した場合も含む。）	2 B
	b　平成25年3月31日以前に労使協定により定めた継続雇用制度の対象となる高年齢者に係る基準に該当しなかったため	2 C
	c　その他（具体的理由： 　　　　　　　　　　　　　　　　　　　　　　　　　　　　　）	2 D
□ ………	3　労働契約期間満了等によるもの (1) 採用又は定年後の再雇用時等にあらかじめ定められた雇用期限到来による離職 （1回の契約期間　　　箇月、通算契約期間　　　箇月、契約更新回数　　　回） （当初の契約締結後に契約期間や更新回数の上限を短縮し、その上限到来による離職に該当　する・しない） （当初の契約締結後に契約期間や更新回数の上限を設け、その上限到来による離職に該当　する・しない） （定年後の再雇用時にあらかじめ定められた雇用期限到来による離職で　ある・ない） （4年6箇月以上5年以下の通算契約期間の上限が定められ、この上限到来による離職で　ある・ない） →ある場合（同一事業所の有期雇用労働者に一様に4年6箇月以上5年以下の通算契約期間の上限が平成24年8月10日前から定められて　いた・いなかった）	2 E
○ ………	(2) 労働契約期間満了による離職 ① 下記②以外の労働者 （1回の契約期間 12 箇月、通算契約期間 36 箇月、契約更新回数 2 回） （契約を更新又は延長することの確約・合意の　有・無（更新又は延長しない旨の明示の　有・⦿）） （直前の契約更新時に雇止めの通知の　有・無） （当初の契約締結後に不更新条項の追加が　ある・ない） 労働者から契約の更新又は延長 {を希望する旨の申出があった 　　　　　　　　　　　　　　　 {を希望しない旨の申出があった 　　　　　　　　　　　　　　　 {の希望に関する申出はなかった	3 A
		3 B
		3 C
	② 労働者派遣事業に雇用される派遣労働者のうち常時雇用される労働者以外の者 （1回の契約期間　　　箇月、通算契約期間　　　箇月、契約更新回数　　　回） （契約を更新又は延長することの確約・合意の　有・無（更新又は延長しない旨の明示の　有・無）） 労働者から契約の更新又は延長 {を希望する旨の申出があった 　　　　　　　　　　　　　　　 {を希望しない旨の申出があった 　　　　　　　　　　　　　　　 {の希望に関する申出はなかった	3 D
		4 D
	a　労働者が適用基準に該当する派遣就業の指示を拒否したことによる場合 b　事業主が適用基準に該当する派遣就業の指示を行わなかったことによる場合（指示した派遣就業が取りやめになったことによる場合を含む。） （aに該当する場合は、更に下記の5のうち、該当する主たる離職理由を更に1つ選択し、○印を記入してください。該当するものがない場合は下記の6に○印を記入した上、具体的な理由を記載してください。）	5 E
□ ………	(3) 早期退職優遇制度、選択定年制度等により離職	
□ ………	(4) 移籍出向	
□ ………	4　事業主からの働きかけによるもの (1) 解雇（重責解雇を除く。）	
□ ………	(2) 重責解雇（労働者の責めに帰すべき重大な理由による解雇）	
□ ………	(3) 希望退職の募集又は退職勧奨 ① 事業の縮小又は一部休廃止に伴う人員整理を行うためのもの	
□ ………	② その他（理由を具体的に　　　　　　　　　　　　　　　　）	
□ ………	5　労働者の判断によるもの (1) 職場における事情による離職 ① 労働条件に係る問題（賃金低下、賃金遅配、時間外労働、採用条件との相違等）があったと労働者が判断したため	
□ ………	② 事業主又は他の労働者から就業環境が著しく害されるような言動（故意の排斥、嫌がらせ等）を受けたと労働者が判断したため	
□ ………	③ 妊娠、出産、育児休業、介護休業等に係る問題（休業等の申出拒否、妊娠、出産、休業等を理由とする不利益取扱い）があったと労働者が判断したため	
□ ………	④ 事業所での大規模な人員整理があったことを考慮した離職	
□ ………	⑤ 職種転換等に適応することが困難であったため（教育訓練の　有・無）	
□ ………	⑥ 事業所移転により通勤困難となった（なる）ため（旧（新）所在地：　　　　　）	
□ ………	⑦ その他（理由を具体的に　　　　　　　　　　　　　　　　）	
□ ………	(2) 労働者の個人的な事情による離職（一身上の都合、転職希望等）	
□ ………	6　その他（1-5のいずれにも該当しない場合） （理由を具体的に　　　　　　　　　　　　　　　　　　　）	

具体的事情記載欄（事業主用）

経営悪化により次回更新せず。

⑯ ⑯離職者本人の判断（○で囲むこと）
事業主が○を付けた離職理由に異議　有り・⦿

斎藤京子

参考　離職証明書に記載する離職理由

離職理由	具体的な内容と確認書類
① 事業所の倒産等によるもの	倒産手続きの開始、事業所の廃止などにより離職した場合 【確認書類】 ・裁判所において倒産手続の申立てを受理したことを証明する書類 ・事業所の廃止の議決をした議事録　など
② 定年によるもの	就業規則に定められている定年年齢によって離職した場合 【確認書類】 ・就業規則など
③ 労働契約期間満了等によるもの	下記の理由で離職した場合 (a)採用または定年後の再雇用時等にあらかじめ定められた雇用期間到来による離職 　例）契約期間が1年単位であったとしても、あらかじめ雇用期間の上限（3年間など）を定められており上限に達したことによる離職 (b)労働契約期間満了による離職 　例）あらかじめ契約期間が1年間などと定められていた者が、その契約期間が終了したため離職した場合 (c)早期退職優遇制度、選択定年制度等により離職 (d)移籍出向 【確認書類】 ・労働契約書、就業規則、タイムカード ・早期退職優遇制度などの内容がわかる資料 ・移籍出向の事実がわかる書類　など
④ 事業主からの働きかけによるもの	解雇、希望退職の募集、退職勧奨などで離職した場合 （労働者の責めに帰すべき重大な理由による解雇も含む） 【確認書類】 ・解雇予告通知書、退職証明書、就業規則など ・希望退職募集要綱、離職者の応募の事実がわかる書類など
⑤ 労働者の判断によるもの	◎職場における事情によるもの 　例）賃金の低下、ハラスメント、大規模な人員整理、職種転換などへの対応困難、事業所移転による通勤困難など 【確認書類】 ・労働契約書、就業規則、賃金規定、賃金台帳 ・配置転換の辞令 ◎労働者の個人的な事情によるもの 　例）転職を希望、病気により就業が困難 【確認書類】 ・退職願
⑥ その他	①～⑤以外の理由で離職した場合

【監修者紹介】

武田　守（たけだ　まもる）

1974年生まれ。東京都出身。公認会計士・税理士。慶應義塾大学卒業後、中央青山監査法人、太陽有限責任監査法人、東証1部上場会社勤務等を経て、現在は武田公認会計士・税理士事務所代表。監査法人では金融商品取引法監査、会社法監査の他、株式上場準備会社向けのIPOコンサルティング業務、上場会社等では税金計算・申告実務に従事。会社の決算業務の流れを、監査などの会社外部の視点と、会社組織としての会社内部の視点という2つの側面から経験しているため、財務会計や税務に関する専門的なアドバイスだけでなく、これらを取り巻く決算体制の構築や経営管理のための実務に有用なサービスを提供している。

著作として『株式上場準備の実務』（中央経済社、共著）、『入門図解　会社の税金【法人税・消費税】しくみと手続き』『不動産税金【売買・賃貸・相続】の知識』『入門図解　消費税のしくみと申告書の書き方』『入門図解 会社の終わらせ方・譲り方【解散清算・事業承継・M＆A】の法律と手続き実践マニュアル』『図解で早わかり　会計の基本と実務』『個人開業・青色申告の基本と手続き 実践マニュアル』『図解で早わかり 会社の税金』『暮らしの税金　しくみと手続き』『事業再編・M＆A【合併・会社分割・事業譲渡】の法律と手続き』『すぐに役立つ　相続登記・相続税・事業承継の法律と書式』『身内が亡くなったときの届出と法律手続き』『すぐに役立つ 空き家をめぐる法律と税金』『図解で早わかり 税金の基本と実務』『入門図解　電子帳簿保存法対応 経理の基本と実務マニュアル』（小社刊）がある。

林　智之（はやし　ともゆき）

1963年生まれ。東京都出身。社会保険労務士（東京都社会保険労務士会）。早稲田大学社会科学部卒業後、民間企業勤務を経て2009年社会保険労務士として独立開業。開業当初はリーマンショックで経営不振に陥った中小企業を支えるため、助成金の提案を中心に行う。さらに「真のGIVERになり世界に貢献する」という理想を掲げ、中小企業の業績向上に寄与できる方法を模索し、そのためには従業員がその能力を十分に発揮することが最善の策という考えにたどりつく。労働者が安心安全に働くことができる職場づくりのための「パワハラ予防社内研修」の実施や、中小零細企業に特化したモチベーションの向上を図れる「人事評価、処遇制度」の構築を提案している。

主な監修書に『雇用をめぐる助成金申請と解雇の法律知識』『社会保険の申請書式の書き方とフォーマット101』『入門図解　労働安全衛生法のしくみと労働保険の手続き』『管理者のための　最新　労働法実務マニュアル』『給与・賞与・退職金をめぐる法律と税務』『障害年金・遺族年金のしくみと申請手続き ケース別32書式』『入門図解 最新 メンタルヘルスの法律知識と手続きマニュアル』『障害者総合支援法と障害年金の法律知識』『建設業の法務と労務 実践マニュアル』など（いずれも小社刊）がある。

櫻坂上社労士事務所（旧さくら坂社労士パートナーズ）
http://www.sakurazakasp.com/

事業者必携　入門図解
採用から退職まで
給与計算・賞与・退職手続きの法律と税金
実務マニュアル

2023年6月30日　第1刷発行

監修者	林智之　武田守
発行者	前田俊秀
発行所	株式会社三修社
	〒150-0001　東京都渋谷区神宮前2-2-22
	TEL　03-3405-4511　FAX　03-3405-4522
	振替　00190-9-72758
	https://www.sanshusha.co.jp
	編集担当　北村英治
印刷所	萩原印刷株式会社
製本所	牧製本印刷株式会社

©2023 T. Hayashi & M. Takeda Printed in Japan
ISBN978-4-384-04917-6 C2032